山西文化社会心理研究

主　编　张晓永
副主编　赵　英　单云慧

中国国际广播出版社

本书编委会

主　编：张晓永

副主编：赵　英　单云慧

编　委：杨茂林　张建平　薛勇民　党志峰　贾绘泽

　　　　刘晓哲　王小平　赵改萍　张　潮

目 录
Contents

红色语言专题

山西红色文化专题

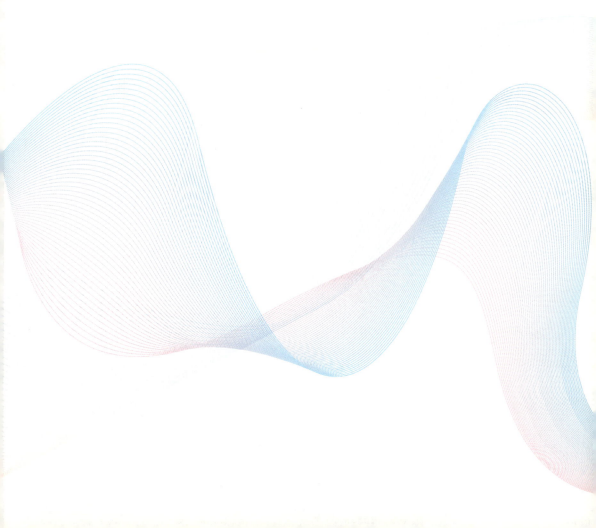

山西红色文化在大学生中的认知情况调查报告

山西大学经济与管理学院　曲卫华

摘　要： 山西大学经济与管理学院曲卫华等认为，山西红色文化内容丰富、特色鲜明，对大学生世界观、人生观、价值观的树立，理想信念的确立和爱国主义精神的培养等具有积极作用。本文遵循"客观逻辑→理论逻辑→实践逻辑"的研究思路，分析大学生的敬畏感、红色文化知名度、责任归属对保护红色文化行为意向、漠视红色文化行为与传承红色文化行为意向的影响，分析道德义务感、社会规范在其中的中介作用，并以此构建山西红色文化在大学生中的认知情况的结构方程模型。根据文献理论并结合山西实际，设置调查问卷，通过问卷结果详尽验证所提出的假设，揭示变量之间的系统关系。结果显示：敬畏感、红色文化知名度、责任归属和保护红色文化行为意向、传承红色文化行为意向之间体现出正相关性，且敬畏感、红色文化知名度、责任归属通过道德义务感和社会规范正向影响保护红色文化行为意向。基于此，我们结合调查结果，向地方政府及相关部门提出建议，以期为山西红色文化的可持续发展、提升大学生学习与了解山西红色文化的主动意愿和参与度提供政府政策参考。大学生群体将向着新时代的奋斗目标前进，在全方位推动高质量发展的新征程上再谱新篇，为山西红色基因赋予更为丰富的新内涵。

一、情况介绍

（一）研究现状

现有山西红色文化的相关文献一直强调其在高校的传播状况，研究内容仅集中于高校传播山西红色文化存在的问题（张占成、杨素祯，2021），而对于大学生对山西红色文化认知情况的微观分析、山西红色文化可持续发展的内在机制及发展路径方面的研究较为欠缺，对影响大学生认知的因素、大学生认知态度及行为意愿之间关系的认识比较笼统。在这一背景下，本文通过对山西高校开展山西红色文化认知的问卷调查，目的在于采集和分析影响大学生对山西红色文化认知情况的因素。通过构建敬畏感、红色文化知名度、责任归属、道德义务感、社会规范与保护红色文化行为意向、漠视红色文化行为、传承红色文化行为意向的结构方程模型，探究变量之间的关系，以期为山西红色文化的可持续发展提供参考，提升大学生学习与了解山西红色文化的主动意愿和参与度。

（二）红色文化大学生认知情况调研的必要性

首先，习近平总书记在庆祝中国共产党成立 100 周年大会上强调："一百年来，在中国共产党的旗帜下，一代代中国青年把青春奋斗融入党和人民事业，成为实现中华民族伟大复兴的先锋力量。新时代的中国青年要以实现中华民族伟大复兴为己任，增强做中国人的志气、骨气、底气，不负时代，不负韶华，不负党和人民的殷切期望！"学校作为红色文化传播的有机载体，承担着培育"又红又专"的当代大学生的重要作用。学校各级党组织应当运用好当地红色文化资源，不断创新红色文化的学习方式，拓展学生接触和学习红色文化的渠道，让红色文化能够更生动、更深刻地融入大学生血液，培养一批具有鲜明时代特色的共产主义事业接班人。

其次，在《山西省"十四五"文化和旅游产业融合发展规划》中，山西省提出构建文旅产业融合的新格局。作为红色文化资源禀赋型大省，进一步鼓励和发展山西省旅游文化资源，不仅对推动山西省经济结构转型起到重要作用，而且能够促进红色文化在大学生群体中的传播，让青年参与到红色文化的保护和创新传播过程中，丰富红色文化在高校群体传播中的新形态。

（三）红色文化大学生认知情况调研的重要性

红色文化教育有助于大学生树立正确的世界观、人生观、价值观。学校可以通过观看影视剧、参观革命遗址、体验红色文化生活，让学生更深刻地体会当今幸福生活的来之不易，同时不断修正自己的世界观、人生观、价值观，与伟大的红色精神紧紧联系起来；通过对这些红色文化资源的利用，帮助大学生塑造更符合当下时代背景的积极形象。并且，红色文化教育有助于培养大学生的创新精神和艰苦奋斗精神。创新作为当今时代的主要议题，不仅与大学生自身的前途息息相关，也与国家的命运息息相关。研究清楚大学生对红色文化的认知情况，有利于更好了解红色文化在学生中的接受程度，提高红色文化优势资源的利用效率，也有助于有关部门更好地制定相关政策。

二、理论与政策

（一）相关理论

规范激活理论是由施瓦茨提出的试图预测人依据个人规范或社会义务可能去行动的模式。施瓦茨（1977）认为，尽管社会鼓励某种助人行为，但并不意味着所有人都能听从社会的支配。利他行为是人们在社会生活中将外部不成文的规范内化为个人的规范、道德义务感、社会责任感、信念与价值观的结果。不遵循这些内化了的信念行事的人，不仅会受到社会的惩罚，也会受到内心的谴责。个人能否产生利他行为，有赖于其所形成的内化规范的性质（积极的还是消极的），道德义务感的激活，以及对所付代价和可能产生后果的评估等心理活动。

敬畏原型理论是邦纳和弗里德曼（2011）采用现象解释学的研究方法阐述了与敬畏情绪相关的三个维度、十个体验主题。三个维度分别是情感维度、认知维度、感觉维度。情感维度包括深刻意义、联系感、神圣感和恐惧；认知维度包括感知到的浩瀚、生存意识、开放性与接受性、不可言说的奇妙；感觉维度包括存在感和高度知觉意识。其中深刻意义、联系感和生存意识是最为普遍的关于敬畏的三个体验主题。

社会认知论是社会心理学的主要理论之一。源于 20 世纪 20—30 年代德国心理学家 K. 考夫卡、W. 克勒和 M. 魏特海默等创立的格式塔心理学。它的主要内涵是指人们并不被动地面对世界中的种种事物，相反，他们把自己的知觉、思想和信念组织成简单的、有意义的形式。不管情境显得多么随意和杂乱，人们都会把某种概念应用于它，把某种意义赋予它。对于世界的这种组织、知觉和解释，影响着我们在所有情境尤其是社会情境中的行为方式。

（二）相关政策研究

2022 年 1 月 26 日至 27 日，习近平总书记赴山西考察调研，指出"历史文化遗产承载着中华民族的基因和血脉，不仅属于我们这一代人，也属于子孙万代。要敬畏历史、敬畏文化、敬畏生态，全面保护好历史文化遗产"。习近平总书记多次强调，红色是中国共产党、中华人民共和国最鲜亮的底色，红色基因就是要传承，要把红色资源利用好、把红色传统发扬好、把红色基因传承好。

山西是革命老区，是红色文化资源的重要聚集地。山西省红色文化资源具有存续时间长、分布范围广、遗存数量多、精神底蕴厚的特点。要牢固树立保护红色资源就是传承红色基因的理念，以强烈的政治责任感和历史使命感，加强对山西省红色文化资源的系统性保护与传承。

为推动山西省红色文化遗址的保护利用，促进红色文化遗址的合理利用，开展爱国主义和革命传统教育，山西省人大常委会率先颁布实施《山西省红色文化遗址保护利用条例》，这是全国首部该领域的省级地方性法规，于 2019 年 10 月 1 日起施行。

三、样本数据与分析

本文基于规范激活理论、敬畏原型理论和社会认知论，遵循"客观逻辑→理论逻辑→实践逻辑"的研究思路，度量敬畏感、红色文化知名度、责任归属、道德义务感、社会规范、保护红色文化行为意向、漠视红色文化行为、传承红色文化行为意向等八个方面，综合衡量大学生对山西红色文化的认知情况。根据文献理论并结合山西实际，设置观测变量，构建山西红色文化大学生认知的贝叶斯结构方程模型，对山西红色文化在大学生中的认知情况进行分析。在梳理前沿文献和政策文件的基础上，设计研究框架，通过实地调研、深入访谈，探究山西红色文化在大学生人群中的认知机理，并为山西省红色文化资源的保护和进一步可持续开发提供理论依据。

（一）概念模型与假设

通常情况下，完整的结构方程模型由结构模型与测量模型构成，其中结构模型只有一个，测量模型可以有多个。结构模型又称因果模型，它表示的是各个潜在变量之间的关系。测量模型表示的则是潜在变量与观察变量之间的关系。

本文基于规范激活理论、敬畏原型理论和社会认知论，将敬畏感、红色文化知名度、责任归属、道德义务感、社会规范、保护红色文化行为意向、漠视红色文化行为、传承红色文化行为意向等八个因素纳入结构方程模型。概念模型如图1所示。

规范激活理论是利他行为研究的重要理论，其关键变量包括后果意识（awareness of consequences）、责任归属（ascription of responsibility）、个体规范（personal norm）与亲社会行为（prosocial behavior）。该理论认为个体规范是影响利他行为最直接的因素，而个体规范受后果意识和责任归属的影响。个体规范是被内化的社会规范，是自我的道德义务感。因此，将社会规范与道德义务感设为结构方程模型的潜在中介变量，责任归属设为结构方程模型

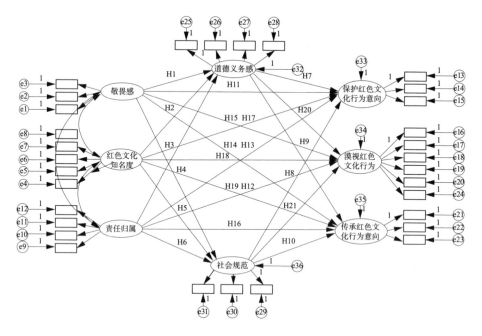

图 1　概念模型

的潜在自变量。敬畏感是指个体面对各种广阔的、浩大的、在他们目前理解

范围之外的自然奇观、艺术杰作、非凡的人类行为等事物时产生的惊异的情

绪体验。根据敬畏原型理论，将敬畏感作为潜在自变量纳入结构方程模型。

社会认知论，即个体通过对内群体的肯定与对外群体的贬损，获得个体的自

尊、自豪感和价值感，自豪感与亲社会行为联系紧密，能够促进具有高忠诚

度水平个体的亲社会行为。据此，将保护红色文化行为意向、传承红色文化

行为意向设为结构方程模型的潜在因变量。根据旅游景区到访率与知名度的

关系研究（吴宝清、吴晋峰、石晓腾等，2020），将红色文化知名度作为潜在

自变量纳入结构方程模型，将漠视红色文化行为作为潜在因变量纳入结构方

程模型。鉴于此，本文提出如下假设：

　　H1：敬畏感正向影响道德义务感；

　　H2：红色文化知名度正向影响道德义务感；

　　H3：责任归属正向影响道德义务感；

H4：敬畏感正向影响社会规范；

H5：红色文化知名度正向影响社会规范；

H6：责任归属正向影响社会规范；

H7：道德义务感正向影响保护红色文化行为意向；

H8：社会规范正向影响保护红色文化行为意向；

H9：道德义务感正向影响传承红色文化行为意向；

H10：社会规范正向影响传承红色文化行为意向；

H11：敬畏感正向影响保护红色文化行为意向；

H12：红色文化知名度正向影响传承红色文化行为意向；

H13：责任归属正向影响保护红色文化行为意向；

H14：敬畏感正向影响传承红色文化行为意向；

H15：红色文化知名度正向影响保护红色文化行为意向；

H16：责任归属正向影响传承红色文化行为意向；

H17：敬畏感负向影响漠视红色文化行为；

H18：红色文化知名度负向影响漠视红色文化行为；

H19：责任归属负向影响漠视红色文化行为；

H20：道德义务感负向影响漠视红色文化行为；

H21：社会规范负向影响漠视红色文化行为。

（二）问卷设计与数据收集

根据以上文献讨论和研究假设，本文的山西红色文化在大学生中的认知情况调查问卷设计考虑了 8 个方面的潜变量，涉及 31 个具体题项（见表 1）。

表 1　潜变量与题项内容

潜变量	题项	题项内容
敬畏感	A1	在参加山西红色文化活动时，我认为这是需要严肃对待的
	A2	在了解山西红色文化遗迹和历史人物时，我认为这是令人敬佩的
	A3	我认为我们应该进一步学习革命英雄不畏困难、艰苦奋斗的精神

潜变量	题项	题项内容
责任归属	B1	如果不了解山西红色文化，革命英雄的崇高性会受到削弱
	B2	如果不了解山西红色文化，红色文化遗迹的氛围和形象会被破坏
	B3	在了解山西红色文化时，历史人物和事件让我感到自豪
	B4	在观看山西红色影片时，我会因为影片内容而感到自豪
红色文化知名度	C1	我经常在高校课堂上听老师讲述山西红色文化历史
	C2	我经常在新闻媒体上了解到山西红色文化的内容
	C3	我对山西红色文化很感兴趣
	C4	我想要深入了解山西红色文化的相关内容
	C5	我会因为了解山西红色文化而感到满足
社会规范	D1	无论其他人怎么做，我都会尊重和保护山西红色文化
	D2	看到其他人参与山西红色文化的宣传活动，我也想要参与其中
	D3	看到别人去山西红色文化遗址打卡，我也想去参观旅游
道德义务感	E1	对于山西红色革命文化精神的理解不到位，我会感到愧疚
	E2	看到山西红色文化遗址遭到破坏，我会感到愧疚
	E3	看到山西红色文化没有在全国得到很好的宣传，我会感到愧疚
	E4	我会主动参与慰问山西革命老兵、保护山西红色文化旅游景区环境等公益活动
保护红色文化行为意向	F1	我愿意花费一定的时间和金钱在保护山西红色文化的活动上
	F2	我认为保护山西红色文化资源对于增强山西省的文化实力有好处
	F3	我认为参与宣传山西红色文化的活动后，应该收获一定的物质奖励和社会赞美

潜变量	题项	题项内容
漠视红色文化行为	G1	我参与宣传山西红色文化活动的目的就是获得物质奖励
	G2	如果没有学分奖励，我就不会参与山西红色文化的公益性宣传活动
	G3	我认为参与山西红色文化的公益性宣传活动没有任何意义
	G4	我会因害怕辛苦而拒绝参与山西红色文化的公益性宣传活动
	G5	我不愿意花费时间了解山西红色文化
	G6	我认为当下的山西红色文化发展状况与我无关
传承红色文化行为意向	H1	在学习山西红色文化历史后，我会将红色文化精神融入日常生活中
	H2	我支持山西红色文化遗址修缮和宣传等相关工作
	H3	在游览山西红色文化景区后，我会向他人讲述相关历史和自己的收获

本次调研共收集到 1422 份有效问卷，对样本从性别特征、年龄特征、学历特征、户籍特征、地域特征等方面进行初步分析。总体来看，调研的样本中男女性别相对均衡，年龄集中在 18—25 岁，学历以本科为主，并大半来自农村。

其中山西省内 863 份，山西省外 559 份；年龄阶段主要集中在 18—25 岁之间，占 89.92%，26—30 岁所占比例为 7.36%，30 岁以上占比 2.13%；大部分样本为大学本科学历，硕士研究生 284 份，博士研究生 11 份，大学专科学历 25 份；来自城镇的样本为 537 份，来自农村的样本为 885 份。

（1）性别特征：男性占 42.64%，女性占 57.36%（见图 2）。

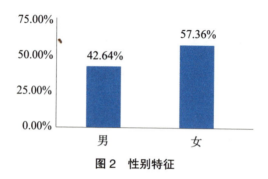

图2　性别特征

（2）年龄特征：18岁以下占0.58%，18—25岁占89.92%，26—30岁占7.36%，30岁以上占2.13%（见图3）。

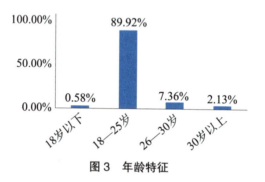

图3　年龄特征

（3）学历特征：1.76%的人具有大学专科学历，77.50%的人具有大学本科学历，硕士研究生所占比例为19.97%，剩余的0.77%为博士研究生（见图4）。

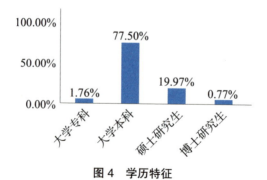

图4　学历特征

（4）户籍特征：37.76% 的样本来自城镇，62.24% 的样本来自农村（见图 5）。

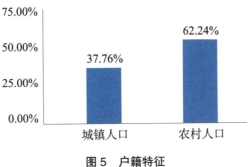

图 5　户籍特征

（5）地域特征：山西省内的数据占 60.69%，山西省外的数据占 39.31%（见图 6）。

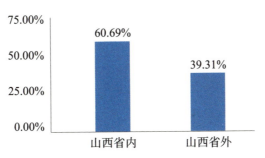

图 6　地域特征

根据李克特量表的结果显示，性别、年龄、学历、户籍、地域都与认知程度有一定的相关性。我们根据调研结果，分别求了以上几项样本的平均分和标准差，得到表 2。

表 2　指标平均分与标准差情况表

指标	男性	女性	18 岁以下	18—25 岁	25—30 岁	30 岁以上
平均分	137.71	141.96	143	139.41	149.55	139.2
标准差	13.152	12.79	10.5	13.354	12.198	14.182

指标	大学专科	大学本科	硕士研究生	博士研究生	山西省内	山西省外	农村户籍	城市户籍
平均分	127.44	141.13	138.06	124	141.05	138.8	141.68	139.24
标准差	14.75	13.27	12.26	3	12.74	13.7	13.6	12.79

从样本特性与认知程度的关系中，我们可以得出女性样本较于男性样本对红色文化有更深刻的认知；25—30 岁样本对山西红色文化的认知程度最高，18 岁以下样本对山西红色文化的认知次之，而 18—25 岁和 30 岁以上样本呈现出的认知情况基本持平；在户籍和地域方面，山西省内样本对山西红色文化的认知情况略高于山西省外样本，而农村户籍样本对山西红色文化的认知情况高于城市户籍样本。

（三）信度检验

为了验证问卷设计的正确性，在采用结构方程模型之前，先进行探索性因子分析。取样足够度的 KMO 值为 0.939（显著大于 0.5），Bartlett 的球形度检验的 p 值接近 0，说明问卷的结构效度良好。另外，对样本进行可靠性分析，8 个因子（潜变量）的克隆巴赫系数（Cronbach's Alpha）都大于 0.76（见表 3），表明这些因子（潜变量）的测量题项具有较好的内部一致性。另外，问卷全部题项的克隆巴赫系数为 0.916，说明整体问卷具有较高的内部一致性。

表 3　可靠性检验

因子（潜变量）	题项数目	克隆巴赫系数
敬畏感	3	0.887
责任归属	4	0.829
红色文化知名度	5	0.927
社会规范	3	0.868

因子（潜变量）	题项数目	克隆巴赫系数
道德义务感	4	0.921
保护红色文化行为意向	3	0.764
漠视红色文化行为	6	0.986
传承红色文化行为意向	3	0.925

　　表4提供了各个因子（潜变量）之间的相关系数以及显著性水平。可见大部分潜变量之间都是显著相关的，特别是道德义务感对保护红色文化行为意向的影响，两者之间有最大的相关性；红色文化知名度与道德义务感、责任归属与社会规范、红色文化知名度与社会规范、红色文化知名度与保护红色文化行为意向、社会规范与保护红色文化行为意向也有很强的相关性。另外，责任归属、红色文化知名度、敬畏感、道德义务感、社会规范、传承红色文化行为意向均与漠视红色文化行为存在不同程度的负相关关系，这表明学生对山西红色文化的责任心、规则意识、敬畏之心越强或者红色文化影响力越大，就越不会漠视相关红色文化。因此，潜变量之间相关性分析为本文的假设提供了初步支持。

表4　因子（潜变量）的相关性矩阵

因子（潜变量）	责任归属	红色文化知名度	敬畏感	道德义务感	社会规范	传承红色文化行为意向	漠视红色文化行为	保护红色文化行为意向
责任归属	—							
红色文化知名度	0.755**	—						
敬畏感	0.697**	0.521**	—					

因子 （潜变量）	责任归属	红色文化知名度	敬畏感	道德义务感	社会规范	传承红色文化行为意向	漠视红色文化行为	保护红色文化行为意向
道德义务感	0.709**	0.822**	0.437**	—				
社会规范	0.803**	0.857**	0.606**	0.732**	—			
传承红色文化行为意向	0.685**	0.715**	0.521**	0.708**	0.799**	—		
漠视红色文化行为	−0.150**	−0.024**	−0.178**	−0.159**	−0.157**	−0.106**	—	
保护红色文化行为意向	0.680**	0.802**	0.455**	0.887**	0.807**	0.724**	−0.048**	—

注："*""**"分别表示在 0.05、0.01 水平（双侧）上显著相关。

（四）效度检验

我们使用验证性因子分析（CFA）来检验数据与模型的拟合度，拟合结果如表 5 所示，$\chi^2/df<3$，RMSEA<0.08，TLI、CFI 和 NFI 均大于 0.9，各适配度指标均满足评价标准，表明模型具有较好的建构效度。

表 5　变量验证性因子分析结果

适配度指标	χ^2/df	RMSEA	TLI	CFI	NFI
值	2.755	0.073	0.912	0.902	0.911

（五）结构方程模型分析

在对量表进行信度和效度检验后，我们利用结构方程模型考察不同潜变量之间的相互作用机制。具体研究假设包括：①敬畏感对道德义务感、社会规范、保护红色文化行为意向、漠视红色文化行为、传承红色文化行为意向的影响；②红色文化知名度对道德义务感、社会规范、保护红色文化行为意向、漠视红色文化行为、传承红色文化行为意向的影响；③责任归属对道德义务感、社会规范、保护红色文化行为意向、漠视红色文化行为、传承红色文化行为意向的影响；④道德义务感对保护红色文化行为意向、漠视红色文化行为、传承红色文化行为意向的影响；⑤社会规范对保护红色文化行为意向、漠视红色文化行为、传承红色文化行为意向的影响。结构方程模型实证分析结果报告见表6。

表6　变量影响系数

编号	假设内容	影响系数	显著性
H1	道德义务感 <—敬畏感	0.105	***
H2	道德义务感 <—红色文化知名度	0.667	***
H3	道德义务感 <—责任归属	0.278	***
H4	社会规范 <—敬畏感	0.096	***
H5	社会规范 <—红色文化知名度	0.584	***
H6	社会规范 <—责任归属	0.295	***
H7	保护红色文化行为意向 <—道德义务感	0.701	***
H8	保护红色文化行为意向 <—社会规范	0.461	***
H9	传承红色文化行为意向 <—道德义务感	0.319	***
H10	传承红色文化行为意向 <—社会规范	0.631	***
H11	保护红色文化行为意向 <—敬畏感	0.001	***
H12	传承红色文化行为意向 <—红色文化知名度	0.122	***
H13	保护红色文化行为意向 <—责任归属	0.137	***
H14	传承红色文化行为意向 <—敬畏感	0.062	***
H15	保护红色文化行为意向 <—红色文化知名度	0.065	***
H16	传承红色文化行为意向 <—责任归属	0.001	***

编号	假设内容	影响系数	显著性
H17	漠视红色文化行为 <—敬畏感	−0.088	***
H18	漠视红色文化行为 <—红色文化知名度	−0.347	***
H19	漠视红色文化行为 <—责任归属	−0.129	***
H20	漠视红色文化行为 <—道德义务感	−0.139	***
H21	漠视红色文化行为 <—社会规范	−0.399	***

注："***""**""*"分别代表 1%、5%、10% 的显著性水平，"<—"代表变量的相关性。

根据结构方程模型分析结果，由潜变量间的影响力系数及显著性可知，假设 H1—H21 均成立。

四、研究基本结论

（一）研究发现的问题

红色文化是在革命战争年代，由中国共产党人、先进分子和人民群众共同创造并极具中国特色的先进文化。大学生红色文化认知情况的调研对大学生更好地学习和传承红色文化具有重要意义。探究影响红色文化认知情况的机理，对后续相关政策的出台和实施也具有明确的借鉴意义。本文采用结构方程模型的方法，研究了影响大学生对红色文化认知情况的相关因素。分析显示，影响大学生对红色文化认知的因素主要体现在敬畏感、红色文化知名度、责任归属、道德义务感、社会规范、保护红色文化行为意向和传承红色文化行为意向。

结果显示敬畏感、红色文化知名度、责任归属和保护红色文化行为意向之间体现出正相关性。大学生的敬畏感越高，红色文化知名度越大，责任归属越明确，越会激发其保护红色文化行为的意向，道德义务感和社会规范在其中起到了中介变量的作用。自我渺小评价感知和自然宏大感知在一定程度上会反映大学生的敬畏感。大学生在参加红色文化活动或者了解红色文化历史人物、红色文化遗迹时产生的敬畏感、严肃感，都会在一定程度上增加他们保护红色文化行为的意向。同样，红色文化在媒体中的曝光频次和大学生个人对红色文化的喜好程度也与保护红色文化行为意向产生正相关关系。大学生自身对红色文化的自豪感和后果意识同样促进了其保护红色文化行为意向。

新颖的传播渠道和传播形式能够激发大学生对于探索红色文化的兴趣，在增加其学习主动性的同时，培养保护红色文化行为的自豪感和敬畏感，明确破坏和缺失红色文化的后果。从众心理和规则意识则主要体现在大学生结伴参与保护相关红色文化的公益活动，或者结伴到红色文化景点旅行。

传承红色文化行为意向则主要受到大学生责任归属认知程度的影响。强烈的自豪感和明确的后果意识都会激起大学生的传承红色文化行为意向。媒体的曝光会影响一部分大学生跟随媒体声音，参与到传承红色文化的行为中，同时树立其内心的道德义务感，提升传承红色文化行为的主动性，对不积极、不作为的态度感到愧疚。

（二）对策建议

通过问卷与访谈，调研组大体摸清了山西大学生群体对山西红色文化的认知情况。解决前述问题，既要创新载体，也要扩展渠道。鉴于此，我们就弘扬山西红色文化提出如下建议。

（1）树立红色文化伟大形象，增强文化敬畏感。习近平总书记指出："历史文化遗产承载着中华民族的基因和血脉，不仅属于我们这一代人，也属于子孙万代。要敬畏历史、敬畏文化、敬畏生态，全面保护好历史文化遗产。"政府及有关部门应当加强对太行精神、吕梁精神等革命精神的挖掘，开展对红色文化遗址及相关文物资料文化内涵、历史价值的研究，编纂、出版红色文化知识读本、理论书籍，创作红色文化影视作品，推进数字化保护利用，使大学生明确红色文化对其树立正确价值观的重要性。山西红色文化是我国红色文化的重要组成部分，凝结了无数老一辈革命家的心血和智慧，是当代青年人最宝贵的精神财富。山西红色文化能够帮助青年人更好地理解艰苦奋斗、不怕牺牲、无私奉献、坚强乐观等优良品质和红色精神，让年轻人在实现理想的道路上映射出时代特色。

（2）强化大学生对红色文化的重视程度，明确责任归属。习近平总书记指出："革命传统教育要从娃娃抓起，既注重知识灌输，又加强情感培育，使红色基因渗进血液、浸入心扉，引导广大青少年树立正确的世界观、人生观、价值观。"文化管理部门应充分利用后果意识和责任归属的作用，通过负面案例促使大学生认识到保护红色文化的重要性；文化遗产管理机构应统筹线上线下的负面案例呈现工作，通过 AR、VR 等技术手段让游客身临其境地感受不文明旅游行为对当地及中国文化遗产所造成的严重破坏，增强大学生的文化认同感和自豪感；学校可以结合要点事件、重要节日等组织学生进行红色文化学习，通过红歌比赛、集体观看影音资料、公益活动等，增强学生对红色文化建设的参与感，并对优秀参与者或参与集体设立一定的奖励，以此增加学生对山西红色文化的认同感和自豪感。

（3）加强红色文化相关内容宣传，提升红色文化知名度。习近平总书记指出："人无精神则不立，国无精神则不强。"围绕红色文化主题，拓展宣传渠道，充分利用政府主流媒体的引导力，在推广、传承红色文化时更多地侧重融媒体传播；文化宣传部门应丰富山西红色文化的曝光渠道，提高媒体提及频次，着力打造红色文化共享平台，搭建网页、微信、QQ 等多网络信息联通渠道，打造头版头条景区景点，培养红色文化传承人，营造了解红色文化、探索红色文化、共享红色文化的良好氛围；高知名度红色旅游景区可通过建立文明旅游示范单位的工作机制、制定文明旅游活动举办的常态化方案、设立文明旅游活动开展的专项资金等，推进文明旅游示范单位的创建。

（4）明确社会规范，培养道德义务感。习近平总书记指出："新中国是无数革命先烈用鲜血和生命铸就的。要深刻认识红色政权来之不易，新中国来之不易，中国特色社会主义来之不易。"学校和景点可以设立专门课程和讲解区域，让学生明白保护和传承红色文化过程中必须注意的细节，做到文明学习、文明分享，不能有损害景区或集体利益的行为。强调红色文化独特性和艰苦性，树立红色文化认知缺失的愧疚感。红色旅游景区可以通过嘉奖文明游客、联合导游培养团队游客的意见领袖等，树立游客文明行为示范性榜样，以提升游客的责任意识；可通过配备文明旅游督导员队伍、设置文明旅游督导常态化机制、采取多样化的文明督导手段（引导、劝说、教育与惩罚等）等，建立红色旅游景区督导员制度，以强化游客的道德责任。

（5）明确奖惩机制，提升保护红色文化行为意向。习近平总书记指出："要传承红色基因、践行初心使命。"文化管理部门应充分认识到大学生地方依恋的重要性，通过构建大学生与红色文化的情感联结，促使大学生自觉、积极地实施红色文化保护行为。同时应强化大学生的地方认同，地方认同是大学生对红色文化地的情感性依附，其形成于与山西红色文化的长时间和多次接触中。因此，要提高地方认同，必须提高大学生与山西红色文化的接触频率。针对大学生游客群体，文化遗产管理机构应联合学校开展研学旅游，如组织红色文化研学班等，通过近距离、长时间的文化交流，提高大学生游客群体对山西红色文化的认同，以促进其自觉产生红色文化保护行为。

五、研究局限与展望

本文基于规范激活理论、敬畏原型理论和社会认知论，对山西红色文化在大学生中的认知情况进行研究，虽然具有一定的理论价值和现实意义，但仍存在一点局限，这个局限也是今后研究需要进一步突破的地方。具体来说：样本抽样范围有限，样本数据大多集中在山西省的几个大学群体。尽管以几个大学生群体为样本具有一定的代表性，但调研范围始终有限。因此，今后的研究应进一步扩大样本抽样范围。

关于山西红色文化在大学生中的
认知情况调查的研究报告

忻州师范学院　　王丽霞

摘　要：忻州师范学院王丽霞认为，高校是传承红色文化、赓续红色基因的主要阵地，青年大学生更是传承红色文化、赓续红色基因的主要群体，山西高校应将山西丰富的红色文化资源优势更好地转化为发展优势，使资源优势在高校立德树人、教育教学、传承红色文化中真正发挥作用。建议通过紧抓政治学习契机、搭乘课程思政东风、加强社会实践教育、创新红色文化主题活动等，进一步提升大学生对于山西红色文化的认知度，增强山西文化自信和文化认同。本文将调查山西大学生群体对山西红色文化的认知为选题，较为系统地分析山西大学生群体对山西红色文化的认知度，为推动山西红色文化在高校的弘扬和传承提出对策建议。

一、情况介绍

（一）山西红色文化在大学生中的认知现状

本次调研在科学设置调查问卷的基础上，通过问卷星发放、线上无记名作答的方式，以忻州师范学院、山西大同大学、晋中学院、长治学院、山西中医药大学等五所高校的大二、大三年级学生为主要对象发放问卷，共收回

有效问卷 3897 份，访谈 2 位相关工作人员。在生源地方面，来自农村的学生
1275 人，占比 32.72%，来自城市的学生 2622 人，占比 67.28%（见图 1）；在
性别方面，男生 610 人，占比 15.65%，女生 3287 人，占比 84.35%（见图 2）；
在学科分类方面，文科 1796 人，占比 46.09%，理科 2101 人，占比 53.91%
（见图 3）；在学历层次方面，全部为本科生。专业分布覆盖师范类、医学类、
科技类等，能够大体摸清山西省大学生群体对于山西红色文化的认知。

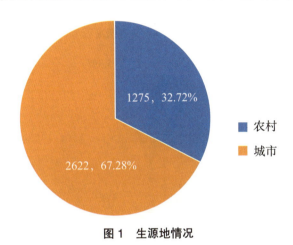

图 1　生源地情况

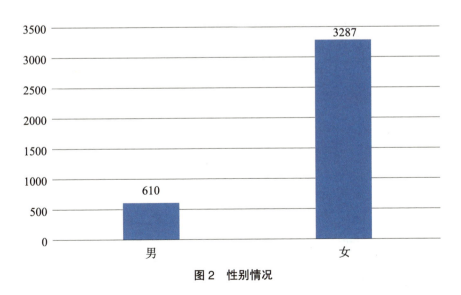

图 2　性别情况

问卷的基本调查情况如图 4 至图 7 所示（问卷星后台统计数据）。

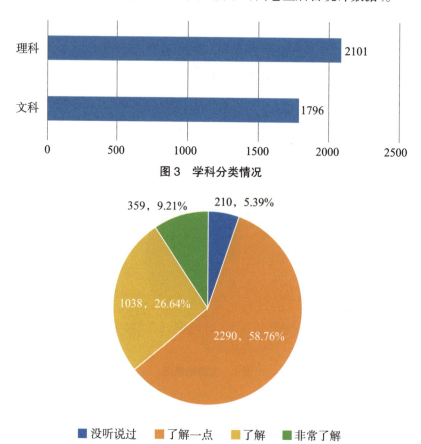

图 3　学科分类情况

图 4　大学生了解山西红色文化情况

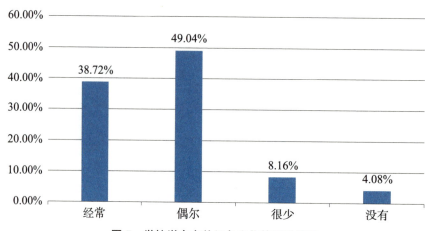

图 5　学校举办有关红色文化的活动情况

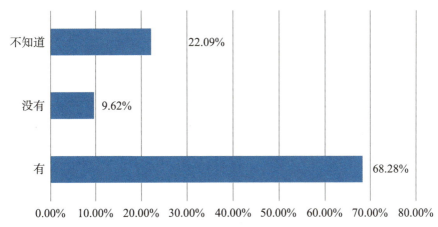

图 6 学校拥有宣传红色文化的网站情况

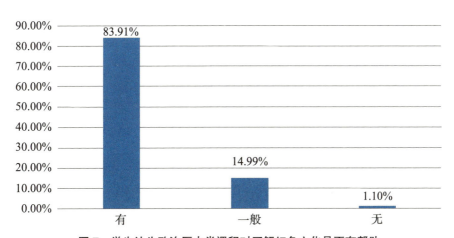

图 7 学生认为政治历史类课程对了解红色文化是否有帮助

（1）山西红色文化在大学生中的认知程度较低。本次调查选取山西省内五所高校发放调查问卷，按照这五所高校 2022 年的招生计划，山西省内招收比例占 80% 左右，也就是说这五所高校的学生大部分生源地是山西省内。问卷数据显示，5.39% 的受访大学生没听说过山西的红色文化，58.76% 的受访大学生对山西的红色文化了解一点，26.64% 的受访大学生了解山西的红色文化，只有 9.21% 的受访大学生对山西的红色文化非常了解。调查结果显示半数以上的学生对山西省红色文化认知只是了解一点，由此可见，山西红色文化在大学生中的认知程度较低。

（2）高校举办相关活动频率低。一年里固定的红色文化节日有五四青年节、中国共产党成立纪念日、八一建军节、中国人民抗日战争胜利纪念日、国庆节等，加之延安文艺座谈会、七七事变、南京大屠杀死难者国家公祭日、一·二九运动纪念日、抗美援朝纪念日等各种主题教育活动，开展红色文化活动的时间节点很多。而问卷数据显示，受访大学生所在高校经常举办红色文化相关活动的只占38.72%，偶尔举办的占比49.04%，很少举办的占比8.16%，没有举办的有4.08%，举办活动频率明显偏低。

（3）高校对于红色文化的宣传力度较低。传统的宣传主要是通过报纸等纸质媒体和电台广播等进行，随着现代科学技术的发展，宣传方式也日新月异，现代传媒的多样性、快捷性使其成为最受欢迎的宣传方式。事实上，融媒体的运用，传统和现代传播方式的结合，发挥各自优势，使宣传方式更加多样化，宣传力度加大，宣传时效也随之增强。问卷数据显示，22.09%的受访大学生不知道所在的学校是否有宣传红色文化的网站，说明高校的宣传力度较低，宣传效果不理想。

（4）红色文化的课程覆盖面较小。课堂是弘扬红色文化、提高红色文化认知的主阵地，同时，红色文化又是思政课程的现实、生动、具体的教材。结合当前红色文化的特征与功能，根据各个专业的特点及专业优势，每门课程都可以找到本门课程开展思政教育的切入点，将红色文化以多种形式渗透在课程思政教学中。然而目前，政治历史类课程是大学生了解红色文化的主要途径。问卷数据显示，有83.91%的受访大学生认为政治历史类课程对了解红色文化有帮助，1.10%的受访大学生认为政治历史类课程对了解红色文化无帮助。由此可见，红色文化的课程覆盖面较小，课程思政仍需加强。

（二）必要性分析

1. 高校育人的必要之举

2021年11月，山西省人民政府公布了首批省级红色文化遗址名录（见图8、图9）[①]，可见山西红色文化资源之丰富。

---

① 数据来源：山西省文化和旅游厅官网。

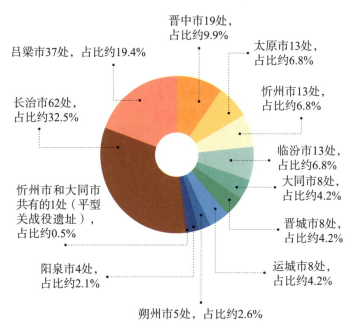

晋中市19处，占比约9.9%

太原市13处，占比约6.8%

吕梁市37处，占比约19.4%

忻州市13处，占比约6.8%

长治市62处，占比约32.5%

临汾市13处，占比约6.8%

大同市8处，占比约4.2%

忻州市和大同市共有的1处（平型关战役遗址），占比约0.5%

晋城市8处，占比约4.2%

阳泉市4处，占比约2.1%

运城市8处，占比约4.2%

朔州市5处，占比约2.6%

图8 山西省首批省级红色文化遗址名录分布情况

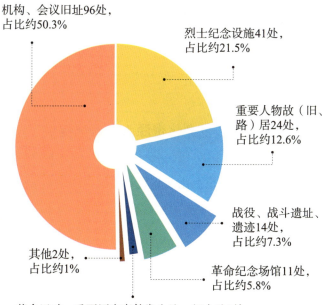

机构、会议旧址96处，占比约50.3%

烈士纪念设施41处，占比约21.5%

重要人物故（旧、路）居24处，占比约12.6%

战役、战斗遗址、遗迹14处，占比约7.3%

其他2处，占比约1%

革命纪念场馆11处，占比约5.8%

革命运动、重要历史事件发生地、纪念地3处，占比约1.6%

图9 山西省首批省级红色文化遗址名录类型情况

习近平总书记说："把红色基因传承好，确保红色江山永不变色。"高校是传承红色文化、赓续红色基因的主要阵地，大学生更是传承红色文化、赓续红色基因的主要群体，因此，充分利用山西丰富的红色文化资源，发挥资源禀赋优势，深入了解当代大学生对山西红色文化的认知情况，有助于高校在传承红色文化时精准施策，推动思想政治教育、"三全育人"等工作的进一步开展，发挥好红色文化的精神力量，不断实现红色文化的创新发展，用红色基因"补钙壮骨"，弘扬社会正能量。

2. 传承、弘扬红色文化的必要之举

2020 年 5 月 22 日，习近平总书记在山西考察时指出，"山西也是具有光荣革命传统的地方，是八路军总部所在地，是抗日战争主战场之一，建立了晋绥、晋察冀、晋冀鲁豫抗日根据地，平型关大捷、百团大战等闻名中外，太行精神、吕梁精神是我们党宝贵的精神财富。这些都要充分挖掘和利用，以丰富多彩的历史文化、红色文化资源为山西发展提供精神力量"。随着时代的发展，红色文化已经不仅限于对中国红色历史的回顾，它更成为中国人共有的一种刻骨铭心、无法割舍的红色情怀，成为见证中国革命历史的一大重要艺术载体。

二、可行性分析

（一）山西省丰富的红色文化资源为本研究提供了坚实的前提

山西省内有革命遗址、纪念建筑物 3399 处，相关其他遗址 383 处，共 3782 处，分布在全省 11 个地市。山西是红色文化资源的重要聚集地，种类丰富、内涵深刻、数量众多、覆盖面广的红色文化资源为本研究的开展提供了坚实的前提。

（二）红色文化的先天特点为本研究提供了理论的支撑

红色文化集政治性、审美性、艺术性于一体，"红色文艺"一直伴随着中国共产党的发展历程。一部作品，一段历史，通过这样生动、形象、可感的特殊的艺术作品，可以了解中国共产党艰苦卓绝的百年奋斗历史。

三、对策建议

2021 年 6 月 25 日，习近平总书记在主持中共中央政治局第三十一次集体学习时指出，要用心用情用力保护好、管理好、运用好红色资源。要深入开展红色资源专项调查，加强科学保护。要开展系统研究，准确把握党的历史发展的主题主线、主流本质，旗帜鲜明反对和抵制历史虚无主义。要打造精品展陈，坚持政治性、思想性、艺术性相统一，用史实说话，增强表现力、传播力、影响力，生动传播红色文化。

如何使天资禀赋、文化资源优势在大学生厚植家国情怀、增强文化自信、培养健全人格、强化专业认同、提升红色文化认同感中发挥作用？在广泛搜集文献资料、开展调研以及问卷调查的基础上，通过分析目前山西红色文化发展现状，针对调研发现的问题，结合山西红色文化的资源优势，充分发挥利用红色文化的特征，我们提出以下对策建议。

（一）紧抓政治学习契机

1. 红色文化让政治理论学习更生动形象

政治理论的学习资料大多以书本文字形式存在，记录着中国共产党波澜壮阔的百年历史。在这些文字记录中，蕴藏着中国共产党催人奋进、团结合作的精神资源。目前，开展政治理论学习主要还是以专题讲座和书面教育形式为主，这种学习形式缺少文艺乐趣，且长期通过这类方式进行学习会使人丧失学习积极性。而充分运用红色文化，借助各专业特点，可以启发学生自主思考，使学生的思想在潜移默化的渲染中发生变化。红色文艺作品有着认识作用、审美作用、娱乐作用、教育作用、宣传作用等，如颂扬党的伟大精神的红色文艺作品，其塑造出的真实生动的人物形象以及所表现的历史场景与震撼人心的情感力量，对当代大学生进行思想政治教育具有一定的正面影响。红色文艺作品就是一种红色文化，融合了政治性、思想性和艺术性，它用艺术形式讲述中国革命故事，展现红色文化的精髓，以艺术为桥梁，传播革命力量，使党史学习教育更具亲和力、感染力、凝聚力。

2. 现代科技创新"主题党日"活动模式

一般而言，"主题党日"活动会选择在红色遗址或者红色革命纪念馆等地开展，使参与者产生身临其境之感。在内容丰富、形式多样的红色展品和纪念品前，面对真实的图片记录和仿真的实景还原，更加可以强化参与者的体验感。除此之外，可以有效利用现在的网络平台，通过视频会议、各红色革命纪念馆的微信公众号、数字博物馆的 3D 数字展示等，实现资源共享。

（二）搭乘课程思政东风

1. 艺术类课程思政立足红色文化本体

艺术类课程思政较之其他课程，优势主要体现在艺术的生动形象性。鉴于音乐、舞蹈、美术的可视、可感性，在实施课程思政时可以将红色文化故事、红色文化家书等直接作为艺术创作的题材。教育、管理类专业除了在课程讲授中注重红色文化的弘扬，还可以直接将红色文化遗址作为专业实习教育基地进行建设。

2. 非艺术类课程思政拓宽红色文化精神内涵

受专业特点影响，非艺术类课程思政可以突破红色文化本体局限，拓宽红色文化精神内涵。如建筑类专业课程思政可以结合现实中的"以次充好""偷工减料"问题，教育学生做人要诚实守信、严谨负责，要严把质量关；医学类课程思政可以将立德树人融入教学中，结合疫情期间的先进典型事迹，培养大学生"感恩、敬畏、担当"的品质和"科学、求实、创新"的精神，将大爱精神传播校园内外。

（三）加强社会实践教育

1. 高校协助进行基地建设

在二者协同发展中，高校运用高学历、高职称师资等优势，为基地建设提供高质量团队，组织相关专家对基地建设进行专业规划，根据专业特点设计场景，开拓活动主题。基地内可以通过灯光、背景、音效配合创造情境体验，如摆放到战场上的武器模型，从进入处就由音乐舞蹈专业学生扮演正在接应战友的人，将参观者带入基地，增强故事性、体验性、艺术性，每一个故事、每一个角落都可以让参观者参与进去，比如战前的部署、战后的场景和总结，在情境与话语中让参观者了解红色文化。第一，会给参观者带来身临其境的感受，通过舞者们的肢体语言、情感的表现以及爱国文化的支撑，能够丰富参观者的想象。第二，能够提高全民教育素质，让更多的参观者对历史有更深的认识，增强爱国情感，同时被普及红色知识。看完红色舞蹈，参观者会更加感同身受和激动，仿佛身临其境，从而对基地留下更深的印象。

2. 实习基地为高校提供专业实习场所和见习环境

爱国主义教育基地是课程思政、党史学习教育、红色文化学习教育等活动的重要实践场所，是主题党日、主题团日等活动的重要场所。基地与高校建立协同合作关系后，可以增加组织主题党日、主题团日活动的次数，如利用周六日、节假日、暑期等组织大学生进行社会实践活动。"读万卷书，行万里路"，让大学生在丰富的社会实践中增加阅历，强化对红色文化的情感认同、知识认同、专业认同，从而提升中华民族文化认同感和文化自信。

（四）创新红色文化主题活动

现代传媒的多样性、快捷性使其成为最受欢迎的宣传方式，但与此同时，也容易忽略传统宣传方式的运用。事实上，可以将传统和现代的宣传方式相结合，发挥各自优势，拓宽宣传渠道，加大宣传力度，强化宣传时效。据此提出以下建议。

1. "大学生讲党史"主题活动

近几年，全国很多省份都开展了学生讲党史活动。"他山之石，可以攻玉"，山西省完全可以充分利用山西丰富的红色文化资源开展类似活动，活动可以由省教育厅组织，也可以由各个高校自行组织。各个高校根据各自区域内红色资源的分布情况，组织开展"大学生讲党史"主题活动，举办"大学生讲党史""共产党员讲党史"等微视频大赛，择优通过"学习强国"App、

"三晋先锋"App、微信视频号、抖音、快手等网络平台推送，全民动员、集体参与，使广大学生在参加活动的过程中学习、了解红色文化，从而深化对红色文化的认知程度。"学习强国"App是全国性的学习平台，通过"学习强国"App进行推送，可以扩大对山西红色文化的宣传，提升山西高校的知名度，更为重要的是，通过"学习强国"App推送的微视频，可以强化大学生的文化自信、个人自信。

2. 红色题材主题创作活动

各个高校专业分类细致，各专业可以根据专业特点，利用各自的红色英雄故事、红色历史事件开展红色题材主题创作活动。例如，晋中学院可以以左权将军、麻田八路军总部旧址、八路军129师、百团大战等相关历史人物和历史事件为题材进行创作；长治学院可以以武乡王家峪村和砖壁村红色文化、屯留抗大、晋东南抗日根据地等为创作题材；忻州师范学院可以以平型关大捷、百团大战、115师及晋察冀抗日根据地、雁门关伏击战、夜袭阳明堡、毛主席路居纪念馆、八路军120师等相关历史人物和历史事件作为创作题材；晋南地区的高校可以以红军东征等为创作题材；吕梁学院可以将晋绥抗日根据地、蔡家崖、吕梁英雄等作为创作题材。在此基础上，结合专业特点开展活动。汉语言专业可以开展红色文化主题征文、演讲、辩论活动；舞蹈、音乐专业可以开展红色题材创作活动；理工科专业可以开展红色题材设计等主题活动；也可以由高校团委从学校层面组织开展主题活动。活动在通过网络平台推送的同时，也要利用传统的媒体宣传方式如各高校校报、学报、校园广播等进行宣传报道。

红色文化是中国共产党以马克思主义为指导，吸收中外优秀文化创造的先进文化，代表了中国共产党人和广大民众的优良品格，不仅是中国人民价值观念体系中的重要组成部分，更是凝聚国家力量和社会共识的重要精神动力。高校红色文化的传承关乎民族未来，只有对于当前大学生对红色文化的认知现状有一定了解，才能使红色文化未来在大学生中获得更广泛、更深入的传承，从而取得理想的传承效果。因此，要进一步强化大学生对山西红色文化的认知，更重要的是要将各项对策建议真正落到实处，这需要高校师生的共同努力。

附录 1：

山西红色文化在大学生中的认知情况调查问卷

1. 您来自 [单选题]

选项	小计	比例	
A 城市	1275		32.72%
B 农村	2622		67.28%
本题有效填写人次	3897		

2. 您的性别是 [单选题]

选项	小计	比例	
A 男	610		15.65%
B 女	3287		84.35%
本题有效填写人次	3897		

3. 您的专业是 [单选题]

选项	小计	比例	
A 文科	1796		46.09%
B 理科	2101		53.91%
本题有效填写人次	3897		

4. 您了解山西的红色文化吗？ [单选题]

选项	小计	比例	
A 没听说过	210		5.39%
B 了解一点	2290		58.76%
C 了解	1038		26.64%
D 非常了解	359		9.21%
本题有效填写人次	3897		

5. 您是否对红色知识感兴趣？［单选题］

选项	小计	比例	
A 没兴趣	107		2.75%
B 一般	1351		34.67%
C 感兴趣	1826		46.86%
D 非常感兴趣	613		15.73%
本题有效填写人次	3897		

6. 您喜欢看红色故事小说还是武侠神话小说？［单选题］

选项	小计	比例	
A 前者	1099		28.20%
B 后者	511		13.11%
C 两者都喜欢	1673		42.93%
D 两者都不喜欢	614		15.76%
本题有效填写人次	3897		

7. 您的学校会举办一些有关红色文化的活动吗？如红歌比赛、讲红色故事比赛等［单选题］

选项	小计	比例	
A 经常	1509		38.72%
B 偶尔	1911		49.04%
C 很少	318		8.16%
D 没有	159		4.08%
本题有效填写人次	3897		

8. 您觉得您周围的同学对红色文化的了解程度如何？［单选题］

选项	小计	比例	
A 比较了解	1085		27.84%
B 一般	1847		47.40%
C 知道一点	709		18.19%
D 不知道	256		6.57%
本题有效填写人次	3897		

9. 您所在的学校有宣传红色文化的网站吗？［单选题］

选项	小计	比例	
A 有	2661		68.28%
B 没有	375		9.62%
C 不知道	861		22.09%
本题有效填写人次	3897		

10. 您觉得红色文化对您的学习和生活是否起到积极作用？［单选题］

选项	小计	比例	
A 总是	1558		39.98%
B 经常	1307		33.54%
C 有时	941		24.15%
D 没有	91		2.34%
本题有效填写人次	3897		

11. 遇到难题时，您大多会选择［单选题］

选项	小计	比例
A 知难而退，主动放弃	183	4.70%
B 勇于创新，努力探索答案	2871	73.67%
C 寻求帮助	795	20.40%
D 不知所措	48	1.23%
本题有效填写人次	3897	

12. 您自己是否有明确的奋斗目标并且积极主动地朝着这个目标不懈奋斗？［单选题］

选项	小计	比例
A 是	2697	69.21%
B 无明确目标	351	9.01%
C 有目标单无行动	381	9.78%
D 偶尔	468	12.01%
本题有效填写人次	3897	

13. 您一般通过哪些途径了解山西的红色文化？［多选题］

选项	小计	比例
A 上网	3481	89.33%
B 课堂	2793	71.67%
C 长辈教授	2403	61.66%
D 参加一些有关红色文化的活动	2494	64.00%
E 媒体宣传	2717	69.72%
本题有效填写人次	3897	

14. 您觉得自己对山西红色革命根据地的革命事迹了解多少？ ［单选题］

选项	小计	比例	
A 很了解	578		14.83%
B 比较了解	1381		35.44%
C 了解一点点	1724		44.24%
D 不了解或了解很少	214		5.49%
本题有效填写人次	3897		

15. 您所在的学校有开设一些有关红色文化的课程吗？ ［单选题］

选项	小计	比例	
A 有	3003		77.06%
B 没有	894		22.94%
本题有效填写人次	3897		

16. 您认为政治历史类课程对您了解红色文化有帮助吗？ ［单选题］

选项	小计	比例	
A 有	3270		83.91%
B 一般	584		14.99%
C 无	43		1.10%
本题有效填写人次	3897		

17. 当您发现那些红色革命遗址遭到破坏时，您的态度是？［单选题］

选项	小计	比例
A 气愤并阻止	2661	68.28%
B 惋惜但无能为力	1165	29.89%
C 无所谓	43	1.10%
D 我就有破坏过	28	0.72%
本题有效填写人次	3897	

18. 您是否为中国共产党的光辉历史感到自豪？［单选题］

选项	小计	比例
A 很自豪	3627	93.07%
B 一般	239	6.13%
C 没什么可自豪的	31	0.80%
本题有效填写人次	3897	

19. 您认为了解我国红色文化知识对自己将来的发展有意义吗？［单选题］

选项	小计	比例
A 很有意义	3243	83.22%
B 有一些意义	586	15.04%
C 不清楚	68	1.74%
本题有效填写人次	3897	

20. 如果有一个旅游的机会，您会不会选择去红色地区？［单选题］

选项	小计	比例	
A 不会	205		5.26%
B 看情况	1002		25.71%
C 会	2690		69.03%
本题有效填写人次	3897		

21. 对于那些有关红色文化的活动，您觉得［单选题］

选项	小计	比例	
A 无聊	139		3.57%
B 有趣	2860		73.39%
C 看情况	898		23.04%
本题有效填写人次	3897		

22. 您认为现在社会有必要大力宣传诸如"勤俭节约、艰苦奋斗"等红色文化吗？［单选题］

选项	小计	比例	
A 有必要	3679		94.41%
B 没必要	139		3.57%
C 无所谓	79		2.03%
本题有效填写人次	3897		

23. 您愿意向您周围的同学、朋友宣传山西的红色文化知识吗？［单选题］

选项	小计	比例
A 愿意	3069	78.75%
B 想做，但不了解红色文化	677	17.37%
C 不愿意	32	0.82%
D 不好回答	119	3.05%
本题有效填写人次	3897	

24. 您希望通过什么方式接触山西的红色文化知识？［多选题］

选项	小计	比例
A 学校教育	3257	83.58%
B 阅读书籍	2817	72.29%
C 电视、广播等媒体	3008	77.19%
D 互联网	3015	77.37%
本题有效填写人次	3897	

25. 您是否成长于红色地区？［单选题］

选项	小计	比例
A 是	1919	49.24%
B 否	1978	50.76%
本题有效填写人次	3897	

26. 您是否为自己是一个红色地区的人而自豪？ ［单选题］

选项	小计	比例
A 没感觉	256	6.57%
B 一般般	524	13.45%
C 自豪	1839	47.19%
D 非常自豪	1278	32.79%
本题有效填写人次	3897	

27. 在您身边是否可以感受到山西红色文化的气息？ ［单选题］

选项	小计	比例
A 经常	1653	42.42%
B 有时	1457	37.39%
C 偶尔	612	15.70%
D 没有	175	4.49%
本题有效填写人次	3897	

28. 如果有机会参加山西红色文化的宣传，您会 ［单选题］

选项	小计	比例
A 积极参加	3138	80.52%
B 参加的人多我也参加	387	9.93%
C 有伴才参加	329	8.44%
D 与我无关	43	1.10%
本题有效填写人次	3897	

29. 红色文化在当今经济发展与文明建设中所起的作用是否令您满意？
[单选题]

选项	小计	比例	
A 非常满意	2226		57.12%
B 比较满意	1296		33.26%
C 一般	336		8.62%
D 不满意	39		1.00%
本题有效填写人次	3897		

30. 在大学生教育中，您认为是否有必要注重对红色文化的学习、吸取红色文化的精髓、重视大学生的红色文化修养？ [单选题]

选项	小计	比例	
A 非常必要	2840		72.88%
B 必要	1005		25.79%
C 不必要	52		1.33%
本题有效填写人次	3897		

31. 您认为大量宣传红色文化可以起到潜移默化的作用吗？ [单选题]

选项	小计	比例	
A 可以	3633		93.23%
B 不可以	138		3.54%
C 不知道	126		3.23%
本题有效填写人次	3897		

32. 您认为在许多外来文化进入中国的背景下，红色文化有绝对的存在价值吗？［单选题］

选项	小计	比例	
A 绝对有	2707		69.46%
B 有	1057		27.12%
C 可有可无	89		2.28%
D 没有	44		1.13%
本题有效填写人次	3897		

33. 如果红色文化渐渐消亡，您认为［单选题］

选项	小计	比例	
A 应该挽救	3277		84.09%
B 遗憾惋惜	494		12.68%
C 顺其自然	99		2.54%
D 与我无关	27		0.69%
本题有效填写人次	3897		

34. 您认为红色文化对中国文化来说重要吗？［单选题］

选项	小计	比例	
A 不重要	185		4.75%
B 一般	223		5.72%
C 重要	1404		36.03%
D 非常重要	2085		53.50%
本题有效填写人次	3897		

35. 您认为近几年山西省对红色文化的宣传力度如何？ [单选题]

选项	小计	比例	
A 宣传力度很大	2145		55.04%
B 宣传力度一般	1336		34.28%
C 不了解	362		9.29%
D 从未听说	54		1.39%
本题有效填写人次	3897		

附录 2：

关于山西红色文化在山西中医药大学学生中认知情况的访谈

访谈时间：2022 年 8 月 3 日

被访人：山西中医药大学学生工作部张斌仁部长

采访对象：岳瑞波

访谈形式：线上

岳瑞波：张部长，您好。

张斌仁：您好。

岳瑞波：请问您从事学生管理工作多长时间了？

张斌仁：间断性地（从事），加起来有七年了吧。

岳瑞波：我们在做一个关于山西红色文化在大学生中认知情况的课题，想向您了解一下山西中医药大学学生对于山西省内红色文化的认知情况。

张斌仁：非常高兴接受您的采访。

岳瑞波：咱们学校有没有针对在校学生对于山西省内红色文化的认知情况做过相关的调研？

张斌仁：有。

岳瑞波：针对咱们山西中医药大学学生对于省内红色文化认知的现状，学生工作部采取了哪些措施？为红色文化的学习提供了哪些平台？达到预期的效果了吗？

张斌仁：（学生工作部）积极配合学校团委开展红色文化宣传教育活动；

通过学院宣传部进行各种线上线下展示；开展知识竞赛、演讲比赛等，基本达到了预期效果。

岳瑞波：您认为红色文化如何吸引大学生的眼球？

张斌仁：首先要准确界定红色文化的内涵，通过宣传栏、展板、电子屏等宣传营造红色文化学习教育的校园氛围环境；其次要开展有关红色精神文化的相关课程和实践活动，我们是中医药大学，中医药是我们的国宝，特别是疫情期间涌现在一线的许多白衣天使的先进事迹都是活生生的例子，感动着无数人，这正是红色精神的现实参照。我认为应该多视角、多维度地运用现代媒体手段，创新模式，贴合当代大学生的审美去设计活动主题、宣传主题等，从而达到弘扬红色文化精神的宗旨。

岳瑞波：中国共产党领导的中国人民在山西这片土地上留下了许多可歌可泣的感人故事，为大学生的课程思政、爱国主义教育等提供了非常丰富的素材，对于这一点您是怎么看的？

张斌仁：我们将红色精神文化和各院系的专业相结合，开展相关宣传活动：创作广播节目、舞蹈表演作品、音乐剧、美术作品等；同时多发相关推送文章，通过网络进行传播。

岳瑞波：您认为学校应该通过哪些途径加深大家对红色文化的认知？

张斌仁：第一，加强课程思政的落实；第二，举办红色文化的实践体验活动，可以到红色文化教育基地（故居、烈士陵园、纪念馆等）参观学习；第三，开展形式多样的红色文化活动，可以举办红色文化专题教育讲座，还可以举办红色文化征文比赛或者演讲比赛。

岳瑞波：非常感谢您能接受我的采访！

张斌仁：不客气，祝您的课题研究顺利完成！

关于山西红色文化在长治学院学生中认知情况的访谈

访谈时间：2022 年 8 月 5 日

被访人：长治学院马克思主义学院党委副书记李晋丽

采访对象：王丽霞

访谈形式：线上

王丽霞：李书记，您好。

李晋丽：您好。

王丽霞：我们在做一个关于山西红色文化在大学生中认知情况的课题，想向您了解一下长治学院学生对于山西省内红色文化的认知情况。

李晋丽：好的。

王丽霞：咱们学校有没有针对在校学生对于山西省内红色文化的认知情况做过相关的调研？

李晋丽：我主要负责学生工作，事实上在具体的学生工作中并没有充分地和红色文化结合。虽然红色文化一直在提，尤其是学生工作中涉及的思想政治教育、爱国主义教育等，但在具体的工作中并没有实践，而做得最多的是用红色经典作品教育学生，充分发挥榜样作用。

王丽霞：红色经典作品与其他题材文艺作品的受欢迎程度有什么不同？

李晋丽：这几年的课程思政、党史学习教育以及"不忘初心、牢记使命"主题教育活动的开展，很大程度上加强了对学生的红色文化教育。中国共产党百年的奋斗历史有很多需要高校和大学生来传承和弘扬，要培养社会主义建设者和接班人，必须对我们党的奋斗历程有深刻的理解和感悟，学校在这方面也做了很多。所以，红色经典作品的经典人物形象、经典故事、经典音乐等都对红色文化的认知起了很大作用。

王丽霞：针对咱们在校学生对于山西省内红色文化认知的现状，学生工作部采取了哪些措施？为红色文化的学习提供了哪些平台？达到预期效果了吗？

李晋丽：我们学院每年会组织全校学生代表去红色教育基地参观，通过现场感知、现场教学让学生体会红色精神。还有就是每年寒暑假学生通过社会实践，走进当地的红色教育基地，挖掘精神内涵，形成实践报告，也算是对红色文化的一种宣传和发扬吧。

王丽霞：您认为红色文化如何吸引大学生的眼球？

李晋丽：面对当前复杂的国际形势，首先应该让大学生从思想上充分认识红色文化的价值和学习传承红色文化的历史意义、现实意义；其次可以根据各个专业的特点，运用专业知识开展适合当代大学生的主题活动；最后应充分运用现代科学技术手段，创新活动形式，如微视频大赛、网络宣传等。

王丽霞：中国共产党领导的中国人民在山西这片土地上留下了许多可歌可泣的感人故事，为大学生的课程思政、爱国主义教育等提供了非常丰富的素材，对于这一点您是怎么看的？

李晋丽：山西具有丰富的红色文化资源，尤其长治是晋东南抗日根据地的重要区域，红色文化遗址非常丰富，长治学院具有得天独厚的资源优势，应充分利用，鼓励师生以自编、自导、自演情景剧等形式，开展革命传统教育和爱国主义教育；推动红色教育进党校，将红色文化教育列为党校教育重点课程；组织党员干部走进红色文化教育基地，在学习中树立正确的世界观、人生观、价值观。

王丽霞：您认为学校应该通过哪些途径传承红色文化？

李晋丽：我们要保护好、管理好红色资源，生动传播红色文化，扩大红色文化的影响力；要增强对红色精神的认识和了解，坚定实现中华民族伟大复兴中国梦的理想信念；要走出课堂、走出校园，结合人文环境，多学习红色人物事迹、参观相关纪念馆、观看红色文化纪录片等，更多地感受老一辈革命家的革命情怀，将优良的红色文化继续保持和发扬光大，做到内化于心、外化于行。

王丽霞：非常感谢您能接受我的采访！

李晋丽：不客气，祝您的课题研究顺利完成！

山西历史文化遗产专题

山西历史文化遗产与大学生认知情况调查

山西师范大学历史与旅游文化学院　胡炜霞

摘　要： 党的二十大报告中指出，要"加大文物和文化遗产保护力度，加强城乡建设中历史文化保护传承"。同时也要维护历史文化遗产的真实性、完整性、延续性。山西师范大学历史与旅游文化学院胡炜霞等认为，山西历史文化遗产承载着中华民族的基因和血脉，是山西历史发展的重要见证，更是民族精神的重要载体。大学生肩负着中华民族伟大复兴的使命，是传承历史文化的主力军。但当前普遍存在着大学生对山西历史文化遗产认知不全面、参与度不高，以及山西文化的影响力、经济发展水平与其历史地位不匹配等问题。本文以山西大学生群体为研究对象，采用深度访谈法、问卷调查法，借助认知测度分析、序次 logistic 模型构建，探究山西历史文化遗产在大学生中的认知情况，并以大学生节假日旅游意愿、历史文化遗产保护状况、遗产旅游经济效益、大学生对遗产景区的建设意愿、志愿者服务意向为主要影响因素，提出提高大学生对山西历史文化遗产认知程度的具体建议，从而促进他们从源头文化中获取力量，助力培养青年大学生热爱山西、扎根山西的情感和意愿，让他们进一步参与到保护和开发山西历史文化遗产的行动中，打造山西旅游品牌，促进山西文旅产业发展。

山西历史文化遗产承载着中华民族的基因和血脉，是山西历史发展的重要见证，更是民族精神的重要载体。作为文化传承中坚力量的大学生在认知山西历史文化遗产价值中具有无可比拟的优势。牢固树立文化自信，形成正确的价值追求，是新时代大学生立学立志的根本，也是大学生担当时代使命和复兴大任的重要前提。但是，面对繁重的课业和就业压力，多数大学生将提升个人技能放在首位，很少花费时间去了解和认知历史文化遗产，加之学校对山西历史文化遗产的普及和宣传力度远远不够等因素，导致大学生对山西历史文化遗产的认知普遍缺乏。因此，探究山西历史文化遗产在大学生中的认知情况是必须解决的重要问题。

一、概念辨析

（一）认知的界定

1.感觉与知觉

人类对事物的认知首先源于感觉，感觉是我们认识客观世界的第一步，是我们获取关于世界一切知识的最初源泉。《中国大百科全书》中将感觉（sensation）定义为"客观刺激作用于感受器官，经过大脑的信息加工活动所产生的对客观事物的基本属性的反映"。可以说感觉是感官接收到不同形式的信息后，通过视觉、听觉、嗅觉、味觉、触觉等各种反应获取到的庞杂、琐碎、片面、凌乱的客观属性信息。而知觉（perception）是感觉对事物的进一步解释。当前，关于知觉比较有代表性的定义是由罗斯（Roth）提出的，即知觉是把来自感觉器官的信息转化成体验目标、事件、声音和味道等刺激的过程。相较于感觉来说，知觉是受动机倾向、情感倾向、价值倾向以及个体经验等要素的影响，按照一定的规则对这些信息进行系统化整合，从而获得的对客体的整体认知。可以说知觉是为了探索某种感觉刺激所代表的意义，具有理解性、整体性、选择性和恒常性等特征。感觉与知觉既有密切联系，又有明显区别：感觉和知觉都是认识的初级阶段，即感性认识阶段。感觉是一个较简单的层次，它只觉察刺激的存在，并立即分辨出刺激的个别属性，为人们认识世界收集原始材料。感觉是知觉的基础，一切高级的、复杂的心理现象都是在感觉的基础上展开的。知觉是一个相对复杂的层次，是感觉的深入和发展，它不仅觉察刺激的存在及其重要属性，而且探索该刺激所代表的意义，进而对知觉对象进行总体把握。大学生在对历史文化遗产的认知中，首先获取的就是对历史文化遗产的感觉，进而将感觉转化为知觉。

2. 感知与认知

感知就是感觉和知觉的结合，从感觉到知觉是一个连续的过程，不存在只有感觉而不发生知觉的现象。在传统的心理学中，认知（cognition）被认为是人类心智中明确、特定的智力过程，是智力的产物，是理性的成分，是感觉的运用。被誉为"认知心理学之父"的奈瑟尔（Neisser）在 1942 年提出认知是感觉输入的转换、简化、储存、恢复和运用的所有过程，这一定义被广泛认可和运用。对比感知，认知是在更加高级的大脑活动中对记忆、思维、注意逐步加工，形成对认知对象的理解。这种理解是运用感觉的、理性的、全面而深入的，受到人们过去的经验和主体态度、价值观的影响。美国心理学家 J. 布鲁纳（J.Bruner）提出了"社会感知"的概念，即感知的社会决定性。社会感知就是形成关于社会人、社会事、社会物的初级印象的过程。社会认知则是在社会感知的基础上，进一步整理之前已收集的信息和形成的印象，形成更加精准、深入、全面的社会印象，并做出推理和决策的过程。本文以山西大学生为研究对象，发现通过社会环境中人与事的潜移默化的影响，形成了大学生对山西历史文化遗产的社会认知程度，这种认知会影响大学生的旅游决策行为偏向，只有提升大学生的社会认知水平，才能促使学生到实地感受传统文化价值。

3. 旅游感知与旅游认知

在旅游心理学和旅游行为学中，旅游感知颇受重视。旅游感知是旅游消费者在旅游目的地被动接受旅游信息后，形成的和旅游目的地事物密切相关的认识和评价。旅游感知的内容侧重于对感知对象信息的搜集和无意识参与的初步整理，具有更强的被动性、偏感性。旅游者在已有感知基础上，根据原有旅游消费经验或实地旅游消费体验与经历对旅游目的地相关信息主动进行选择、反馈、加工和处理，最终形成对旅游目的地相关事物的总体认识和评价，被称为旅游认知，也就是说，只有亲身体验后才能形成认知。对比旅游感知与旅游认知，旅游感知侧重于对旅游过程中所见、所闻、所感的表面评价或者说是倾向于对目的地接触对象的感性认识，是无意识地参与和初步整理，是偏被动的、感性的，可以在没有旅游体验时进行；旅游认知则是经由自己的思考，得出的理解较深且理性的评价，是主动的、大范围的认知活动，一般是发生真正的旅游体验后得到的。

4. 认知的概念

从感觉到知觉、从感知到认知是人们不断深化事物认识的一系列活动（见图1）。认知过程是感官获取基本的信息后，将信息系统化整合，进而通过大脑的加工处理得到的对事物全面、理性的认识。对事物的认知水平受到诸多因素的影响，如家庭与社会环境、个人成长经历、受教育程度等，我们前面提到的社会认知与旅游认知本质上就是受到环境和经历影响产生的认知差异。

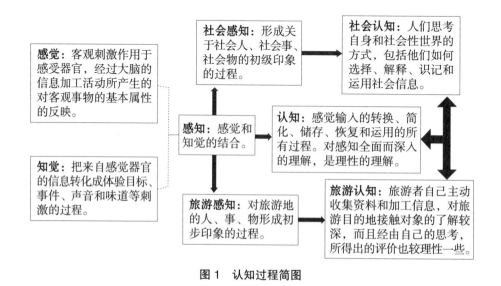

图 1　认知过程简图

根据影响程度不同，我们把认知水平分为高水平的认知与低水平的认知。低水平的认知尽管也是经由大脑思考得出的结论，但是由于个人成长经历不足或者受教育水平低等因素，导致其认知结论是片面的，比如小学生对事物的认知水平；而高水平的认知是具有独立思考和判断能力的成年人才具备的。认知没有好坏之分，但是引导人们对事物形成积极的认知不仅有助于人们正确看待事物，而且有利于个人发展。

（二）历史文化遗产的界定

1. 旅游资源的概念

旅游资源是指先于旅游而客观地存在于一定地域空间内并因其对潜在旅游者所具有休闲体验价值而可供旅游产业加以开发的潜在财富状态。旅游资源一共有 8 个主类、37 个亚类、155 个基本类型，主要分为自然旅游资源和人文旅游资源。自然旅游资源包括 4 个类型：地文景观、水域风光、生物景观、天象与气候景观；人文旅游资源包括 4 个类型：遗址遗迹、建筑与设施、旅游商品（地方旅游商品）、人文活动（人事、艺术、民间习俗、现代节庆）。

2. 非物质文化遗产的概念

非物质文化遗产是指被各群体、团体，有时被个人视为其文化遗产的各种实践、表演、表现形式、知识和技能以及与其相关的工具、实物、工艺品和文化场所。各群体、团体随着其所处环境、与自然界的相互关系和历史条件的变化，不断使这种代代相传的非物质文化遗产得到创新，同时使他们自己具有一种认同感和历史感，从而促进了文化多样性和人类的创造力发展。非物质文化遗产具体包括：①传统口头文学以及作为其载体的语言；②传统美术、书法、音乐、舞蹈、戏剧、曲艺和杂技；③传统技艺、医药和历法；④传统礼仪、节庆等民俗；⑤传统体育和游艺；⑥其他非物质文化遗产。

3. 历史文化遗产的概念

联合国教科文组织把历史文化遗产定义为有形文化的角度，它显然远不止所谓"历史遗存工业化"（industrialization of historical relics）的经济行为，而是旨在充分地实现一个民族乃至全人类对有形历史遗产的资源共享的文化事业。我国国家文物局的研究报告中指出，历史文化遗产主要指有形文化遗产，包括可移动遗产与不可移动遗产，其中可移动文化遗产指器物、典籍、艺术品等；不可移动文化遗产指古迹，包括建筑群、名城、遗址及周围环境等。

（三）调查对象范围的界定

本研究调查对象主要针对山西高校的大学生。对大学生的认知调查是基于其认知水平的考量，大学生是受着高等教育、具有独立思考和判断能力的人，对事物拥有较高水平的认知。相较于中小学生，大学生的认知更为理性。

以山西历史文化遗产为研究对象，必然是将山西作为一个目的地进行探讨，在形成认知的过程中，山西高校的大学生具有接近目的地的先天优势。比如，山西高校大学生在大学期间吃到的是山西的饭菜，听到的是山西的方言，感受到的是山西的氛围，由此他们会产生问题，会引发思考，逐渐形成对山西的社会认知。山西高校的大学生在课余时间的旅游更多的是前往本地的景区，在领略山西风景、体验山西文化中形成对山西的旅游认知。本研究排除了两类大学生：一是山西省外的大学生，这些学生较少接触到山西本地的人和事，对山西的了解大多是间接的，形成的认知是不成熟的。二是在外求学的山西本地人，这些大学生离开了家乡的土地，感受着当地的氛围，尽管可能在与其他省的对比中更想了解本省信息，但是由于身在省外，更容易形成感性的认知。因此，必须是体验山西的土地、感受山西的氛围、融入山西的文化气息的山西高校大学生，才会主动或者被动地思考山西的历史文化问题，才会做出推理与决策，进而形成认知。

二、相关研究动态

（一）国内研究现状

1.历史文化遗产的相关研究

历史文化遗产是我们祖先智慧的结晶，是中华民族精神情感的载体，是民族特征的艺术体现。历史文化遗产的相关研究集中在历史文化遗产保护和发展方面。[①] 研究指出，历史文化遗产不仅面临着保护理念上的问题，还有资金和技术上的挑战[②]，加之在城市更新与城市历史文化遗产保护之间的张力持续加压下[③]，历史文化遗产保护状况堪忧。要做到对历史文化遗产的保护，就要深入了解保护的内涵[④]，而不能孤立地保护，导致历史文化遗产的生存环境逐渐消失。[⑤] 在深刻认识到历史文化遗产保护现状后，曹瑞丽、张楠等学者[⑥]均对历史文化遗产的发展路径进行了分析，从制度保障、法律体系、资金支持、人才培养等角度提出了办法。部分学者对历史文化遗产的价值再认知进行了思考，有学者以京杭大运河为例，表示历史文化遗产的光芒与活力从未消失，应该重视文化遗产核心价值的发挥[⑦]；有学者指出了文化遗产价值认知中存在的问题和应遵守的原则[⑧]；还有学者建议运用"云直播"的方式发掘历史文化遗产的多重价值。[⑨]

2. 山西旅游资源的相关研究

山西作为资源大省，旅游资源非常丰富。多数学者对山西旅游资源特征进行了分析，概括出山西旅游资源的六大总体特征[⑩]与五个完美统一[⑪]。然而，

① 庞妃，史春林．习近平关于历史文化遗产保护与利用重要论述研究［J］．湖南社会科学，2022（1）：156-163.
② 陈硒．中西部古城镇旅游开发中的历史文化遗产保护［J］．社会科学家，2021（4）：70-75.
③ 苗红培．城市更新中的历史文化遗产保护［J］．重庆社会科学，2014（8）：79-84.
④ 倪斌．历史文化遗产保护现状探析［J］．同济大学学报（社会科学版），2005（5）：47-50，74.
⑤ 张楠，张红娟．城市更新中的西安市历史文化遗产保护研究［J］．安徽农业科学，2011，39（35）：21893-21895.
⑥ 张楠，张红娟．城市更新中的西安市历史文化遗产保护研究［J］．安徽农业科学，2011，39（35）：21893-21895；曹瑞丽．旅游开发中的历史文化遗产保护［J］．黄河 黄土 黄种人，2020（7）：3-4.
⑦ 王程，曹磊．京杭大运河的历史演变及文化遗产核心价值［J］．人民论坛，2019（30）：140-141.
⑧ 姚大力．关于中国历史文化遗产再认识的两点思考［J］．复旦学报（社会科学版），1997（4）：9-11；郭春媛．现代城市发展中的文化遗产价值认知：以《郑州历史文化名城保护与发展战略规划研究》编制为例［J］．南方文物，2019（6）：254-256.
⑨ 何志武．"云直播"：发掘历史文化遗产的多重价值［J］．人民论坛，2021（30）：98-100.
⑩ 杨晓国．论山西旅游资源的六大总体特征［J］．晋阳学刊，1999（3）：22-25.
⑪ 赵命柱．山西旅游资源的五个完美统一［J］．前进，2001（9）：33-36.

在旅游开发中出现了诸如旅游规划未彻底贯彻实施、旅游资金短缺问题突出、旅游形象不明确① 等一系列问题，导致山西的旅游发展未能发挥原本的资源优势。基于此，有学者对山西旅游资源进行再认识，强调运用立体的、发展的、市场的眼光看问题。更有学者思考了旅游资源的发展路径，从实施总体开发战略、找准市场定位、加大宣传力度、加强产品开发② 等方面多措并举，促进山西旅游资源的开发。

3. 山西历史文化遗产的相关研究

山西历史文化遗产是山西旅游资源的重要组成部分，不乏从保护文化遗产的角度分析山西历史文化遗产的发展路径。促进山西历史文化遗产的可持续发展，着重强调政府部门在抓好顶层设计方面、法律机构在强化监管机制方面、文保单位在加强能力建设方面、科研组织在促进遗产数字化保护方面③ 等发挥的作用。少数学者从空间分布的角度分析了山西历史文化遗产空间格局及特征，研究显示，山西的历史文化遗产从空间上表现出四大分布特征④，分别是行政建制主导下的功能型遗产空间分布特征、战争军事需求下的专有型遗产空间分布特征、交通商贸推动下的线网型遗产空间分布特征和重要资源支持下的稳固型遗产空间分布特征。综上，针对山西历史文化遗产的研究仍突出表现在遗产自身的保护和开发利用方面，对遗产延伸出的价值利用等方面的研究还有待开展。

---

① 周涛.山西旅游资源开发现状与对策研究［J］.资源开发与市场，2009，25（5）：475-477；师振亚，孔德安.山西旅游资源的劣势分析及对策［J］.山西经济管理干部学院学报，2006（1）：19-20，87.

② 兀婷，张辉.山西旅游产业发展的路径之选［J］.生产力研究，2010（4）：137-139；薛吉生.山西旅游资源开发的对策探讨［J］.太原理工大学学报（社会科学版），2006（增刊1）：1-3；毛宗良.山西旅游资源开发的创新策略［J］.科技情报开发与经济，2006（1）：90-91.

③ 闫琪，侯晓斌.山西省文化遗产保护工作的实践研究［J］.经济师，2020（6）：148-150；任芳，高忠严.传统村落文化遗产保护与发展路径探析：基于山西省平顺县岳家寨的田野调查［J］.新疆艺术学院学报，2020，18（1）：106-113；梁宪亮.山西省的世界文化遗产保护管理工作［J］.文物世界，2016（3）：62-64.

④ 温俊卿.山西省历史文化遗产空间分布格局历史成因研究［J］.山西建筑，2022，48（2）：27-29.

4. 山西大学生的相关研究

新时代的大学生是中国特色社会主义事业的合格建设者和可靠接班人，具有巨大的发展潜能。针对山西大学生的研究范围十分广泛，包括政治、经济、文化、社会等多方面。相关研究主要分为两个方面：一是针对所有山西大学生的研究，二是针对山西某所高校学生的研究。前者侧重于对全体学生的宏观研究。比如，研究应该如何将红色文化融入大学生思想政治教育[1]，分析大学生传播红色文化的现状[2]，还有新形势下对大学生宗教信仰情况[3]的调查和大学生就业状况[4]的分析。后者则更侧重于对大学生个体的微观研究，既包括对山西师范大学、山西大同大学以及山西农业大学学生的心理安全感[5]、幸福感[6]、社会安全感[7]的调查研究，研究结果反映出不同年龄、性别和家庭的学生的心理健康状态具有不同程度的缺乏问题；也包括对山西财经大学、山西师范大学学生的网络消费行为[8]的研究，结果表明大学生是网络消费的主力军，应实施多种措施保障大学生的合法权益，引导大学生健康消费。据不完全统计，山西省当地学生占山西大学生的65%—70%。基于此，提升大学生的综合素质是山西未来人才建设的重中之重，是山西社会可持续发展的核心力量。

---

[1] 秦永亭，陈颖，李抗 . 红色文化融入大学生思想政治教育的路径研究 [J]. 产业与科技论坛，2022，21（13）：121-122.

[2] 张占成，杨素祯 . 大学生传播山西红色文化的现状调查及分析 [J]. 新闻研究导刊，2021，12（8）：7-9.

[3] 杜瑞平 . 新形势下山西高校大学生宗教信仰情况研究 [J]. 教育教学论坛，2016（15）：46-47.

[4] 李廷荣，刘兆征 . 新形势下山西大学生就业的机遇、挑战及对策 [J]. 前进，2012（4）：50-52.

[5] 郭俊旭 . 大学生心理安全感的调查报告：以山西师范大学为例 [J]. 景德镇学院学报，2018，33（3）：100-102.

[6] 高甜，杜昊楠 . 大学生压力应对方式和主观幸福感的关系研究：以山西大同大学为例 [J]. 科教导刊（上旬刊），2019（31）：165-167.

[7] 凌霖，冯美丹，段斐斐 . 浅析大学生社会安全感：山西农业大学学生社会安全感调查及分析 [J]. 山西农业大学学报，2006（增刊2）：211-213.

[8] 闫雅娟 . 大学生网络团购消费行为研究：以山西财经大学为例 [J]. 中国管理信息化，2016，19（21）：158-159；马云 . 大学生网络消费问题浅析：以山西师范大学为例 [J]. 山西师大学报（社会科学版），2014，41（增刊5）：213-215.

（二）国外研究文献

国外针对大学生传承本国文化的相关研究仍以中国研究者为主，研究范围多集中在中国的优秀文化对高校学生及留学生的影响。比如，Xu Zhimin 和 Zou Daitie 运用大数据分析高校非物质文化遗产传承与艺术设计教育深度融合的研究人才培养[①]；Luo Jie 对比了中国的民族音乐与西方的传统音乐的不同，通过探讨中西文化的差异和融合，对未来中国大学钢琴教育进行展望[②]；Zhao Yuxi 探究高等艺术教育让学生找到独特的传统文化符号，建立民族归属感和自我价值的策略[③]。少数国外学者对学生民族遗产的认知水平进行了调查，比如，Tarek Sayed Abdelazim Ahmed 运用问卷调查的方式，考察学校在提高民族意识中的作用以及探讨家庭对于学生民族遗产满意度的影响。[④] 研究表明，学生对民族遗产重要性的认识程度与居住地和感知之间有显著关系。Mohammed A. M. Alhefnawi 等评估当地高校（Imam Abdulrahman Bin Faisal University）的学生和他们的家庭成员对沙特阿拉伯选定城市的文化遗产保护的看法。[⑤] 可见，国外学者对民族遗产的认知研究也侧重于阐述居住地以及家庭对文化遗产地的感知具有很大影响。

（三）文献述评

历史文化遗产作为宝贵的财富，相关研究仍在不断深入，国内关于历史

① Xu Z M, ZOU D. Big data analysis research on the deep integration of intangible cultural heritage inheritance and art design education in colleges and universities [J]. Mobile Information Systems, 2022（5）: 1-12.

② LUO J. Discussion on the inheritance, integration and promotion of Chinese traditional folk music culture in college piano education [C] //2018 International conference on education science and Social development (ESSD 2018). Amsterdam: Atlantis Press, 2018: 122-124.

③ ZHAO Y X. Research on cultural inheritance and innovation of higher art education from the perspective of core literacy [J]. International journal of social science and education research, 2019, 2（5）: 13-18.

④ AHMED T S A. Assessment of students' awareness of the national heritage (case study: the preparatory year students at the University of Hail, Saudi Arabia) [J]. Cogent social sciences, 2017, 3（1）: 1306202.

⑤ ALHEFNAWI M A M, DANO U L, ISTANBOULI M J. Perception of students and their households regarding the community role in urban heritage conservation in Saudi Arabia [J]. Journal of cultural heritage management and sustainable development, 2023, 13（2）: 317-334.

文化遗产的研究多集中在保护与发展上，对历史文化遗产价值的认识不断提高。针对山西旅游资源的研究，多数学者在资源特征上下功夫，并进一步依据资源开发中的问题提出对策建议。对山西历史文化遗产的研究与国内主流研究一致，少数学者对山西历史文化遗产的空间分布特征进行研究。无论是山西历史文化遗产还是旅游资源，研究均强调资源本身，而较少涉及资源与社会的关系问题。针对山西大学生的相关研究，一方面强调大学生宏观现状，另一方面突出大学生微观案例。研究方向多以学生的发展为主，较少探究学生对社会的作用价值。总体来说，国内研究均以定性分析为主。相较于国外研究，国内研究缺乏定量分析，且分析的角度不够细致。

三、山西的历史文化遗产资源

（一）资源概况

山西拥有 A 级景区数量 218 处，5A 级景区 10 处，4A 级景区 99 处，涵盖自然旅游资源和人文旅游资源两大类，其中以人文旅游资源数量居多。另外，山西全省有全国重点文物保护单位 531 处（见附录），稳居全国第一。在山西目前的 531 处全国重点文物保护单位中，古建筑数量最多，为 421 处，占比 79.28%；古遗址 46 处，占比 8.66%；近现代重要史迹及代表性建筑 28 处，占比 5.27%；古墓葬 20 处，占比 3.77%；石窟寺及石刻 15 处，占比 2.82%；其他 1 处，占比 0.19%，为稷山大佛。山西拥有省级文物保护单位 779 处，市县级文物保护单位 11258 处；国有可移动文物 320 余万件，唐朝以来的彩塑作品 12712 尊，高品质的寺观墓葬壁画 24000 多平方米。山西拥有世界文化遗产 3 处，即平遥古城、云冈石窟、五台山佛教建筑群。山西还有晋中的大院民俗文化：祁县乔家大院、祁县渠家大院、灵石王家大院，以及太谷三多堂、榆次常家庄园。

（二）资源特征

1. 山西承载着中华文明的源头

三千年文明看陕西，五千年文明看山西。丁村遗址和陶寺遗址，证明了山西延续不断的文明起源；人祖山、乾坤湾和万荣县的后土祠至今流传着许许多多有关伏羲和女娲的优美神话传说；曲沃县的黄帝陵和高平市的炎帝陵是一代代炎黄子孙公认的华夏民族始祖之陵；有关史料记载，"中国"一词最早出现于上古虞舜时代的山西南部，尧都平阳（今临汾）、舜都蒲坂（今永济）、禹都安邑（今夏县）反映出中华文明在山西孕育，还有"问我祖先在何处，山西洪洞大槐树"中的山西洪洞是中华儿女共同的老家。由此可见，中华民族延续发展在山西大地上，中国传统文化的精神特质以山西为原点，山西历史文化遗产承载着中华文明的源头。

2. 山西历史文化贯穿中华文化始终

山西悠久的历史文化一脉相承。夏、商、周时期，在山西南部出现文化繁荣的雏形。春秋战国时期，山西所在的晋国是当时的春秋五霸之首，如今的山西，从临汾曲沃到介休绵山再到太原晋祠，慢慢将晋国的历史拉开。在百家争鸣时期，思想的碰撞形成了流传至今的三晋文化。三晋文化在魏晋南北朝的民族大融合中不断吸收少数民族文化特色，实现了更好的发展。北魏建都平城（今大同）后，山西成为当时佛教文化的中心，著名的云冈石窟正是代表。隋唐至宋、元、明、清时期，山西文化人才辈出，三晋文坛再创辉煌，为中华民族文化史留下不朽的篇章。在古代和近代的大部分时间里，山西是中国北方经济最繁荣、文化最发达的地区之一，做出过历史性的巨大贡献，产生过历史性的深远影响，留下了众多文物古迹。山西独特的地方文化特色在数千年来不断发展的社会中内容不断充实，直至如今，勤劳勇敢的三晋人民依然在创造着文化、创造着历史。

3. 山西具有重要军事战略地位

山西素有"表里山河"的称谓，所谓"表里山河"，是指其内外部均有山河拱卫，地势险要，是军事集团割据而后逐鹿中原的优质根据地，素有"天下形势，必取于山西"之说。据有关文献统计，数千年来，有记载的发生在山西的战役有数百场，三晋大地是真正意义上的"兵家必争之地"。山西的军事战略地位对于中原政权至关重要，因此在此地修筑了大量的长城、关隘、城墙等。从战国到明清 2000 多年的时间里，历代在山西共修建了 3500 多千米的长城，现有遗迹可辨的有 1500 多千米。关隘之地，地势雄伟，关塞险峻。平定县娘子关是防守太原的第一道屏障，代县雁门关是雁北进入中原的咽喉要道。城墙也是中国古代最重要的防御工程。平遥城墙是山西现存历史较早、规模最大、保存最完整的一座县城城墙。这些军事建筑在近代历史上仍发挥着重要作用。

4. 山西历史文化遗产代表性显著

山西历史文化遗产具有显著代表性，具体表现为山西具有诸多中国乃至世界之最。比如，山西拥有目前中国最早的人类用火证据——西侯度遗址，拥有中国最早的文明诞生地之一——陶寺遗址，拥有迄今发现的西周等级最高的玉器——晋侯墓地玉器，拥有西周最具代表性的青铜作品之一——西周刖人守囿铜挽车，拥有中国仅存的辽代建筑模型——大同华严寺天宫楼阁，拥有世界现存最古老、最高大的木塔——应县佛宫寺释迦塔（又称应县木塔），拥有中国保存最完整的古城之一——平遥古城，拥有全球最奇险建筑之一——恒山悬空寺，拥有世界最早的大型石刻佛像——蒙山大佛，拥有我国现存最早的皇家园林晋祠——晋祠，拥有我国佛教寺庙最早建造地之一——五台山，拥有我国迄今发现最大的冰洞——宁武万年冰洞，拥有我国现存最完整的琉璃塔——洪洞广胜寺飞虹塔，拥有我国最大、最古老的九龙壁——大同九龙壁，拥有我国最大的武庙——解州关帝庙，等等，不胜枚举。

5. 山西古建筑保存完整

山西古建筑无论是从数量、质量还是保存完整性上，均是全国第一。山西单体古建筑数量多达 30 多万处，古建筑多达 28000 多处，全国仅存的 4 座唐代古建筑均位于山西。山西现存的唐、五代、宋、辽、金、元时期木构古建筑占全国总存量的 80% 左右，留存有从唐朝至清朝 1000 多年的寺、院、庙、庵、宫、观及其中的殿、塔、冢等建筑物近 80 处。山西还保存了绚丽多姿的寺观雕塑和壁画，深刻展现出中国古代壁画艺术的丰富和发展历程。除此以外，山西的石窟艺术成就卓越，拥有从北魏至明清的石窟寺多达300余处，其中云冈石窟、龙山石窟、天龙山石窟均是国家级文物保护石窟，艺术价值极高。

（三）资源价值

1. 历史文化遗产的内在价值

山西历史文化遗产的内在价值是山西历史文化遗产的核心反映，表现为丰富的历史、文化、艺术、科学、审美、情感等价值。[①]

（1）发挥山西历史文化遗产的历史、文化价值，喻古明今。历史文化遗产是历史发展的见证，是人类或民族历史研究的重要依据。山西历史文化遗产是三晋人民的智慧结晶，反映了民族的思维方式、文化特色，体现了民族的发展轨迹，是中华民族文化价值的最好体现。山西的历史遗存丰富，通过研究历史文化遗产，才能知晓人类发展的方向；喻古明今，才能讲好"山西故事"；以史为鉴，才能促进社会进一步发展。

（2）发挥山西历史文化遗产的精神价值，增强中华民族共同体意识。文化遗产中蕴含着本民族的文化基因及精神产品，是维系民族血脉的重要元素，塑造了民族形象，延续了民族基本一致的社会行为和生活态度，是民族生命力的最好体现。[②]精卫填海、女娲补天的故事体现出与自然积极斗争的精神，山西历史文化遗产承载着中华文明的源头，是民族精神的依托。从女娲补天到大禹治水，中华民族正是继承了这种"我愿平东海，身沉心不改"的精神，才有了与天斗、与地斗、与人斗的不屈精神，才会历经五千年的风风雨雨仍屹立于世界东方。如今，充分发挥历史文化遗产的精神价值，有助于坚定民族文化自信，推动社会主义核心价值观的确立和中华民族共同体意识的增强。

---

① 吕俊芳. 辽西历史文化遗产的类别、特点与价值［J］. 渤海大学学报（哲学社会科学版），2015，37（3）：26-29.
② 曾一. 论述历史文化遗产的功能和价值［J］. 中国民族博览，2016（12）：223-224.

（3）发挥山西历史文化遗产的科学、艺术价值，提高国家科技实力。文化遗产具有重要的科学价值，科学技术是不同历史发展时期社会生产力发展状况的最好体现，为后人获取科学发展、科学方法的相关资料等提供保障。文化遗产中包含着表演艺术、各类工艺品等，它们都具有极高的艺术价值、审美价值，为我们进行艺术研究、审美研究提供了重要的载体。① 在历史科学研究进程中，人们发现，历史古城、古建筑、构筑物等均含有很深奥的科学道理。历史文化遗产是中华民族的文化艺术创造成果和科技发明的结晶，为我们后人的创造发明提供了无限丰富的灵感源泉。发挥山西历史文化遗产的科学、艺术价值，将古人的智慧结晶用于科研中，必将对提高国家科技水平具有重大帮助。比如，诺贝尔生理学或医学奖获奖者屠呦呦，在古书籍中发现了青蒿素的价值，为世界带来了全新的抗疟药。

2. 历史文化遗产的工具价值

历史文化遗产作为一种社会资源，投入社会发展，承载社会功能，满足社会需求。比如，将历史文化遗产作为教育或文化休闲场所、旅游目的地等；也有很多历史文化遗产仍延续其历史上的生产、生活功能。对历史文化遗产资源的合理利用，会为社会带来直接或间接的各种经济效益和社会效益。

（1）发挥山西历史文化遗产的经济价值，发展文化旅游。历史文化遗产的经济价值是不言而喻的。历史文化遗产所依托的文化旅游产业是当代一种新的经济突破点，能为后人带来丰厚的经济财富。② 山西历史文化遗产资源丰富，利用山西的资源优势积极培育文化旅游产业发展的市场主体，增强山西文化旅游产业的实力和活力，从而带动当地旅游经济的高质量发展。

（2）利用山西历史文化遗产的组织功能，搭建文化沟通桥梁。历史文化遗产可以通过吸引社会参与建立或加强社会纽带，包括群体之间增进相互理解和尊重、互信和合作关系，也包括群体因对历史文化遗产内在价值产生的

① 向梦令.历史文化遗产之功能和价值研究［J］.东方企业文化，2018（增刊2）：33-34.
② 鲍展斌.历史文化遗产之功能和价值探讨［J］.绍兴文理学院学报（哲学社会科学版），2002（3）：92-95.

共鸣而形成文化认同。不论是文化遗产的开发还是保护，都是历史文化遗产服务社会的过程，是真正将遗产的内在价值置于社会环境中的过程。山西作为我国"一带一路"的重要枢纽，在传承和弘扬历史文化遗产的过程中促进了各民族交往、交流和交融，在联系民族情感、维系民族和谐方面形成了强大推力。

四、研究设计与数据收集

（一）历史文化遗产认知影响因素模型构建

认知是借助于自身的感觉器官，通过感知收集认知对象的相关信息，并在更加高级的大脑活动中对其进行逐步加工的过程。它在大脑中形成对认知对象的全面且深入的理解，被认为是人类心智中明确、特定的智力过程和产物，是智力的产物，是理性的成分，是感觉的运用，是一个模糊化的、难以度量的概念。通过参考已有文献研究发现，影响认知水平的因素主要通过扎根理论类型分析[1]、Tobit最大似然估计模型[2]、结构方程模型[3]、logit回归模型[4]等方法进行筛选确定。本文主要是对山西高校大学生对于山西历史文化遗产的认知情况进行调查研究，可通过相关题项对认知水平进行量化测度，因认知水平属于有序分类变量，可选用序次logistic建模分析影响认知水平的相关因素。为了深入研究量化大学生对山西历史文化遗产的认知，本文采用李克特五级量表对认知的不同维度进行进化分解，进而构建认知水平测度模型，

---

① 陈则谦，郑娜静，岳双双.图书馆学本科生专业认知的发展过程：面向在校生的个案研究［J］.图书与情报，2019（6）：78-86；左逸帆，徐少癸，林齐宏，等.旅游目的地活力认知过程及其影响因素：基于扎根理论的探索性研究［J］.人文地理，2022，37（2）：182-192.

② 李通，崔丽珍，庄明浩，等.牧民对草地可持续利用的生态认知水平及其影响因素：以黄河源区5个县为例［J］.生态学报，2022，42（20）：8193-8201.

③ 马歆，李俊朋，邢莉.基于NAM的大学生食物浪费行为影响因素研究［J］.干旱区资源与环境，2021，35（11）：25-30.

④ 邢大伟，徐金海，曾华盛，等.风险认知、社会信任与农户宅基地退出意愿：基于江苏省扬州市418户农户调查的数据［J］.中国农业资源与区划，2022，43（11）：51-60；杨晨遥，孙锦杨，杨浩.资本禀赋、价值认知与农牧户融入现代农业生产体系行为：基于川西高原938户农牧户的调查［J］.农村经济，2022（1）：127-135.

并通过序次 logistic 回归模型研究影响因素。

1. 认知水平测度

参考汪芳[1]、王新歌[2] 等人的研究成果，将大学生对山西历史文化遗产认知分为高认知水平、中等认知水平、低认知水平等三类。先通过各指标要素测度认知得分，公式如下：

$$S_{cog} = \sum_{i-1}^{n} a_i \tag{1}$$

式中，S_{cog} 为大学生对山西历史文化遗产的认知得分；a_i 为测度山西历史文化遗产认知构成变量，n 为能够测度大学生对山西历史文化遗产的变量数量。

将认知得分大于平均值加上 0.5 个标准差的样本的认知水平定义为第三级——高认知水平；将认知得分小于平均值减去 0.5 个标准差的样本的认知水平定义为第一级——低认知水平；将认知得分介于二者之间的定义为第二级——中等认知水平，具体公式为：

$$\begin{cases} \text{IF} S_{cog} < \dfrac{\sum\limits_{i}^{j} S_{cog}}{j} - 0.5\sigma, \ R_{cog}=1 \\[3mm] \text{IF} \dfrac{\sum\limits_{i}^{j} S_{cog}}{j} - 0.5\sigma \leqslant S_{cog} \leqslant \dfrac{\sum\limits_{i}^{j} S_{cog}}{j} + 0.5\sigma, \ R_{cog}=2 \\[3mm] \text{IF} S_{cog} > \dfrac{\sum\limits_{i}^{j} S_{cog}}{j} + 0.5\sigma, \ R_{cog}=3 \end{cases} \tag{2}$$

式中，R_{cog} 代表认知水平等级，i 为调查样本序数，j 为调查样本数量，σ 为 S_{cog} 标准差。

---

① 汪芳，严琳，熊忻恺，等.基于游客认知的历史地段城市记忆研究：以北京南锣鼓巷历史地段为例［J］.地理学报，2012，67（4）：545-556.

② 王新歌，张希月，陈田.基于游客的乡愁文化元素认知影响因素研究：以徽州地区为例［J］.地理研究，2020，39（3）：682-695.

2.影响因素测度

回顾总结已有文献研究中影响不同群体认知的因素，主要包括外在因素（周围环境）和内在因素，可以概括为以下几个方面：第一，人口统计学特征，主要是指性别、年龄、学历、收入等基本因素。程锦红等[①]研究发现，性别、年龄、受教育程度和收入水平不同的群体在生态文化与低碳旅游认知方面存在显著差异，受教育水平低的人群普遍认知程度较低。杨微石等[②]通过挖掘海量大数据，对北京旧城中轴线文化遗产认知进行研究分析发现，官方对其认知偏向于行政管理，学者则偏向于历史价值，普通群众倾向于生活化场所。第二，体验感知，认知是感觉输入的转换、简化、储存、恢复和运用的所有过程，情感是认知的进一步深化。李勇等[③]通过 Baloglu 提出的"认知—情感—整体"三维模型研究湘江古镇群遗产旅游地，发现在整体形象感知上，游客负性和正性情绪出现两极分化现象，正性情绪占比较高。从心理认知的角度出发，旅游地形象是个体的主观感知，李巧巧等[④]运用扎根理论，从旅游软环境、旅游吸引物、游轮设施与服务、情感倾向、整体评价、公共设施与服务等多个方面分析国外游客对长江三峡旅游地的感知情况。第三，已有理解认知，认知评价理论可以用于解释个体为何在相同情境下产生不同反应，是理解和阐释情感体验的主要理论。赵昭等[⑤]从认知评价的视角讨论情感体验生成途径，对影响情感体验产生因素的研究从外部情景要素转向自身历史背景认知。已有基础认知可能对历史文化遗产认知产生积极或消极情感，从而影响游后体验认知。第四，实践意愿，Hilgard 将人类心灵三部曲概括为"认

① 程锦红，李姝晓，王峥，等.碳中和愿景下生态文化与低碳旅游认知的特征差异（英文）[J]. Journal of resources and ecology，2022，13（5）：936-945.

② 杨微石，郭旦怀，遏燕玲，等.基于大数据的文化遗产认知分析方法：以北京旧城中轴线为例[J].地理科学进展，2017，36（9）：1111-1118.

③ 李勇，陈晓婷，刘沛林，等."认知—情感—整体"三维视角下的遗产旅游地形象感知研究：以湘江古镇群为例[J].人文地理，2021，36（5）：167-176.

④ 李巧巧，胡传东.国外游客的长江三峡旅游形象感知特征研究[J].地域研究与开发，2022，41（4）：100-106.

⑤ 赵昭，张朝枝.历史背景认知对殖民遗产旅游情感体验的影响：以广州沙面岛为例[J].热带地理，2018，38（5）：707-716.

知—情感—意动"三个阶段。其中的意动就是个体意愿的表达阶段，是认知情感累积到一定程度，人类未来可能表现出来的行为意向。卢东等[1]基于"认知—情感—意动"的视角，对游客共享住宿消费心理机制进行研究，结果表明多样性、平台能力、经济利益、安全利益等多种认知产生感知有用性、信任、享乐主观心理感受，从而间接影响消费意愿。意动是自身根据人、事、物的认知和情感所做出的一种实践意愿倾向，因此可以通过大学生对山西历史文化遗产的实践意愿来反映其认知水平。

由于因变量认知水平分为三级：高认知水平、中等认知水平、低认知水平，属于有序分类变量，符合序次 logistic 回归分析条件，因此可采用 SPSS 软件 logistic 回归分析模型探究大学生对山西历史文化遗产认知的影响因素。如图 2 所示，因变量大学生认知水平可由调查问卷中能够反映大学生对山西历史文化遗产认知水平的基本元素，根据公式（1）（2）计算可得，自变量为大学生特征变量。回归模型为：

$$Y = a + \sum_{i=1}^{n} \beta_i X_i + \delta \qquad (3)$$

式中，Y 为大学生高认知水平、中等认知水平、低认知水平；X_i 为大学生特征变量；β_i 为回归系数；δ 为误差项。

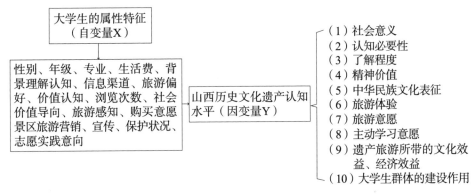

图 2　影响大学生对山西历史文化遗产认知的因素测度框架

---

① 卢东，曾小桥.游客共享住宿消费的心理机制研究：基于认知—情感—意动理论的视角 [J].资源开发与市场，2022，38（11）：1382-1389，1400.

（二）数据收集与处理

1. 调查问卷设计与发放

根据研究主题大学生对山西历史文化遗产的认知，并参考其他相关类型调查问卷，对此次调研问卷进行科学合理的题项设计。问卷内容主要包括三个部分：①样本基本信息；②大学生认知水平测度题项；③影响因素题项。本研究数据主要通过调查问卷及半结构化访谈获得，分为预调研和正式调研两个阶段。2022 年 8 月 25 日起进行调查问卷的测试性发放，随机发放问卷22 份，并在问卷中收集有关问卷题项本身存在的相关问题。这主要是为了检测问卷是否能被填写者全部理解、问题的用词是否恰当以及填写者是否愿意回答完题目中的问题。因预调查效果良好，对前期调查问卷进行细微调整并多次论证后，于 2022 年 8 月 26 日—30 日正式发送调查问卷，调研对象主要是山西 18 所高校（山西师范大学、晋中学院、运城学院、山西大同大学、忻州师范学院、长治学院、吕梁学院、山西工程技术学院、长治医学院、太原理工大学、山西大学、山西医科大学、山西财经大学、山西农业大学、太原学院、太原科技大学、中北大学、山西中医药大学）的大学生，调查内容为大学生对山西历史文化遗产的认知情况。受到疫情影响，不能实地发放调查问卷，同时为保证样本的代表性，通过网络问卷星平台向 18 所高校定向发送问卷 30 份，每所学校文科及理工科各半数，预计发送调查问卷 540 份。在问卷发放过程中，考虑到回收问卷可能存在空白及回答不完整的情况，为保证达到预期收集 540 份调查问卷结果并符合文理科各半的标准，发送问卷共1426 份。

2. 问卷处理

通过数据统计发现，由于网络发送调查问卷传播速度较快且填写人数的不确定性，共回收问卷1426 份，达到预期收集 540 份调查问卷并尽量文理科较均衡的标准。按填写的文理科数据及考虑学校均衡性，共筛选问卷 532 份，剔除含有缺失值及答案有逻辑错误的无效问卷 11 份，剩余问卷 521 份，有效问卷回收效率达 96.48%（521 份 /540 份）。问卷采用李克特五级量表衡量大学生对山西历史文化遗产的认知，将回收问卷题项和答案进行编码，其中填空题答案不需要编码，量表题根据认知程度 1，2，3，4，5 进行编码，并对录入结果进行检查。进一步对数据完整性进行查验核实，确保数据准确且无遗漏。

五、调查结果分析

（一）大学生特征的描述性统计

问卷调查主要从理解认知维度、情感态度维度、实践意愿维度、体验感知维度针对大学生对山西历史文化遗产进行认知调查。在此次抽取的大学生样本中，各年级分布相对均衡；男女性别比差距较大，女性大学生远多于男性大学生；所在学校分布基本保持均衡；学生月生活费多处于 1000—2000元，在大学生群体中属于中等消费水平（见表 1）。

表 1　样本基本特征

基本属性	类型	所占比例
年级	大一	16.70%
	大二	33.58%
	大三	24.38%
	大四	25.34%
性别	男	29.56%
	女	70.44%
所在学校	山西师范大学	5.37%
	晋中学院	5.76%
	运城学院	5.76%
	山西大同大学	5.57%

续表

基本属性	类型	所占比例
所在学校	忻州师范学院	5.76%
	长治学院	5.76%
	吕梁学院	5.76%
	山西工程技术学院	5.18%
	长治医学院	5.57%
	太原理工大学	5.76%
	山西大学	5.57%
	山西医科大学	5.18%
	山西财经大学	4.99%
	山西农业大学	5.76%
	太原学院	5.76%
	太原科技大学	5.57%
	中北大学	5.76%
	山西中医药大学	5.18%
专业	文科	67.94%
	理工科	32.06%
月生活费	1000 元以下	24.95%
	1000—2000 元	71.59%
	2000—3000 元	2.11%
	3000 元以上	1.34%

（二）信息渠道、旅游偏好、价值认知、吸引力类型部分变量统计性分析

在获取渠道方面，大学生对山西历史文化遗产有关信息的认知主要来自实地游览、学校所学知识、社交媒体、周围人介绍以及其他方面。通过问卷调查发现，社交媒体这类信息渠道的使用人数最多，为185人，占总人数的35.51%；仅次于社交媒体的渠道是实地游览，使用人数为173人，占总人数的33.21%；再次之的渠道为学校所学知识，使用人数为129人，占比24.76%，基于大学生这个群体的特殊性，其所获老师教授的间接知识较多；通过周围人介绍获取信息的仅有21人，占比4.03%；其他方面获取信息的人数为13人，占比2.50%，可知这种较为传统和小众的方式相比于社交媒体渠道，信息传播速度较慢，因此使用人数较少。社交媒体、实地游览、学校所学知识这三种是大学生获取山西历史文化遗产认知的重要途径，是传承山西历史文化的主要渠道（见图3）。

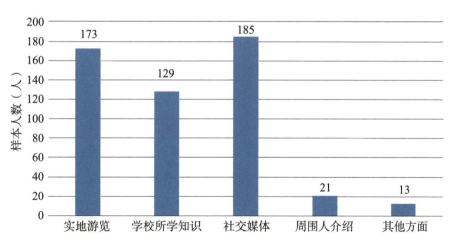

图3　各类信息渠道使用人数结构

调查分析对大学生最具吸引力的历史文化遗产发现，47.80%的大学生认为山西古建筑及设施最具吸引力，仅有9.00%的大学生认为乡土民居村落最具吸引力，说明大学生对于山西古建筑及设施景区的满意度较高，游后体验

感较好，也同时说明山西乡土民居村落在大学生群体中市场占比较小，未来具有一定的发展潜力（见图4）。

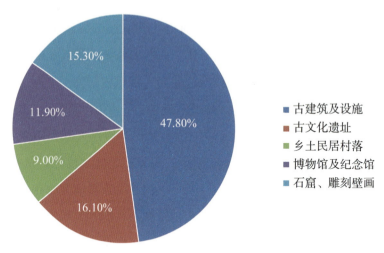

图4 历史文化遗产最具吸引力类型

被调查的大学生普遍具有比较丰富的山西历史文化遗产景区旅游经历，参与统计的历史文化遗产景区共10处，其中曾经游览过平遥古城的人数最多，占比21.5%，游览人数最少的历史文化遗产景区是云丘山，仅占比4.0%（见表2）。除云丘山、雁门关景区游览人数较少，占比不到5%，其余的景区呈现均衡化的特征，表明大学生在作为游客选择历史文化景区的时候意向较为分散，没有明显较为一致的旅游目的地。截至2022年7月，山西共有5A级景区10处，其中6处属于历史文化遗产景区，分别为云冈石窟、五台山、平遥古城、雁门关、皇城相府、大槐树寻根祭祖园。从对山西18所高校大学生的抽样调查可知，平遥古城、云冈石窟、五台山这三处历史文化遗产景区的喜欢人数较多，共占总量的66.1%（见表3）。结合表2发现，平遥古城、云冈石窟、五台山的游览人数也较其他景区偏多，这说明大学生对知名度较高、历史文化丰富的景区具有一定的选择倾向性。

大学生对历史文化遗产景区的价值认知主要有以下几种（按选择人数由高到低排列）：文化教育价值（中华文化科普）、艺术审美熏陶、追溯中国人的文化根脉、休闲愉悦、寻找生命意义。26.0% 的大学生认为山西历史文化遗产对其具有文化教育价值（中华文化科普），能够通过对山西历史文化遗产的游览和观赏学习到中华文化相关知识，提升文化修养。22.3% 的大学生认为山西历史文化遗产具有很好的艺术审美价值，能够从遗产景区的自然景观和人造景观中感受其整体和局部美感。这说明在城乡建设中系统保护、利用、传承好历史文化遗产，对延续历史文脉、推动城乡建设高质量发展、坚定文化自信、建设社会主义文化强国具有重要意义。20.8% 的大学生认为在山西历史文化遗产景区中能够追溯中国人的文化根脉，说明通过历史文化遗产景区的布景、设施、建筑等展现的外在环境，能激发大学生的民族记忆，促进历史文化传承（见表4）。

表 2　山西历史文化遗产景区游览经历

山西历史文化遗产景区	个案数	百分比	个案百分比
云冈石窟	175	13.1%	33.6%
五台山	186	13.9%	35.7%
绵山	102	7.6%	19.6%
平遥古城	288	21.5%	55.3%
雁门关	62	4.6%	11.9%
云丘山	53	4.0%	10.2%
皇城相府	110	8.2%	21.1%
大槐树寻根祭祖园	128	9.6%	24.6%
太行山大峡谷八泉峡	100	7.5%	19.2%
壶口瀑布	133	9.9%	25.5%
总计	1337	100.0%	256.6%

表 3　山西 5A 级历史文化遗产景区旅游偏好

山西 5A 级历史文化遗产景区	个案数	百分比	个案百分比
云冈石窟	249	20.3%	47.8%
五台山	239	19.5%	45.9%
平遥古城	323	26.3%	62.0%
雁门关	127	10.3%	24.4%
皇城相府	149	12.1%	28.6%
大槐树寻根祭祖园	141	11.5%	27.1%
总计	1228	100.0%	235.7%

表 4　山西历史文化遗产景区价值认知

价值认知	个案数	百分比	个案百分比
文化教育价值（中华文化科普）	459	26.0%	88.1%
休闲愉悦	324	18.3%	62.2%
艺术审美价值	394	22.3%	75.6%
寻找生命意义	223	12.6%	42.8%
追溯中国人的文化根脉	367	20.8%	70.4%
总计	1767	100.0%	339.2%

（三）开放题词频统计分析

通过词云网站（https://data.newrank.cn/wordCloud.html）对调查问卷中的开放题"您对提高山西历史文化遗产在大学生中的认知有什么建议？""如果您作为建设者，会为山西历史文化遗产的文化及旅游发展提出什么建议？"进行词频统计分析，并按词频大小生成相应词云图（见图 5、图 6）。大学生对于提升山西历史文化遗产认知的建议主要围绕着对景区的宣传展开

（见图5）。对收回的521份调查问卷进行词频分析发现，"宣传""文化遗产""历史"三个词的词频统计量位居前三，频次分别为100，78，60，说明大学生认为对于加强认知方面主要需要加强对历史文化遗产知识的宣传。"团建""调研""宣讲"三个词的统计结果处于末位，频次都为3，说明较少学生对于团建、调研、宣讲方式能够提升山西历史文化遗产认知水平表示认可。大学生对于促进山西历史文化遗产景区文旅发展的建议也同样围绕着对景区的宣传展开（见图6）。经统计，山西18所高校大学生样本对"宣传""保护""加大开发"三个词具有很强的一致性意见，频次分别为132，73，53。

从调查问卷开放题的答案词频分析中可以看出，大学生认为在山西历史文化遗产景区文旅事业发展和提升大学生对此类景区认知方面，要加强景区宣传力度、找寻景区特色。历史文化旅游资源开发，就是要深入挖掘旅游地的历史文化，赋予旅游产品丰富的历史文化内涵，并将其充分展现出来，发挥历史文化资源在旅游业中的作用。景区在进行前期吸引客流宣传时，应提炼景区特色，比如历史文化或寺庙类景区，可以用历史典故、当地特色民俗文化、宗教元素等作为特色宣传点。

图5 提升在大学生中的认知建议词云

图6　山西历史文化遗产文旅发展建议词云

（四）认知题项得分描述性统计

对反映大学生对历史文化遗产认知的20个题项得分进行详细统计，并绘制折线图（见图7）。从总体上看，大多数题目的得分为5的人数保持在300人以上，说明大学生对于山西历史文化遗产在多数题项上具有很强的一致性，并且认知水平较高。从图7信息可知，对于多数题目来说，得分的人数趋势为：得分5＞得分4＞得分3＞得分2＞得分1，部分题项得分1、得分2的人数为0；仅有问题3、问题8、问题16这三题的得分趋势规律出现显著波动。其中问题3得分主要集中在3分、4分，占总量比重76.77%；问题8得分主要集中在3分、5分，占总量比重53.16%；问题16得分主要集中在3分、4分，占总量比重68.90%。

对这20个题项得分按照公式（1）进行加总，并依据公式（2）判断521个调查样本对山西历史文化遗产的认知水平等级。从统计结果（见图8）可知，中等认知水平的人数最多，占总人数的37.4%，低认知水平的人数最少，占总人数的27.8%。说明山西18所高校的大学生对历史文化遗产景区认知状况良好，并有进一步深入认知的空间。

人数（人）

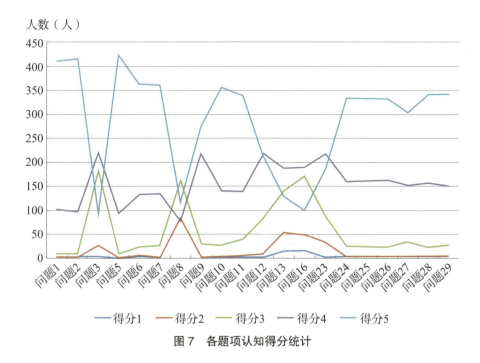

图 7 各题项认知得分统计

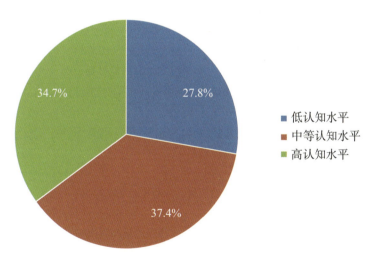

图 8 大学生对山西历史文化遗产认知情况

（五）基于主成分分析法的探索性因子分析

通过 SPSS 25.0 对所有题项的信度进行检验，所得克隆巴赫系数为 0.922，大于统计标准 0.7，并且除基本信息的量表中，删除任意一题项后，量表的整体信度均小于整体量表信度（见表5），说明该问卷一致性程度较好，能较好反映实际情况的程度。对量表继续进行效度检验，KMO系数为0.924，大于0.6，Bartlett检验p值为0，显著性小于0.05，说明调查样本总体具有良好的效度。

表5 删除项后克隆巴赫系数统计

题项	删除项后的克隆巴赫系数
1. 身为当代大学生，您对"山西历史文化遗产能够让大学生拥有留住历史根脉、传承中华文明、凝聚民族精神的历史责任感"赞同吗？	0.920
2. 您对"大学生需要了解山西历史文化遗产"赞同吗？	0.920
3. 您了解山西的历史文化遗产吗？	0.922
5. 作为中华文明的起源之一，您认为山西历史文化遗产对于"增强中华民族文化自信、自觉、自强"重要吗？	0.920
6. 您认为了解山西历史文化遗产对于大学生树立正确的世界观、人生观，成为中国特色社会主义合格建设者和可靠接班人帮助大吗？	0.919
7. 山西历史文化遗产是中华民族的智慧结晶，您想要更深入地认识、宣传山西历史文化遗产吗？	0.919
9. 您在了解或参观游览山西历史文化遗产时，感到惊叹和震撼吗？	0.918
10. 您在了解或参观游览山西历史文化遗产时，感到厚重和骄傲吗？	0.918
11. 您愿意节假日去山西历史文化遗产地游玩吗？	0.918
12. 在日常生活和学习中，您会主动了解、学习山西历史文化遗产吗？	0.917
13. 您认为山西历史文化遗产的保护状况好吗？	0.918

续表

题项	删除项后的克隆巴赫系数
14. 您认为山西历史文化遗产开发利用得好吗?	0.917
16. 您对山西历史文化遗产景区的旅游纪念品感兴趣且愿意购买吗?	0.920
18. 您对山西历史文化遗产及其文化价值的挖掘和展示满意吗?	0.916
21. 您认为山西历史文化遗产的宣传重视程度怎么样?	0.918
22. 您认为山西历史文化遗产的旅游营销怎么样?	0.918
23. 您会主动在各种社交媒体宣传、推介山西历史文化遗产吗?	0.917
24. 您认为山西历史文化遗产对全面展示和提高山西文化软实力有重要意义吗?	0.918
25. 您认为深入开展山西历史文化遗产旅游有助于山西经济转型发展吗?	0.918
26. 您认为大学生是山西历史文化传承和利用的重要参与者吗?	0.917
27. 您认为大学生对山西历史文化遗产获得更广泛、更深入影响的建设作用大吗?	0.917
28. 您愿意去更多的山西历史文化遗产景区游览吗?	0.918
29. 您愿意为山西文旅发展提供志愿者服务及工作支持吗?	0.919

　　进一步做因子分析,共提取 5 个公因子做因子分析,公因子累积方差解释率为 67.775%(见表 6),问题 16 与问题 23 在 5 个公因子中都载荷低于 0.5(见表 7),因此属于无效题项,应删除。其余题项仅仅在单个因子上的载荷高于 0.5,属于有效题项,通过效度检验,保留。基于以上探索性因子分析,问

题 26，25，27，29，28，24 为维度 1；问题 14，22，21，13，18 为维度 2；问题 1，2，5，6，7 为维度 3；问题 11，10，9 为维度 4；问题 3，12 为维度 5。根据其题项的研究内容，将维度 1—5 总结为实践意愿维度、理解认知维度、情感态度维度、体验感知维度、学习意识维度并进行各维度信度检验（见表 6）。由于维度 5 的克隆巴赫系数为 0.586，小于 0.6，因此问题 3，12 不通过信度检验，应删除。

表 6 总方差解释及量表信度

成分	初始特征值			旋转载荷平方和			因子维度	克隆巴赫系数
	总计	方差百分比	累积（%）	总计	方差百分比	累积（%）		
1	9.113	39.621	39.621	4.205	18.282	18.282	实践意愿	0.903
2	2.889	12.561	52.182	4.119	17.911	36.193	理解认知	0.916
3	1.446	6.287	58.469	3.195	13.891	50.083	情感态度	0.839
4	1.140	4.958	63.426	2.331	10.137	60.220	体验感知	0.805
5	1.000	4.348	67.775	1.738	7.555	67.775	学习意识	0.586

表 7 旋转后的成分矩阵

题项	成分				
	1	2	3	4	5
26. 您认为大学生是山西历史文化传承和利用的重要参与者吗？	0.802				
25. 您认为深入开展山西历史文化遗产旅游有助于山西经济转型发展吗？	0.769				
27. 您认为大学生对山西历史文化遗产获得更广泛、更深入影响的建设作用大吗？	0.768				

题项	成分				
	1	2	3	4	5
29. 您愿意为山西文旅发展提供志愿者服务及工作支持吗？	0.735				
28. 您愿意去更多的山西历史文化遗产景区游览吗？	0.727				
24. 您认为山西历史文化遗产对全面展示和提高山西文化软实力有重要意义吗？	0.696				
14. 您认为山西历史文化遗产开发利用得好吗？		0.871			
22. 您认为山西历史文化遗产的旅游营销怎么样？		0.860			
21. 您认为山西历史文化遗产的宣传重视程度怎么样？		0.842			
13. 您认为山西历史文化遗产的保护状况好吗？		0.839			
18. 您对山西历史文化遗产及其文化价值的挖掘和展示满意吗？		0.734			
16. 您对山西历史文化遗产景区的旅游纪念品感兴趣且愿意购买吗？					
1. 身为当代大学生，您对"山西历史文化遗产能够让大学生拥有留住历史根脉、传承中华文明、凝聚民族精神的历史责任感"赞同吗？			0.751		
2. 您对"大学生需要了解山西历史文化遗产"赞同吗？			0.738		
5. 作为中华文明的起源之一，您认为山西历史文化遗产对于"增强中华民族文化自信、自觉、自强"重要吗？			0.730		
6. 您认为了解山西历史文化遗产对于大学生树立正确的世界观、人生观，成为中国特色社会主义合格建设者和可靠接班人帮助大吗？			0.704		
7. 山西历史文化遗产是中华民族的智慧结晶，您想要更深入地认识、宣传山西历史文化遗产吗？			0.581		
11. 您愿意节假日去山西历史文化遗产地游玩吗？				0.756	

题项	成分				
	1	2	3	4	5
10. 您在了解或参观游览山西历史文化遗产时，感到厚重和骄傲吗？				0.737	
9. 您在了解或参观游览山西历史文化遗产时，感到惊叹和震撼吗？				0.691	
3. 您了解山西的历史文化遗产吗？					0.821
12. 在日常生活和学习中，您会主动了解、学习山西历史文化遗产吗？					0.592
23. 您会主动在各种社交媒体宣传、推介山西历史文化遗产吗？					

（六）影响大学生对山西历史文化遗产认知的因素分析

1. 大学生认知自变量的筛选

依据初步选定的自变量，包括年级、性别、专业、生活费、社会意义、了解必要性、了解程度、民族文化、已有理解认知、深入认识宣传意愿、旅游体验、旅游感知、节假日旅游意愿、主动学习意愿、保护状况、开发利用情况、购物意愿、文化价值挖掘满意度、宣传重视程度、旅游营销、主动宣传意愿、遗产旅游所带来的文化效益、遗产旅游所带来的经济效益、参与意识、建设作用、旅游动机、志愿服务意向等。通过相关分析，检验自变量之间存在的线性重复的可能性，剔除相关系数较高的自变量。

由于年级、性别、专业、生活费等不能进行有效排序，不存在与其他变量存在相关的可能性。基于上述信效度检验，对山西历史文化遗产了解程度（问题3）、主动学习山西历史文化遗产意识（问题12）已被剔除，所以对于其余19个自变量进行斯皮尔曼相关分析（见表8）。变量之间两两相关系数的绝对值都在0.5以下，说明变量之间不存在显著的高度相关关系，可以进行影响因素的回归分析。

表 8　因变量相关性分析

		1	2	5	6	7	9	10	11	13	14	18	21	22	24	25	26	27	28	29
1	γ	1.000																		
2	γ	.430**	1.000																	
5	γ	.466**	.457**	1.000																
6	γ	.516**	.487**	.466**	1.000															
7	γ	.428**	.482**	.495**	.421**	1.000														
9	γ	.362**	.376**	.357**	.428**	.479**	1.000													
10	γ	.402**	.433**	.436**	.401**	.444**	.439**	1.000												
11	γ	.367**	.372**	.364**	.441**	.437**	.465**	.427**	1.000											
13	γ	.197**	.198**	.174**	.250**	.219**	.285**	.277**	.254**	1.000										
14	γ	-.199**	-.172**	-.148**	-.243**	-.196**	-.293**	-.260**	-.290**	-.416**	1.000									
18	γ	-.278**	-.263**	-.238**	-.296**	-.308**	-.384**	-.402**	-.368**	-.440**	.488**	1.000								
21	γ	-.203**	-.186**	-.198**	-.244**	-.215**	-.331**	-.302**	-.302**	-.424**	.467**	.494**	1.000							
22	γ	-.178**	-.153**	-.143**	-.202**	-.204**	-.309**	-.276**	-.306**	-.441**	.419**	.414**	.460**	1.000						
24	γ	.378**	.411**	.421**	.426**	.440**	.410**	.413**	.443**	.223**	-.199**	-.290**	-.270**	-.216**	1.000					
25	γ	.342**	.374**	.431**	.439**	.472**	.379**	.439**	.389**	.277**	-.236**	-.312**	-.255**	-.233**	.447**	1.000				
26	γ	.366**	.400**	.416**	.479**	.482**	.466**	.487**	.407**	.311**	-.304**	-.370**	-.297**	-.273**	.423**	.469**	1.000			
27	γ	.377**	.389**	.360**	.467**	.459**	.449**	.415**	.445**	.313**	-.338**	-.385**	-.315**	-.315**	.475**	.446**	.486**	1.000		
28	γ	.337**	.371**	.337**	.398**	.451**	.426**	.433**	.499**	.274**	-.272**	-.346**	-.259**	-.230**	.412**	.493**	.473**	.466**	1.000	
29	γ	.352**	.334**	.326**	.396**	.419**	.381**	.388**	.418**	.271**	-.272**	-.316**	-.263**	-.244**	.523**	.456**	.474**	.469**	.483**	1.000

注：各数字代表变量依次为，1 社会意义，2 了解意愿，5 民族文化，6 已有理解认知，7 深入认识宣传意愿，9 旅游体验，10 旅游感知，11 节假日旅游意愿，13 保护状况，14 开发利用情况，18 文化价值挖掘满意度，21 宣传重视程度，22 旅游营销，24 遗产旅游所带来的文化效益，25 遗产旅游所带来的经济效益，26 参与意识，27 建设作用，28 旅游动机，29 志愿服务意向；表示 0.05 的显著性水平下相关性显著。

2. 回归结果分析

对影响大学生 25 个自变量进行平行线检验（见表 9），其显著性 P=1.000，大于 0.05，说明 logistic 回归参数估计值比较稳定，可以进行影响因素分析。序次 logistic 回归分析表明，基于 25 个变量所构建的回归模型在 95% 置信水平上显著，从表 10 可得，影响大学生历史文化遗产认知的因素主要有节假日旅游意愿、保护状况、遗产旅游所带来的经济效益、建设作用、志愿服务意向、性别。

（1）节假日旅游意愿。节假日旅游意愿对于大学生对山西历史文化遗产的认知水平具有显著的正向影响作用。节假日旅游意愿实际上表现为旅游动机，说明大学生这个游客群体选择利用节假日休息的时间游览历史文化遗产景区，有助于加深其对历史文化遗产的认知。

（2）保护状况。保护状况对于大学生对山西历史文化遗产的认知水平具有显著的正向影响作用。文化遗产是中华民族祖先创造的结晶，是一个民族国家文化生命的密码。只有保护好文化遗产，探寻其文化底蕴，才能不断强化对民族文化的认同，使其成为支撑现代人的精神支柱，因此，对历史文化遗产景区的科学保护尤为重要。

（3）遗产旅游所带来的经济效益。旅游经济效益对于大学生对山西历史文化遗产的认知水平具有显著的正向影响作用。旅游经济效益是指在旅游经济活动中劳动占用和消耗有限成果之间的比较。当投入小于产出时，就是盈利，证明有经济效益，两者差距越大，经济效益越高。历史文化遗产景区所创造的经济效益越多，越能够丰富景区业态、提升游客的体验感，大学生的认知水平也就越高。

（4）建设作用。大学生对历史文化遗产景区的建设作用对于大学生对山西历史文化遗产的认知水平具有显著的正向影响作用。大学生作为特殊的社会群体，具有广泛的科学文化知识面以及较强的学习新事物的能力、主观能动性和执行力，在历史文化遗产景区的创新性建设和发展方面具有一定的积极意义；同时，大学生能够在实践中更客观地了解山西历史文化遗产，加深对历史文化遗产的认知程度。

（5）志愿服务意向。大学生对历史文化遗产景区的志愿服务意向对于大学生对山西历史文化遗产的认知水平具有显著的正向影响作用。大学生可以在景区的志愿活动过程中，体验景区一线岗位工作人员的艰辛和困难，了解景区工作环境，对不标准、不规范的经营管理方式进行思考并提出改进建议，为创建景区文明有序的旅游环境做出积极贡献。在此过程中，通过实地考察和体验，能够提升大学生对景区微观层面的认知。

（6）性别。性别对于大学生对山西历史文化遗产的认知水平具有显著的正向影响作用。性别变量的回归系数为 0.029，小于节假日旅游意愿、保护状况、遗产旅游所带来的经济效益、建设作用的回归系数，表明性别对大学生认知历史文化遗产的影响较小。

表 9　平行线检验

模型	−2 对数似然	卡方	自由度	显著性
原假设	0.000	—	—	—
常规	0.000^b	0.000	26	1.000

表 10　自变量回归系数

自变量	估算	瓦尔德	显著性	95% 置信区间	
				下限	上限
社会意义	0.178	0.896	0.344	−0.190	0.546
了解必要性	−0.077	0.165	0.684	−0.449	0.295
民族文化	0.115	0.362	0.548	−0.260	0.490
已有理解认知	0.243	2.527	0.112	−0.057	0.543
深入认识宣传意愿	0.120	0.598	0.439	−0.184	0.423
旅游体验	0.180	1.701	0.192	−0.091	0.451
旅游感知	0.183	1.207	0.272	−0.143	0.509

续表

自变量	估算	瓦尔德	显著性	95% 置信区间	
				下限	上限
节假日旅游意愿	0.310	5.546	0.019	0.052	0.568
保护状况	0.201	2.818	0.093	−0.034	0.436
开发利用情况	−0.088	0.440	0.507	−0.349	0.173
文化价值挖掘满意度	−0.115	1.134	0.287	−0.327	0.097
宣传重视程度	0.027	0.052	0.820	−0.202	0.255
旅游营销	−0.055	0.245	0.620	−0.273	0.163
遗产旅游所带来的文化效益	0.219	1.679	0.195	−0.112	0.551
遗产旅游所带来的经济效益	0.250	2.696	0.100	−0.048	0.549
参与意识	0.172	0.977	0.323	−0.170	0.514
建设作用	0.282	3.378	0.066	−0.019	0.584
旅游动机	0.107	0.396	0.529	−0.226	0.441
志愿服务意向	0.252	3.395	0.065	−0.016	0.520
性别	0.029	0.159	0.034	−0.282	0.340
专业	0.169	1.131	0.288	−0.142	0.479
生活费	−0.859	0.565	0.452	−3.098	1.380
年级	−0.243	1.726	0.189	−0.607	0.120

六、访谈分析报告

此次访谈有山西财经大学、山西大学、山西师范大学、山西医科大学、太原理工大学 5 所高校参与，共采访高校大学生 20 名，其中文理科各半，被访者中有 4 名外省同学，各位同学对山西历史文化遗产在大学生中的认知情况做了详细回答。

在采访"大学生认为的山西历史文化遗产的优势特征、亮点"时，大部分大学生都对山西历史文化遗产提出了"历史悠久、文化底蕴深厚"的观点，有 7 位大学生对于山西历史文化遗产的数量有一定的了解，可以看出山西高校大学生对于山西历史文化遗产的历史底蕴和文化底蕴了解较深，特征认知清晰（见表 11）。

表 11 大学生认为的山西历史文化遗产的优势特征、亮点

被访者	学科	家乡	内容
山西财经大学 1	文	山西	山西历史悠久，建筑风格独特，有数量优势
山西财经大学 2	理	山西	人文方面的一些景观或者是历史遗产比较多
山西财经大学 3	文	山西	历史文化遗产比较丰厚，文化底蕴比较深厚
山西财经大学 4	文	山西	形式更多样，种类特别多
山西大学 1	文	山西	山西历史文化有完整性、先进性和艺术性，具有强大的生命力和感召力
山西大学 2	文	贵州	有很多著名神话，透露出一种团结的力量，山西旧石器遗址总数居全国首位，序列完整
山西大学 3	理	山西	山西是历史大省，有厚重的文化底蕴
山西大学 4	理	山西	年代久远，古建筑占比比较多
山西师范大学 1	理	陕西	历史底蕴比较深厚，比较悠久
山西师范大学 2	文	吉林	山西历史文化比较具有艺术性，历史悠久，传承稳定
山西师范大学 3	文	河北	历史文化资源比较厚重，特别是佛教的文化资源，影响力比较大
山西师范大学 4	理	山西	历史文化遗产比较丰富，地下文物建筑数量全国排名第一
山西医科大学 1	理	山西	历史底蕴深厚，保存得比较好
山西医科大学 2	理	山西	历史文化特别悠久，历史底蕴、文化底蕴深厚

续表

被访者	学科	家乡	内容
山西医科大学 3	文	山西	历史比较丰富，美食有特色，建筑庄严
山西医科大学 4	文	山西	历史文化特色明显，佛教文化特色鲜明
太原理工大学 1	文	山西	山西文化底蕴特别深厚，文化类型多样
太原理工大学 2	理	山西	历史文化悠长
太原理工大学 3	理	山西	资源更多一点，历史更悠久一点
太原理工大学 4	文	山西	山西历史文化遗产数量多，时间久，有明显的民俗特色

在采访"大学生要怎样来传承山西历史文化"时，每个同学都提到了要对山西历史文化遗产进行宣传，宣传所涉及的方式多样，总体分为口头宣传及新媒体宣传两大类。大部分同学以自身为中心，提出了要先学习山西历史文化，再进行宣传，表明同学们对于传承山西历史文化的积极性很高，充分发挥了自己的主观能动性，在能力范围内努力传承山西历史文化（见表 12）。

表 12　大学生要怎样来传承山西历史文化

被访者	学科	家乡	内容
山西财经大学 1	文	山西	跳出旅游看旅游，发展旅游的同时要发展"旅游+"，大学生要改变对山西历史文化的看法
山西财经大学 2	理	山西	大学生要立足于信息的宣传
山西财经大学 3	文	山西	加强自己的专业知识，多进行宣传（口诉、自媒体）
山西财经大学 4	文	山西	通过自媒体宣传旅游经历
山西大学 1	文	山西	课堂上努力学习山西历史文化知识，再向周围人宣传
山西大学 2	文	贵州	大学生应潜心研学山西历史文化，在生活中多宣传
山西大学 3	理	山西	寓教于乐

被访者	学科	家乡	内容
山西大学 4	理	山西	制作宣传视频，多实地考察
山西师范大学 1	理	陕西	学习景点所蕴含的内涵，然后宣传历史景点及人物
山西师范大学 2	文	吉林	保护历史环境、保护文化，在校内和新媒体宣传，多实践
山西师范大学 3	文	河北	通过自媒体的形式去宣传
山西师范大学 4	理	山西	要先对历史文化遗产有一定的了解和认知，再宣传
山西医科大学 1	理	山西	宣传家乡，通过口头、社交媒体宣传等
山西医科大学 2	理	山西	利用口诉、社交媒体宣传，做志愿者、导游进行介绍
山西医科大学 3	文	山西	利用社团、组织宣传，积极参与选修课，利用新媒体宣传
山西医科大学 4	文	山西	利用自媒体宣传，注重对下一代的普及教育，在校园内宣传，举办讲座等
太原理工大学 1	文	山西	深入调研和挖掘历史文化遗产，进行实地调研
太原理工大学 2	理	山西	一方面多去山西的名胜古迹看看，另一方面通过网上或者其他渠道去了解
太原理工大学 3	理	山西	应该尽到自己对山西文化传承的一份力，多了解各方面的内容和报道
太原理工大学 4	文	山西	多了解、多看，向同学们宣传

在采访"省级部门应该为大学生做什么"时，不同的同学提出了不同的建议，有一位太原理工大学的同学未发表意见。大部分同学提出了"组织活动，给予优惠政策及物质支持"等建议，表明大学生在传承山西历史文化过程中，遇到的物质阻碍较大。不同学科的同学研究的重点也有所不同，部分文科同学提出要在保护山西历史文化遗产的基础上加大宣传力度，部分理科

同学提及要发展文旅项目，打造旅游线路。该问题表现出同学们认为需要省级部门给予更多的物质及政策支持，扩大山西历史文化遗产的影响力，来更好地传承山西历史文化（见表13）。

表13　省级部门应该为大学生做什么

被访者	学科	家乡	内容
山西财经大学1	文	山西	扩大山西旅游文化的影响面，打造品牌
山西财经大学2	理	山西	景区开展优惠活动，为高校举办宣传活动
山西财经大学3	文	山西	实施优惠政策
山西财经大学4	文	山西	让本省的人先了解本省的东西
山西大学1	文	山西	加大宣传力度，为市民做一个普及网站
山西大学2	文	贵州	修建博物馆，成立山西历史文化研究院，出台一些相关政策支持
山西大学3	理	山西	整合分散的资源，打造主题旅游路线
山西大学4	理	山西	对学生的活动给予一定的支持，给予经费或者住宿方面的保证
山西师范大学1	理	陕西	扩大宣传，提供优惠政策、物质支持
山西师范大学2	文	吉林	开展优惠活动，提供物质支持，多宣传
山西师范大学3	文	河北	设立展示厅进行宣传，组织一些比赛，提供资金上的支持
山西师范大学4	理	山西	提供一些竞赛、科普平台
山西医科大学1	理	山西	开设一些旅游专线，完善交通设施，注重景区相关产业的发展，开发数字模拟技术
山西医科大学2	理	山西	采用多种宣传方式，加大资金投入，完善交通设施，出台宣传政策
山西医科大学3	文	山西	修缮、保护古建筑，制作宣传片进行宣传，加大资金投入

被访者	学科	家乡	内容
山西医科大学4	文	山西	引进好的技术去保护、完善历史文化遗产，设置明确的管理主体，出台法律、法规进行保护
太原理工大学1	文	山西	做一些文旅之类的发展项目，给予经费支持和景区资源合作
太原理工大学2	理	山西	在大学生平时上的课程中添加有关山西历史文化的内容
太原理工大学3	理	山西	——
太原理工大学4	文	山西	多推出一些项目

在采访"通过在校期间接受的山西历史文化遗产知识或信息，培养出了和山西怎样的感情"时，山西籍的大学生认为"加深了对山西的认同感，更自信了"，外省的大学生认为"对山西认识更深，有家乡感"。通过该问题，可以看出通过对山西历史文化遗产的了解和游览，大家对山西历史文化的了解更深入，与山西的情感联系更紧密（见表14）。

表14　通过在校期间接受的山西历史文化遗产知识或信息，培养出了和山西怎样的感情

被访者	学科	家乡	内容
山西财经大学1	文	山西	对山西的了解进一步加深了，更加喜欢自己出生的这个省份，更加自信了
山西财经大学2	理	山西	更加有亲切感
山西财经大学3	文	山西	文化的自豪感
山西财经大学4	文	山西	增强了对本省的认同感
山西大学1	文	山西	对山西有了更加深刻的了解，并感到很自信
山西大学2	文	贵州	有了更加深入的了解，感到自豪，也深深被这里的历史震撼

续表

被访者	学科	家乡	内容
山西大学 3	理	山西	对山西的了解进一步加深了，更加喜欢山西，更加自信了
山西大学 4	理	山西	感觉有很多的历史古迹因为保护不到位消失在人们视野中，觉得很可惜
山西师范大学 1	理	陕西	对山西的认识更深了，家乡的情怀更多了一些
山西师范大学 2	文	吉林	更喜欢山西的旅游文化了，也更深刻地认识和了解了山西历史
山西师范大学 3	文	河北	很喜欢山西这个地方，有一种家乡感
山西师范大学 4	理	山西	有种文化自信和历史的自豪感
山西医科大学 1	理	山西	对山西历史文化的情感比较深厚
山西医科大学 2	理	山西	五台山是对灵魂的一次洗涤，让心灵平静
山西医科大学 3	文	山西	养成游览思维，更好地理解历史文化
山西医科大学 4	文	山西	对于被破坏的遗产感到很遗憾
太原理工大学 1	文	山西	对山西感情很深厚
太原理工大学 2	理	山西	没有了解
太原理工大学 3	理	山西	了解更透彻了
太原理工大学 4	文	山西	会自发地去宣传和保护山西文化遗产

在采访"课程学习是否涉及山西历史文化遗产的相关内容"时，根据学校性质的不同，太原理工大学的同学均回答没有涉及，山西财经大学的一位文科同学回答没有涉及。除了专业与历史文化相关的，大部分同学的回答是"有涉及，为选修课"。通过此问题，可以看出不同性质的大学对山西历史文化的课程涉及有所不同，理科性质的大学涉及较少。同时，很多大学除了专业相关，开设的课程多为选修课，表明山西高校对于山西历史文化的课程

宣传不太重视，同学们可以接触到相关山西历史文化的课程范围较小（见表15）。

表15　课程学习是否涉及山西历史文化遗产的相关内容

被访者	学科	家乡	内容
山西财经大学 1	文	山西	涉及，专业相关
山西财经大学 2	理	山西	有，选修课
山西财经大学 3	文	山西	有专门涉及山西历史文化遗产的文化课
山西财经大学 4	文	山西	没有涉及
山西大学 1	文	山西	有
山西大学 2	文	贵州	有
山西大学 3	理	山西	有
山西大学 4	理	山西	有
山西师范大学 1	理	陕西	有
山西师范大学 2	文	吉林	有
山西师范大学 3	文	河北	有
山西师范大学 4	理	山西	涉及较少，只有选修课
山西医科大学 1	理	山西	有，课程形式主要是网课或者其他形式
山西医科大学 2	理	山西	有，但没有参与过
山西医科大学 3	文	山西	有涉及山西建筑类的课程
山西医科大学 4	文	山西	有
太原理工大学 1	文	山西	没有接触
太原理工大学 2	理	山西	没有涉及
太原理工大学 3	理	山西	没有
太原理工大学 4	文	山西	没有

在采访"大学是否应该开设一些课程来加强学生认识"时，所有学生都认为学校应该开设课程来加强学生对山西历史文化遗产的认识，其中有两名学生提出应该开设通识选修课。通过该问题，可以看出山西高校学生对于进一步深入认识、了解山西历史文化是有迫切需求的，学校应重视学生需求，加大对山西历史文化课程的开设（见表16）。

表16　大学是否应该开设一些课程来加强学生认识

被访者	学科	家乡	内容
山西财经大学1	文	山西	应该
山西财经大学2	理	山西	应该
山西财经大学3	文	山西	应该，开设通识课
山西财经大学4	文	山西	应该
山西大学1	文	山西	应该
山西大学2	文	贵州	应该
山西大学3	理	山西	应该
山西大学4	理	山西	应该，开设通识选修课
山西师范大学1	理	陕西	应该
山西师范大学2	文	吉林	应该
山西师范大学3	文	河北	应该
山西师范大学4	理	山西	应该
山西医科大学1	理	山西	应该
山西医科大学2	理	山西	应该
山西医科大学3	文	山西	应该
山西医科大学4	文	山西	应该
太原理工大学1	文	山西	应该

续表

被访者	学科	家乡	内容
太原理工大学 2	理	山西	应该
太原理工大学 3	理	山西	应该
太原理工大学 4	文	山西	应该

在采访"高校怎么做来增强大学生对山西历史文化遗产的认知和情感联系"时，同学们站在学校角度提出了多种方式，可以分为三个角度：开设课程、组织活动、实地调研。可以看出同学们对于山西历史文化的认知途径是多样的，需要高校提供更多的支持和帮助来促进山西历史文化的传承（见表 17）。

表 17　高校怎么做来增强大学生对山西历史文化遗产的认知和情感联系

被访者	学科	家乡	内容
山西财经大学 1	文	山西	实地调研
山西财经大学 2	理	山西	开设课程，安排实地考察
山西财经大学 3	文	山西	多举办学术讲座和科普宣传活动
山西财经大学 4	文	山西	利用寒暑假等时间组织一些校级活动
山西大学 1	文	山西	增加历史文化课程，增加一些调研活动
山西大学 2	文	贵州	积极宣传、举办知识竞答活动、文化海报比赛、历史故事会等，开设品读山西文化角等
山西大学 3	理	山西	进行大众科普，在博物馆、图书馆做展览和讲座
山西大学 4	理	山西	开设通识课的选修课程，定时向学生发一些印有图片的手册
山西师范大学 1	理	陕西	课堂讲述，或是实地考察，或是校园里面的宣传

被访者	学科	家乡	内容
山西师范大学 2	文	吉林	办一些活动，如宣讲会、介绍会，在微信公众号上多推送；上课的时候放一些关于山西历史文化宣传类的电影、视频等
山西师范大学 3	文	河北	多开展实践活动
山西师范大学 4	理	山西	开设各种地方性的课程，借助高校平台，出版相关书籍或开设地方特色课程
山西医科大学 1	理	山西	出去旅游，进行社会调查，或者开展一些春游、秋游活动，增加实践
山西医科大学 2	理	山西	进行拍摄活动，举办讲座、展览，定期举办大规模的艺术展，多参与实践活动
山西医科大学 3	文	山西	增加课程，举办活动
山西医科大学 4	文	山西	在校庆等大型活动上宣传，学校校史馆开辟专门的文化角，开设专门的课程、讲座
太原理工大学 1	文	山西	组建一些团队进行实地调研、资料收集，人与自然结合，做一些新时代的娱乐方式的项目
太原理工大学 2	理	山西	开设课程，增加了解
太原理工大学 3	理	山西	线上加强宣传行业教育，线下开展一些文化遗产相关的课程
太原理工大学 4	文	山西	学校可以结合文化推出新的活动

在采访"山西历史文化遗产旅游对大学生的学习、生活以及性格的影响"时，有一名同学认为没什么影响，其他同学都提及了山西历史文化遗产对自己的影响，部分同学提及"学习到了古人精神""感到山西历史文化的震撼感"，可以看出同学们对于山西厚重的历史底蕴有所感悟，同时也从不同的历史文化中学习到了古人精神和古人智慧（见表 18 ）。

表18　山西历史文化遗产旅游对大学生的学习、生活以及性格的影响

被访者	学科	家乡	内容
山西财经大学1	文	山西	文化自信
山西财经大学2	理	山西	崇敬古人的智慧和勤劳，拉近了与文化遗产之间的距离，更想多出去看看
山西财经大学3	文	山西	感觉到山西文化的震撼和伟大，崇敬古人的那种智慧，变得更加稳重
山西财经大学4	文	山西	给自己带来更广阔的视野，加强对自己家乡的认同感
山西大学1	文	山西	觉得山西有很强的历史文化底蕴
山西大学2	文	贵州	景区历史文化厚重，但由于知识欠缺，影响旅游体验
山西大学3	理	山西	专访古建筑，看到了山西在古建筑保护方面的努力和进步，但是资源不平衡的状况也一直存在
山西大学4	理	山西	让自己的生活更加愉悦
山西师范大学1	理	陕西	学习到一些历史、艺术文化，古人精神也值得学习
山西师范大学2	文	吉林	更想去学习、了解山西文化，也很想跟朋友分享山西文化
山西师范大学3	文	河北	会让心境变得更开阔，做事更加稳当，变得更严谨
山西师范大学4	理	山西	山西历史文化对身心愉悦是一个不错的帮助，缓和紧张的学习气氛，也学习到古人的精神
山西医科大学1	理	山西	感到很震撼，感慨山西文化的博大精深，感到放松
山西医科大学2	理	山西	古人精神和古代文化对当前人的精神塑造和发展有很大影响
山西医科大学3	文	山西	感到很惊讶、很震撼，有了不同的理解，思想以及视觉的碰撞感非常强烈

被访者	学科	家乡	内容
山西医科大学4	文	山西	觉得作为一个山西人很骄傲，还有一种家乡的归属感
太原理工大学1	文	山西	能够开阔眼界，更好地规划自己的未来
太原理工大学2	理	山西	可以增强对山西文化的认知，更好地向外省进行宣传
太原理工大学3	理	山西	没什么影响
太原理工大学4	文	山西	对山西的地方特色了解得更深入了一点吧

在采访"毕业后想怎样为山西做贡献"时，有 7 名同学对未来是否留在山西没有明确规划，有 3 名同学明确表示不留在山西，有 10 名同学表示要留在山西，从专业出发，尽自己的能力宣传、建设、发展山西历史文化遗产。在做贡献部分，由于未来发展不清晰，大部分学生的重点放在宣传部分，提出会尽自己所能（见表 19）。

表 19　毕业后想怎样为山西做贡献

被访者	学科	家乡	内容
山西财经大学1	文	山西	积极为自己家乡做宣传
山西财经大学2	理	山西	留在山西，地方依恋感比较强
山西财经大学3	文	山西	留在山西，立足于本专业的优势，从旅游业入手，多宣传，建设虚拟的品牌形象
山西财经大学4	文	山西	非常乐意向人们展示山西的美，不断推广并让人们参与进来
山西大学1	文	山西	自己需要多了解历史文化相关知识，想写相关的书籍来宣传山西

被访者	学科	家乡	内容
山西大学 2	文	贵州	年轻血液的注入是一个省份发展的长久而有力的道路。积极为山西旅游做宣传，积极向周围人推荐山西旅游，积极了解山西历史文化
山西大学 3	理	山西	会更加努力地研究山西的建筑，让山西的建筑被更多的人知晓和了解
山西大学 4	理	山西	留在山西，向自己周围的人或者朋友多多宣传山西
山西师范大学 1	理	陕西	留在山西，先从自身出发，然后更好地去宣传和介绍山西
山西师范大学 2	文	吉林	留在山西，多宣传山西的景点景区，更加完善山西景区的基础设施
山西师范大学 3	文	河北	通过专业知识和专业能力继续宣传，提升其影响力
山西师范大学 4	理	山西	留在山西，先走出去，然后再回来；利用自己的专业，投身宣传工作
山西医科大学 1	理	山西	学成回来建设山西，乡土情怀，用自己的专业建设家乡
山西医科大学 2	理	山西	想出去看看
山西医科大学 3	文	山西	想多出去看看
山西医科大学 4	文	山西	留在山西，把学到的知识运用到建设家乡上，在山西这些地区的各方面贡献出自己的一份力量
太原理工大学 1	文	山西	不留在山西，在官网上浏览资源，做力所能及的事情
太原理工大学 2	理	山西	留在山西，在自己的岗位上兢兢业业，同时积极参加宣传山西的志愿活动，邀请更多的人来参观山西

被访者	学科	家乡	内容
太原理工大学 3	理	山西	留在山西，会去博物馆或者一些地方做志愿者，宣传山西历史文化
太原理工大学 4	文	山西	没有考虑过毕业以后的去向，个人方面的话尽可能去了解、去宣传

七、存在的问题

大学生对山西历史文化遗产的认知水平良好，但在良好的水平下仍隐藏着许多问题，是需要从多种角度、多个主体来深入探讨、解决的。

（1）大学生对山西历史文化遗产的认知水平良好，但存在参与不活跃的问题。大学生对山西历史文化遗产认知状况良好，这是研究初期设计时未曾料到的。其中，高认知水平占比 34.8%，并没超过 50%，说明大学生对山西历史文化遗产的认知并不存在大的问题，之所以整体的历史文化遗产旅游、文化传播、文旅产业发展，还有包括知识创新在内的大学生服务及参与活动不活跃，可能与相关单位及部门的组织推动有关，这方面的工作是缺乏的，需要进一步深入。

（2）大学生参与山西历史文化遗产的各项工作的机会较少。新冠疫情阻碍了大学生在山西的旅游活动和见习实践，客观上降低了大学生的高认知水平，而大学生是愿意为山西历史文化遗产付出更多消费支出的。山西历史文化遗产的各项工作缺乏大学生的积极参与，而大学生是有较强的建设意愿及志愿者服务意向的，这说明山西省在文化遗产的各项事务及活动中，还没有充分利用起大学生这支庞大的人才队伍。

（3）大学生认为山西历史文化遗产在宣传、保护、开发方面存在不足。山西历史文化遗产宣传工作不到位，在大学生喜闻乐见的新媒体、自媒体等渠道，有关历史文化遗产的信息尚未被大学生普遍接收到；大学生认为山西历史文化遗产的保护力度还不够，存在着被破坏、保护缺失的现象，没有实现应保尽保；在文化遗产旅游、文创、文化产品等传统和新型产业的开发利用方面都不够深入。

（4）大学生对了解、传承山西历史文化遗产的积极性很高，需要多方面的支持和帮助。大学生对于更深入地认知、学习山西历史文化遗产有较迫切的需求，但目前这种需求未被社会、学校关注到，也未能认识到历史文化遗产对于大学生个人发展、山西文化及经济发展的重要性，提供给大学生传承山西历史文化遗产的途径和帮助较少。

八、结论

通过问卷调查、访谈、序次 logistic 回归分析，可知：第一，大学生对山西历史文化遗产的认知情况中，中等认知水平人数最多，占总人数的 37.4%，低认知水平人数最少，占 27.8%，说明大学生对历史文化遗产认知状况良好，并有进一步深入认知空间。第二，影响大学生历史文化遗产认知最主要的因素是大学生节假日旅游意愿、历史文化遗产保护状况、遗产旅游经济效益（包括遗产旅游有助于山西经济转型、愿意在遗产景区消费）、大学生对历史文化遗产景区的建设意愿和志愿者服务意向。第三，大学生认为山西文旅发展要注重宣传、保护和加大开发。第四，大学生对山西历史文化遗产的内涵、数量、特征有相当程度的认识，通过文化遗产能够加强其与山西的情感联系，他们对传承山西历史文化遗产的积极性也很高，对于更深入地认知和学习相关知识有较迫切需求，需要高校、省级部门为大学生提供支持和帮助。

九、对策建议

通过问卷和访谈，对山西历史文化遗产在大学生中的认知情况进行调查研究，可以看出山西高校大学生对于山西历史文化有一定的了解，同时大学生对于进一步深入学习、了解山西历史文化有迫切需求，所以进一步提出提高大学生对山西历史文化遗产认知的对策建议，阐明山西历史文化遗产作为中华民族优秀传统文化的重要组成部分，对大学生的成长教育和山西的未来发展具有重大意义。基于此，以大学生为中心，以高校、政府、景区三大主体为出发点，将大学生作为山西历史文化遗产的主要目标市场来培育，通过政策推动、学校教育、社会实践来发展山西历史文化遗产保护和开发的后备力量，重视发挥大学生在其中的主动性作用，完善大学生参与山西历史文化遗产的各种途径，构建合适的活动载体。

（一）发挥大学生自身对山西历史文化遗产的热爱及学习主动性

大学生是传承历史文化的主力军，是未来历史文化发展的后备力量和主要的消费群体。因此，要重视大学生的自我认知能力，发挥大学生的主观能动性，提高他们对山西历史文化遗产的认知。通过问卷调查和访谈发现，大学生对于了解、学习山西历史文化遗产有迫切需求，不同学科的学生对提高自己对山西历史文化遗产的认知提出了不同的建议，首先是发挥大学生自己的主观能动性，主动学习、传承山西历史文化遗产相关的内容，其次通过多种方式宣传山西历史文化遗产，让山西历史文化遗产得到更好的发展。

1. 主动学习山西历史文化遗产的相关内容

（1）大学生有充分的时间和精力，可利用的学习资源比较丰富，结合自身兴趣，发挥自身学习能力，对感兴趣的山西历史文化遗产进行探索、学习，通过学校图书馆、线上图书馆以及网上的一些电子资料等，主动学习有关山西历史文化遗产的知识，对山西历史文化遗产建立一定的了解基础。

（2）积极参与学校中有关山西历史文化遗产的相关课程，在课堂上充实自己，了解山西历史文化遗产的内涵，让自己成为山西历史文化遗产的推广者；主动参与学校组织的实践活动，在实践活动中认真了解、学习山西历史文化遗产知识，将在实践中学到的知识转化为自己的兴趣点；主动参与社团活动，成为学生志愿者，向同学宣传自己的所见所闻，提升大家对山西历史文化遗产的好奇和兴趣；在校园中配合社团活动，或根据自己的能力发放传单、张贴海报，进行合理的线下宣传；发挥大学生在新媒体方面的优势，剪辑一些宣传视频，通过公众号、抖音、小红书等宣传渠道，更完整地对山西历史文化遗产进行宣传和介绍。

2. 成为山西历史文化遗产的保护者、传承者和代言人

（1）要做山西历史文化的保护者和传承者。作为高素质的大学生，要主动参与到保护、传承山西历史文化的过程中，将山西历史文化遗产的内涵传播出去。探索大学生参与山西历史文化遗产保护的新模式，对历史文化遗产的保护不应仅停留在对景区的保护和修复上，更应该重视对山西历史文化遗产中文化价值的保护，加强大学生对山西历史文化遗产的文化挖掘，让大学生能够参与到文化保护的过程中。同时，大学生应该发挥自己的专业才能，通过多种方式传承山西历史文化遗产的内涵，如历史系的学生要多宣传山西历史文化的来源以及发展中的故事，让更多景区拥有属于自己的文化符号；旅游系的学生在发展文旅产业时，要促进文化遗产的产业化发展，更好地让经济带动文化发展。

（2）在生活中努力成为山西历史文化遗产的代言人。在节假日或者休息日主动去山西历史文化遗产景区游览，将所学的知识转化为现实中的所见所闻，让山西历史文化遗产更具有灵动性和人情味；将自己对山西历史文化遗产的了解传递给周围的人，向同学、家人、朋友介绍自己眼中的山西历史文化，让大家对山西历史文化遗产有更多的了解和兴趣；在游览景区的过程中，尽可能地利用自己对山西历史文化遗产的了解，向周围的游客普及、介绍，让大众更了解山西历史文化遗产；采用多种喜闻乐见的方式向大众宣传山西历史文化遗产，根据受众的不同，精准定位，制作不同受众喜欢的宣传素材，让更多的人对山西历史文化遗产有更深入的了解。

（二）高校可以为大学生创造更多、更好的了解山西历史文化遗产的有效渠道

高校是培育新时代青年的基地，是传承历史文化的重要场所，是未来历史文化知识发展的起源点。要重视高校在传承和保护山西历史文化遗产中的教育作用，让高校充当山西历史文化遗产和学生之间的桥梁，培养传承人，

提高学生认知，让山西历史文化遗产更好地进入高校、进入学生的认知。通过问卷调查和访谈了解到，大学生希望高校能够在学校政策、课程设计、实践活动、宣传等方面为提高大学生对山西历史文化遗产的认知做出努力。

1. 多角度发挥高校的引导作用

高校可以配合当地区的政策，以学生为主，制定出高校自己的政策，从多种角度发挥高校的引导作用，促进学生更多地学习、了解山西历史文化遗产。

（1）成立山西历史文化遗产的相关专业，构筑学科体系化，让山西历史文化遗产向学科化过渡。

（2）主动调整各专业的课程设置，多增加一些有关山西历史文化遗产的课程；发挥高校的联络能力，增加学生相关实习和实践机会。

（3）制定出一整套的奖励政策，对于为山西历史文化遗产发展做出一定贡献的学生给予奖励，以此激发学生的热情。

（4）以校级的名义开展校园活动，为山西历史文化遗产的宣传和发展提供更多的支持，特别是政策和资金方面的支持。

2. 多方面提供学生学习渠道

（1）高校可以根据课程体系，制定出具体的课程目标，将各专业学生的专业特长与山西历史文化遗产知识相结合，设置一些必修课和选修课，让专业学生和非专业学生都能够接触到山西历史文化遗产的相关知识。

（2）邀请一些专家来举办讲座、学术交流会，专业地介绍山西历史文化遗产，让学生更加准确地了解山西历史文化。

（3）和山西历史文化遗产景区合作，多开展一些实践和实习活动，将课堂教育和田野实践相结合，让各专业的学生都有机会实地接触到山西历史文化遗产，更好地体会山西历史文化的内涵。

（4）组织教师进行山西历史文化遗产游览的实践活动，增强教师对山西历史文化遗产的了解，让教师有更多的实地游览经历，能够更好地将知识和实践相结合。

（5）鼓励教师在课上多讲一些学生感兴趣的山西历史文化遗产的内容，充分利用现有的教学资源，丰富课程内容，提高学生的兴趣，并引导学生利用网络进行自主学习。

3. 多渠道宣传山西历史文化遗产

（1）在校园中设置专门的区域用来宣传山西历史文化遗产，通过发放宣传手册、张贴海报等方式，提高同学对山西历史文化遗产的兴趣。

（2）成立专门的山西历史文化遗产社团，招募学生志愿者和宣传者，让山西历史文化遗产能够在校园中成为一个独特的亮点。

（3）设置专门的山西历史文化遗产宣传公众号，对山西历史文化遗产进行普及式教育，并结合当前的流行方式，以更"接地气"的方式让学生了解到山西历史文化遗产。

（4）开展知识竞赛等活动，以山西历史文化遗产的知识点为题目，在竞赛中普及山西历史文化遗产。

（5）鼓励有关山西历史文化遗产的艺术加工创作活动，为学生的创作提供更多、更广的宣传平台，如为绘画专业的学生开展专门的山西历史文化遗产画展，为文学系的学生开展专门的历史文化写作交流会，等等。

（6）建立专业的宣传平台，结合学生兴趣进行符合当下时代发展的宣传，将官方账号和个人账号结合，打造高校个性符号，加大宣传力度，促进山西历史文化遗产更好地走入高校、走出高校。

（三）政府要强势体现出对山西历史文化遗产整体重视的姿态，建立和推动政府、景区、大学生、高校之间的紧密联结

政府是山西历史文化遗产保护、发展政策的制定者，也是山西历史文化遗产保护、发展政策的推动者。山西省政府要加强与高校和大学生之间的联系，以一个指导者和促进者的身份，从政策、资金等角度推动山西历史文化遗产的发展，为山西历史文化遗产的发展提供更多保障。通过问卷调查和访

谈可以看出，大学生很需要政府的支持来更好地传承山西历史文化遗产，这里从政府政策、物质支持、宣传渠道等角度来提出提高大学生对山西历史文化遗产认知的建议。

1. 加强对山西历史文化遗产的保护

尽管山西历史文化遗产数量繁多、类型各异，但它们代表着山西历史文化的整体内涵，所以要将山西历史文化遗产视为一个整体框架来对其进行分析和研究。而且在保护方面也要对它的共性特征进行全面考虑，加大对不同文化遗产的合作研究，进而提出具有针对性的、具体的保护方案和发展方案。

（1）由于山西历史文化遗产在空间上有着较大的跨度，各地的环境条件各不相同，文化遗产的发展现状也各不相同，政府要发挥决策权，可以采用高科技对山西历史文化遗产现状进行了解、评估，进而依据文化遗产现状来制定科学合理的修复与管理方法，加大保护力度。

（2）加强针对山西历史文化遗产的制度建设，把保护山西历史文化遗产列入当地的行政法规中，利用法规效应及处罚效应达到保护的目的。同时，加强与各地级市政府以及管理部门的合作，针对当地不同的历史文化遗产，做出具体的、相对应的措施。

（3）以山西各地历史文化遗产监测系统为基础，建立一个数据信息共享平台，对山西历史文化遗产进行多种模式的评估与监测，并对潜在的数据信息进行挖掘，进而对文化遗产进行有效保护。利用互联网建立一个信息平台，加深山西省各市县之间的交流，对其历史文化等资源进行进一步的开发，实现省内各地共同建设、开发、分享和保护，使历史文化遗产在新时代背景下能够实现高度融合与发展。

（4）和省内高校进行深度合作，挖掘专业人才，加强与高校老师、学生的沟通，制订专业的保护计划和措施，让山西历史文化遗产得到更专业的保护和发展。

（5）山西历史文化遗产是人类文明智慧的结晶，是人类的精神财富，应对其进行科学合理的利用，将山西文旅产业开辟为新的经济增长点，鼓励山西历史文化遗产产业化，加强对历史文化遗产的综合开发利用。

（6）建立多条山西历史文化遗产产业通道，与高校合作，引流人才，从多个方面建设山西历史文化产业，如艺术专业学生设计相关的周边产品，旅游专业学生传承宣传山西历史文化遗产，文学专业学生为遗产景区设计宣传文案，等等。

2. 加大对山西历史文化遗产相关的资金投入

（1）政府可以加大对山西历史文化遗产的修复力度，增加资金投入，将被自然以及人为毁坏的历史文化遗产尽量原样修复，还原历史文化遗产的真实面貌，为山西历史文化遗产的深入发展打下更好的文化基础。

（2）为景区投入更多的资金，招聘更专业的保护人员、宣传人员，让山西历史文化遗产的发展更加专业化；为景区宣传增加投资，开辟更多宣传渠道，完善景区的宣传路径。

（3）相关旅游部门可以整合分散的历史文化旅游资源，打造主题旅游路线，比如晋商文化旅游、梁林古建筑之旅、壁画专线、彩塑专线等。

（4）希望省级部门能够为高校及学生提供物质奖励，从高校选拔人才参与省级历史文化遗产竞赛、科普活动，用物质奖励吸引更多高校及学生参与；为高校和景区提供桥梁，给予资金支持，有偿吸引学生参与山西历史文化遗产的实习及实践活动，激发学生参与的积极性。

（5）为景区提供一些优惠补偿，促使景区定期或不定期地推出优惠活动，以吸引旅游者。

3. 为大学生提供更多的认知途径

（1）政府可以开辟专门的宣传渠道，宣传山西历史文化遗产相关的专业知识和法律法规，同时为景区、高校的宣传提供更多便利，如牵线抖音、小红书等平台上的网红与高校、景区合作，提供免费的剪辑课程让高校学生和景区工作人员学习，等等。

（2）为景区制订特殊的宣传方案和宣传路径，特别是在节假日等特殊时间，让不同历史文化遗产景区能够发挥自己的特色。

（四）景区主动走向高校、走向大学生，为大学生提供场地和支持

山西历史文化遗产景区是山西历史文化遗产发展的基础，也是山西历史文化遗产保护、发展的重大推动力。山西历史文化遗产景区要加强与政府、高校、大学生之间的联系，借助更多的资金、技术等让山西历史文化遗产得到更好的发展。在问卷调查和访谈中，大学生对于景区也提出了一些建议，以此来提高自身对山西历史文化遗产的认知。

（1）希望山西历史文化遗产景区可以深入高校，建立与山西各大高校的长期合作机制，吸引高校的学生及老师加入山西历史文化遗产的发展、宣传工作。

（2）景区要重视青年大学生的消费力度和宣传力度，将大学生视为重要的市场，为大学生提供更多的优惠政策和优惠力度。

（3）在节假日期间，景区可以多举办一些节日活动，将山西历史文化遗产的内涵融入活动中，更好地向旅游者传递山西历史文化遗产的内涵和文化价值。

（4）景区可以主动与当前新兴宣传模式相结合，借助明星流量、网红等力量进行宣传，利用新媒体重塑文化价值，打造山西历史文化遗产文化符号。

（5）推荐高校采用数字新技术，迎合当前年轻人的喜好，吸引年轻群体更多地接触山西历史文化遗产，如 AR 技术或 3D 技术，能够让更多的人身临其境地了解山西历史文化遗产，以低成本的方式宣传，扩大山西历史文化遗产的影响力。

附录：

山西省全国重点文物保护单位名录

总序	公布批次	所在市	所在县	类别	文物名称	年代	总序	公布批次	所在市	所在县	类别	文物名称	年代
1	6	大同市	广灵县	古建筑	水神堂	明至清	267	8	朔州市	朔城区	古遗址	峙峪遗址	旧石器时代
2	6	大同市	浑源县	古墓葬	栗毓美墓	清	268	3	朔州市	朔城区	古建筑	崇福寺	金
3	7	大同市	浑源县	古建筑	浑源圆觉寺塔	金	269	1	朔州市	应县	古建筑	应县木塔	辽
4	7	大同市	浑源县	古建筑	律吕神祠	元至清	270	6	朔州市	应县	古建筑	净土寺	金
5	7	大同市	浑源县	古建筑	浑源文庙	明至清	271	8	朔州市	右玉县	古建筑	右玉宝宁寺	明
6	2	大同市	浑源县	古建筑	悬空寺	明	272	7	太原市	古交市	古建筑	古交千佛寺	清
7	5	大同市	浑源县	古建筑	荆庄大云寺大雄宝殿	金	273	5	太原市	尖草坪区	古建筑	宝宁寺窦大夫祠	元至清
8	5	大同市	浑源县	古建筑	浑源永安寺	元	274	6	太原市	尖草坪区	古建筑	净因寺	金至明
9	5	大同市	灵丘县	古遗址	曲回寺石像冢	唐	275	6	太原市	尖草坪区	古建筑	多福寺	明至清
10	5	大同市	灵丘县	古建筑	觉山寺砖塔	辽	276	8	太原市	晋源区	古遗址	童子寺遗址	北齐至唐
11	1	大同市	灵丘县	近现代	平型关战役遗址	1937年	277	8	太原市	晋源区	古遗址	蒙山开化寺遗址	北齐
12	7	大同市	平城区	古建筑	大同观音堂	清	278	7	太原市	晋源区	古建筑	晋源阿育王塔	明至清
13	3	大同市	平城区	古遗址	平城遗址	北魏	279	7	太原市	晋源区	古建筑	太山龙泉寺	明至清

总序	公布批次	所在市	所在县	类别	文物名称	年代	总序	公布批次	所在市	所在县	类别	文物名称	年代
14	5	大同市	平城区	古墓葬	方山永固陵遗址	北魏	280	7	太原市	晋源区	古建筑	晋源文庙	明至清
15	8	大同市	平城区	古墓葬	沙岭墓群	北魏	281	1	太原市	晋源区	古建筑	晋祠	宋
16	7	大同市	平城区	古建筑	大同关帝庙大殿	元	282	6	太原市	晋源区	古建筑	明秀寺	明至清
17	5	大同市	平城区	古建筑	大同九龙壁	明	283	4	太原市	晋源区	石窟寺及石刻	龙山石窟	元
18	1	大同市	平城区	古建筑	善化寺	辽、金	284	5	太原市	晋源区	石窟寺及石刻	天龙山石窟	东魏至唐
19	1	大同市	平城区	古建筑	华严寺	辽、金、清	285	8	太原市	娄烦县	近现代	高君宇故居	1896—1912年
20	6	大同市	平城区	古建筑	禅房寺塔	辽	286	7	太原市	清徐县	古建筑	清徐尧庙	明至清
21	8	大同市	平城区	古建筑	平城兴国寺	明	287	6	太原市	清徐县	古建筑	狐突庙	宋至清
22	8	大同市	平城区	古建筑	大同鼓楼	明	288	6	太原市	清徐县	古建筑	清源文庙	金至清
23	6	大同市	平城区	近现代	山西省立第三中学	民国	289	7	太原市	杏花岭区	古建筑	唱经楼	明至清
24	6	大同市	天镇县	古墓葬	沙梁坡汉墓群	汉	290	7	太原市	杏花岭区	近现代	太原天主堂	1905年
25	6	大同市	天镇县	古建筑	慈云寺	明	291	8	太原市	杏花岭区	近现代	山西督军府旧址	1916—1937年
26	4	大同市	阳高县	古遗址	许家窑遗址	旧石器时代	292	7	太原市	阳曲县	古建筑	帖木儿塔	元
27	6	大同市	阳高县	古墓葬	古城堡墓群	汉	293	7	太原市	阳曲县	古建筑	前斧柯悬泉寺	明至清
28	6	大同市	阳高县	古建筑	云林寺	明	294	7	太原市	阳曲县	古建筑	阳曲大王庙大殿	明
29	1	大同市	云冈区	石窟寺及石刻	云冈石窟	北魏	295	7	太原市	阳曲县	古建筑	辛庄开化寺	明至清
30	6	大同市	云冈区	近现代	大同煤矿万人坑	抗日战争	296	6	太原市	阳曲县	古建筑	不二寺	金

续表

总序	公布批次	所在市	所在县	类别	文物名称	年代	总序	公布批次	所在市	所在县	类别	文物名称	年代
31	8	晋城市	城区	古建筑	怀覃会馆	清	297	8	太原市	阳曲县	古建筑	阳曲轩辕庙	明至清
32	7	晋城市	高平市	古建筑	三王村三嵕庙	金、清	298	7	太原市	迎泽区	古建筑	太原大关帝庙	明至清
33	7	晋城市	高平市	古建筑	高平嘉祥寺	金至清	299	7	太原市	迎泽区	古建筑	太原清真寺	明至清
34	7	晋城市	高平市	古建筑	大周村古寺庙建筑群	宋至清	300	7	太原市	迎泽区	古建筑	太原纯阳宫	明至清
35	7	晋城市	高平市	古建筑	董峰万寿宫	元至清	301	7	太原市	迎泽区	古建筑	崇善寺大悲殿	明至清
36	7	晋城市	高平市	古建筑	仙翁庙	明至清	302	7	太原市	迎泽区	古建筑	太原文庙	清
37	7	晋城市	高平市	古建筑	建南济渎庙	元至清	303	6	太原市	迎泽区	古建筑	永祚寺	明至清
38	7	晋城市	高平市	古建筑	石末宣圣庙	元、清	304	7	太原市	迎泽区	近现代	山西大学堂旧址	1904年
39	7	晋城市	高平市	古建筑	良户玉虚观	元至清	305	7	太原市	迎泽区	近现代	中共太原支部旧址	1924年
40	7	晋城市	高平市	古建筑	南庄玉皇庙	元至清	306	7	太原市	古交市	古遗址	古交遗址	旧石器时代
41	4	晋城市	高平市	古建筑	姬氏民居	元	307	5	太原市	晋源区	古遗址	晋阳古城遗址	春秋至五代
42	5	晋城市	高平市	古建筑	崇明寺	北宋至明	308	7	太原市	娄烦县	古遗址	娄烦古城遗址	东周
43	5	晋城市	高平市	古建筑	开化寺	北宋至清	309	6	太原市	迎泽区	古墓葬	王家峰墓群	南北朝
44	5	晋城市	高平市	古建筑	游仙寺	北宋至清	310	5	忻州市	代县	古建筑	阿育王塔	元
45	5	晋城市	高平市	古建筑	定林寺	元至清	311	5	忻州市	代县	古建筑	边靖楼	明
46	6	晋城市	高平市	古建筑	西李门二仙庙	金至清	312	5	忻州市	代县	古建筑	长城雁门关段	明
47	6	晋城市	高平市	古建筑	中坪二仙宫	金至清	313	6	忻州市	代县	古建筑	代县文庙	明至清
48	6	晋城市	高平市	古建筑	二郎庙	金至清	314	5	忻州市	定襄县	古建筑	洪福寺	金

总序	公布批次	所在市	所在县	类别	文物名称	年代	总序	公布批次	所在市	所在县	类别	文物名称	年代
49	6	晋城市	高平市	古建筑	清梦观	元至清	315	6	忻州市	定襄县	古建筑	定襄关王庙	宋
50	6	晋城市	高平市	古建筑	古中庙	元至清	316	8	忻州市	定襄县	古建筑	留晖洪福寺	明至清
51	8	晋城市	高平市	古建筑	团东清化寺	元至清	317	7	忻州市	定襄县	近现代	阎家大院	民国
52	8	晋城市	高平市	古建筑	高平铁佛寺	明至清	318	6	忻州市	定襄县	近现代	西河头地道战遗址	1942—1947年
53	6	晋城市	高平市	石窟寺及石刻	羊头山石窟	北魏至唐	319	1	忻州市	繁峙县	古建筑	繁峙正觉寺大雄宝殿	金
54	6	晋城市	陵川县	古遗址	塔水河遗址	旧石器时代	320	2	忻州市	繁峙县	古建筑	岩山寺	金
55	7	晋城市	陵川县	古建筑	南召文庙	元至清	321	6	忻州市	繁峙县	古建筑	三圣寺	金至清
56	7	晋城市	陵川县	古建筑	北马玉皇庙	金、清	322	6	忻州市	繁峙县	古建筑	公主寺	明至清
57	4	晋城市	陵川县	古建筑	南北吉祥寺	宋至清	323	6	忻州市	繁峙县	古建筑	秘密寺	清
58	5	晋城市	陵川县	古建筑	西溪二仙庙	金至清	324	8	忻州市	繁峙县	古建筑	繁峙琉璃塔	明
59	5	晋城市	陵川县	古建筑	龙岩寺	金、明	325	8	忻州市	静乐县	古建筑	静乐文庙	明至民国
60	5	晋城市	陵川县	古建筑	崔府君庙	金至明	326	8	忻州市	静乐县	石窟寺及石刻	静居寺石窟	唐
61	5	晋城市	陵川县	古建筑	小会岭二仙庙	北宋至清	327	8	忻州市	宁武县	古遗址	汾阳宫遗址	隋
62	6	晋城市	陵川县	古建筑	玉泉东岳庙	金至清	328	6	忻州市	五台县	古建筑	五行山建筑群	明至清
63	6	晋城市	陵川县	古建筑	石掌玉皇庙	金至清	329	7	忻州市	五台县	古建筑	罗睺寺	明至清
64	6	晋城市	陵川县	古建筑	白玉宫	金至清	330	5	忻州市	五台县	古建筑	广济寺大雄宝殿	元
65	6	晋城市	陵川县	古建筑	南神头二仙庙	金至清	331	1	忻州市	五台县	古建筑	南禅寺大殿	唐
66	6	晋城市	陵川县	古建筑	寺润三教堂	金	332	1	忻州市	五台县	古建筑	佛光寺	唐至清
67	6	晋城市	陵川县	古建筑	三圣瑞现塔	金	333	6	忻州市	五台县	古建筑	延庆寺	金至清

续表

总序	公布批次	所在市	所在县	类别	文物名称	年代	总序	公布批次	所在市	所在县	类别	文物名称	年代
68	6	晋城市	陵川县	古建筑	崇安寺	元至清	334	8	忻州市	五台县	古建筑	五台山南山寺	明至民国
69	8	晋城市	陵川县	古建筑	田庄全神庙	元至清	335	8	忻州市	五台县	古建筑	五台山尊胜寺	民国
70	6	晋城市	沁水县	古建筑	柳氏民居	明至清	336	7	忻州市	五台县	近现代	南茹八路军总部旧址	1937年
71	6	晋城市	沁水县	古建筑	湘峪古堡	明至清	337	2	忻州市	五台县	近现代	白求恩模范病室旧址	1938年
72	6	晋城市	沁水县	古建筑	郭壁村古建筑群	明至清	338	6	忻州市	五台县	近现代	徐向前故居	清
73	6	晋城市	沁水县	古建筑	窦庄古建筑群	明至清	339	8	忻州市	五台县	近现代	金岗库村晋察冀军区司令部旧址	1938年
74	7	晋城市	阳城县	古建筑	陈廷敬故居	明至清	340	6	忻州市	忻府区	古建筑	金洞寺	宋至清
75	6	晋城市	阳城县	古建筑	下交汤帝庙	宋至清	311	8	忻州市	忻府区	近现代	忻口战役遗址	1937年
76	6	晋城市	阳城县	古建筑	开福寺	金至明	342	7	忻州市	原平市	古建筑	原平惠济寺	明至清
77	6	晋城市	阳城县	古建筑	润城东岳庙	金至清	343	8	忻州市	原平市	古建筑	原平普济桥	金
78	6	晋城市	阳城县	古建筑	海会寺	明至清	344	8	忻州市	原平市	古建筑	崞阳文庙	明至清
79	6	晋城市	阳城县	古建筑	郭峪村古建筑群	明至清	345	8	忻州市	原平市	古建筑	阳武朱氏牌楼	清
80	6	晋城市	阳城县	古建筑	砥洎城	明	346	4	阳泉市	郊区	古建筑	关王庙	宋
81	8	晋城市	阳城县	古建筑	阳城文庙	明至清	347	7	阳泉市	平定县	古建筑	冠山书院	清
82	8	晋城市	阳城县	古建筑	阳城寿圣寺及琉璃塔	明至清	348	7	阳泉市	平定县	古建筑	冠山天宁寺双塔	宋、明至清
83	7	晋城市	泽州县	古建筑	水东崔府君庙	元至清	349	8	阳泉市	平定县	古建筑	平定马齿岩寺	金、清
84	7	晋城市	泽州县	古建筑	坪上汤帝庙	明至清	350	7	阳泉市	平定县	石窟寺及石刻	开河寺石窟	南北朝至隋

续表

总序	公布批次	所在市	所在县	类别	文物名称	年代	总序	公布批次	所在市	所在县	类别	文物名称	年代
85	7	晋城市	泽州县	古建筑	府城关帝庙	清	351	7	阳泉市	盂县	古建筑	藏山祠	明至清
86	7	晋城市	泽州县	古建筑	薛庄玉皇庙	元至清	352	5	阳泉市	盂县	古建筑	大王庙	金至明
87	7	晋城市	泽州县	古建筑	高都景德寺	宋至清	353	6	阳泉市	盂县	古建筑	府君庙	元至清
88	7	晋城市	泽州县	古建筑	史村东岳庙	元至清	354	6	阳泉市	盂县	古建筑	坡头泰山庙	元至清
89	7	晋城市	泽州县	古建筑	西顿济渎庙	金至清	355	8	阳泉市	盂县	古建筑	盂北泰山庙	元至清
90	7	晋城市	泽州县	古建筑	河底成汤庙	宋至清	356	8	阳泉市	盂县	古建筑	西关三圣寺大殿	明
91	7	晋城市	泽州县	古建筑	尹西东岳庙	金至清	357	7	运城市	河津市	古墓葬	山王墓地	西周
92	7	晋城市	泽州县	古建筑	坛岭头岱庙	金、清	358	7	运城市	河津市	古建筑	河津台头庙	元至清
93	7	晋城市	泽州县	古建筑	川底佛堂	元至清	359	7	运城市	河津市	古建筑	玄帝庙	明至清
94	3	晋城市	泽州县	古建筑	青莲寺	唐至清	360	6	运城市	河津市	古建筑	古垛后土庙	元
95	3	晋城市	泽州县	古建筑	玉皇庙	宋至清	361	8	运城市	河津市	古建筑	阮氏双碑楼	清
96	4	晋城市	泽州县	古建筑	晋城二仙庙	宋	362	7	运城市	稷山县	古遗址	玉壁城遗址	北朝
97	5	晋城市	泽州县	古建筑	泽州岱庙	宋至明	363	7	运城市	稷山县	古墓葬	马村砖雕墓	宋、金
98	6	晋城市	泽州县	古建筑	北义城玉皇庙	宋至清	364	7	运城市	稷山县	古建筑	南阳法王庙	元、明至清
99	6	晋城市	泽州县	古建筑	周村东岳庙	宋至清	365	6	运城市	稷山县	古建筑	稷山稷王庙	元至清
100	6	晋城市	泽州县	古建筑	大阳汤帝庙	元至清	366	7	运城市	稷山县	古建筑	北田城砖塔	宋
101	8	晋城市	泽州县	古建筑	泽州崇寿寺	北宋至清	367	5	运城市	稷山县	古建筑	青龙寺	元
102	6	晋城市	泽州县	石窟寺及石刻	碧落寺	唐至明	368	7	运城市	稷山县	其他	稷山大佛	金、元
103	6	晋中市	和顺县	古建筑	懿济圣母庙	元至清	369	7	运城市	绛县	古遗址	周家庄遗址	新石器时代
104	6	晋中市	介休市	古建筑	洪山窑址	宋	370	7	运城市	绛县	古墓葬	横北倗国墓地	西周
105	7	晋中市	介休市	古建筑	云峰寺石佛殿	明至清	371	7	运城市	绛县	古建筑	长春观	元至清

总序	公布批次	所在市	所在县	类别	文物名称	年代	总序	公布批次	所在市	所在县	类别	文物名称	年代
106	5	晋中市	介休市	古建筑	介休后土庙	明至清	372	7	运城市	绛县	古建筑	绛县文庙	明至清
107	7	晋中市	介休市	古建筑	介休源神庙	清	373	7	运城市	绛县	古建筑	南樊石牌坊及碑亭	清
108	7	晋中市	介休市	古建筑	介休城隍庙	明至清	374	7	运城市	绛县	古建筑	乔寺碑楼	清
109	4	晋中市	介休市	古建筑	祆神楼	清	375	7	运城市	绛县	古建筑	南柳泰山庙	元至清
110	6	晋中市	介休市	古建筑	回銮寺	元至清	376	5	运城市	绛县	古建筑	太阴寺	金
111	6	晋中市	介休市	古建筑	张壁古堡	宋至清	377	6	运城市	绛县	古建筑	董封戏台	明
112	6	晋中市	介休市	古建筑	太和岩牌楼	清	378	6	运城市	绛县	古建筑	景云宫玉皇殿	元
113	6	晋中市	介休市	古建筑	介休五岳庙	清	379	7	运城市	临猗县	古遗址	程村遗址	东周
114	6	晋中市	介休市	古建筑	介休东岳庙	元至清	380	7	运城市	临猗县	古遗址	猗氏故城	西汉
115	1	晋中市	灵石县	古建筑	旌介遗址	商	381	7	运城市	临猗县	古建筑	闾原头永兴寺塔	宋
116	7	晋中市	灵石县	古建筑	静升文庙	明至清	382	7	运城市	临猗县	古建筑	张村圣庵寺塔	宋
117	5	晋中市	灵石县	古建筑	资寿寺	明	383	5	运城市	临猗县	古建筑	临晋县衙	元至近代
118	6	晋中市	灵石县	古建筑	晋祠庙	元至清	384	6	运城市	临猗县	古建筑	妙道寺双塔	宋
119	6	晋中市	灵石县	古建筑	灵石后土庙	元	385	7	运城市	平陆县	古遗址	下阳城遗址	周
120	6	晋中市	灵石县	古建筑	王家大院	明至清	386	7	运城市	平陆县	古遗址	虞国古城遗址	周
121	7	晋中市	平遥县	古建筑	北依涧永福寺过殿	明至清	387	7	运城市	平陆县	古遗址	虞坂古盐道	西周、明
122	7	晋中市	平遥县	古建筑	梁家滩白云寺	明至民国	388	6	运城市	平陆县	古遗址	黄河栈道遗址	唐至清
123	7	晋中市	平遥县	古建筑	平遥惠济桥	清	389	7	运城市	芮城县	古遗址	坡头遗址	新石器时代
124	7	晋中市	平遥县	古建筑	南政隆福寺	清	390	7	运城市	芮城县	古遗址	匼河遗址	旧石器时代

总序	公布批次	所在市	所在县	类别	文物名称	年代	总序	公布批次	所在市	所在县	类别	文物名称	年代
125	7	晋中市	平遥县	古建筑	干坑南神庙	明至清	391	7	运城市	芮城县	古遗址	金胜庄遗址	新石器时代
126	7	晋中市	平遥县	古建筑	襄垣慈胜寺	明至清	392	3	运城市	芮城县	古遗址	西侯度遗址	旧石器时代
127	7	晋中市	平遥县	古建筑	雷履泰旧居	清	393	7	运城市	芮城县	古遗址	东庄遗址	新石器时代
128	7	晋中市	平遥县	古建筑	平遥市楼	清	394	7	运城市	芮城县	古遗址	古魏城遗址	周
129	3	晋中市	平遥县	古建筑	镇国寺	五代至清	395	7	运城市	芮城县	古遗址	西王村遗址	新石器时代
130	3	晋中市	平遥县	古建筑	平遥城墙	明	396	7	运城市	芮城县	古建筑	巷口寿圣寺砖塔	宋
131	3	晋中市	平遥县	古建筑	双林寺	明	397	1	运城市	芮城县	古建筑	永乐宫	元
132	5	晋中市	平遥县	古建筑	慈相寺	北宋至清	398	5	运城市	芮城县	古建筑	芮城城隍庙	北宋至清
133	5	晋中市	平遥县	古建筑	平遥文庙	金至清	399	5	运城市	芮城县	古建筑	清凉寺	元
134	6	晋中市	平遥县	古建筑	平遥清凉寺	明至清	400	5	运城市	芮城县	古建筑	广仁王庙	唐
135	6	晋中市	平遥县	古建筑	清虚观	元至清	401	7	运城市	万荣县	古建筑	万荣稷王山塔	宋
136	6	晋中市	平遥县	古建筑	平遥城隍庙	清	402	7	运城市	万荣县	古建筑	薛瑄家庙及墓地	明至清
137	6	晋中市	平遥县	古建筑	日升昌旧址	清	403	7	运城市	万荣县	古建筑	中里庄八龙寺塔	宋
138	6	晋中市	平遥县	古建筑	金庄文庙	元至清	404	7	运城市	万荣县	古建筑	万荣旱泉塔	宋
139	6	晋中市	平遥县	古建筑	利应侯庙	元	405	3	运城市	万荣县	古建筑	万荣东岳庙	元至清
140	8	晋中市	平遥县	古建筑	长则普明寺	明至清	406	7	运城市	万荣县	古建筑	闫景李家大院	清至民国
141	7	晋中市	祁县	古遗址	梁村遗址	新石器时代	407	7	运城市	万荣县	古建筑	南阳村寿圣寺塔	宋
142	5	晋中市	祁县	古建筑	乔家大院	清	408	5	运城市	万荣县	古建筑	万荣稷王庙	金
143	6	晋中市	祁县	古建筑	兴梵寺	宋	409	1	运城市	万荣县	古建筑	万荣后土庙	清

总序	公布批次	所在市	所在县	类别	文物名称	年代	总序	公布批次	所在市	所在县	类别	文物名称	年代
144	6	晋中市	祁县	古建筑	渠家大院	清	410	6	运城市	万荣县	古建筑	万泉文庙	明
145	8	晋中市	祁县	古建筑	梁村洪福寺	元至清	411	8	运城市	万荣县	古建筑	北辛舍利塔	明
146	8	晋中市	祁县	古建筑	祁县镇河楼	明	412	6	运城市	闻喜县	古遗址	上郭城址和邱家庄墓群	春秋战国
147	6	晋中市	寿阳县	古建筑	普光寺	宋至清	413	7	运城市	闻喜县	古建筑	郭家庄仇氏石牌坊及碑亭	清
148	6	晋中市	寿阳县	古建筑	福田寺	元至明	414	6	运城市	闻喜县	古建筑	后稷庙	元至明
149	6	晋中市	寿阳县	古建筑	孟家沟龙泉寺	明至清	415	3	运城市	夏县	古遗址	禹王城遗址	东周至汉
150	7	晋中市	太谷县	古建筑	新村妙觉寺	明至清	416	4	运城市	夏县	古遗址	西阴村遗址	新石器时代
151	7	晋中市	太谷县	古建筑	范村圆智寺	明至清	417	5	运城市	夏县	古遗址	东下冯遗址	新石器时代至商
152	6	晋中市	太谷县	古建筑	安禅寺	宋至明	418	7	运城市	夏县	古墓葬	薛嵩墓	唐
153	6	晋中市	太谷县	古建筑	无边寺	宋至清	419	3	运城市	夏县	古墓葬	司马光墓	北宋
154	6	晋中市	太谷县	古建筑	真圣寺	金至清	420	6	运城市	夏县	古墓葬	崔家河墓群	东周
155	6	晋中市	太谷县	古建筑	光化寺	元至清	421	7	运城市	夏县	古建筑	夏县文庙大成殿	明
156	6	晋中市	太谷县	古建筑	曹家大院	明至清	422	7	运城市	夏县	古建筑	上冯圣母庙	元、明至清
157	6	晋中市	太谷县	古建筑	净信寺	明至清	423	6	运城市	夏县	古建筑	大洋泰山庙	元
158	7	晋中市	太谷县	近现代	山西铭贤学校旧址	清至民国	424	8	运城市	夏县	古建筑	墙下关帝庙	明至清
159	7	晋中市	太谷县	近现代	孔家大院	1925年	425	7	运城市	新绛县	古墓葬	冯古庄墓地	西周
160	6	晋中市	昔阳县	古建筑	昔阳崇教寺	元	426	7	运城市	新绛县	古建筑	绛州文庙	明至清
161	8	晋中市	昔阳县	古建筑	昔阳离相寺	宋至清	427	7	运城市	新绛县	古建筑	北池稷王庙	明至清
162	7	晋中市	昔阳县	石窟寺及石刻	石马寺石窟	南北朝至唐	428	6	运城市	新绛县	古建筑	白台寺	金至清

总序	公布批次	所在市	所在县	类别	文物名称	年代	总序	公布批次	所在市	所在县	类别	文物名称	年代
163	7	晋中市	昔阳县	近现代	大寨人民公社旧址	1966年	429	7	运城市	新绛县	古建筑	泉掌关帝庙	明
164	6	晋中市	榆次区	古墓葬	什贴墓群	南北朝	430	1	运城市	新绛县	古建筑	绛州大堂（含三楼）	元
165	4	晋中市	榆次区	古建筑	榆次城隍庙	元、清	431	5	运城市	新绛县	古建筑	福胜寺	元、明
166	6	晋中市	榆社县	古建筑	福祥寺	金至清	432	6	运城市	新绛县	古建筑	乔沟头玉皇庙	元至清
167	6	晋中市	榆社县	古建筑	崇圣寺	元至清	433	5	运城市	新绛县	古建筑	稷益庙	明
168	7	晋中市	左权县	古建筑	苇则寿圣寺	元	434	6	运城市	新绛县	古建筑	龙香关帝庙	元至民国
169	7	晋中市	左权县	古建筑	寺坪普照寺大殿	元	435	6	运城市	新绛县	古建筑	新绛龙兴寺	元至清
170	6	晋中市	左权县	古建筑	左权文庙大成殿	元	436	6	运城市	新绛县	古建筑	三官庙	元
171	4	晋中市	左权县	近现代	八路军前方总部旧址	1941—1943年	437	8	运城市	新绛县	古建筑	新绛寿圣寺大殿	元
172	7	临汾市	安泽县	古建筑	麻衣寺砖塔	金	438	7	运城市	盐湖区	古建筑	运城太平兴国寺塔	宋
173	7	临汾市	安泽县	古建筑	郎寨砖塔	唐	439	7	运城市	盐湖区	古建筑	运城关王庙	明至清
174	8	临汾市	安泽县	近现代	小李村太岳行署旧址	1942—1944年	440	7	运城市	盐湖区	古建筑	池神庙及盐池禁墙	明至清
175	6	临汾市	汾西县	古建筑	师家沟古建筑群	清	441	5	运城市	盐湖区	古建筑	泛舟禅师塔	唐
176	6	临汾市	浮山县	古建筑	老君洞	唐至明	442	3	运城市	盐湖区	古建筑	解州关帝庙	清
177	8	临汾市	古县	古建筑	热留关帝庙	明至清	443	6	运城市	盐湖区	古建筑	舜帝陵庙	元至清
178	7	临汾市	洪洞县	古建筑	洪洞关帝庙	元、明至清	444	6	运城市	盐湖区	古建筑	寨里关帝庙献殿	元
179	7	临汾市	洪洞县	古建筑	洪洞商山庙	明至清	445	6	运城市	盐湖区	古建筑	郭村泰山庙大殿	元
180	7	临汾市	洪洞县	古建筑	净石宫	明至民国	446	6	运城市	盐湖区	古建筑	常平关帝庙	清

总序	公布批次	所在市	所在县	类别	文物名称	年代	总序	公布批次	所在市	所在县	类别	文物名称	年代
181	1	临汾市	洪洞县	古建筑	广胜寺	元至明	447	8	运城市	盐湖区	古建筑	解州同善义仓	清
182	5	临汾市	洪洞县	古建筑	洪洞玉皇庙	元	448	5	运城市	永济市	古遗址	蒲津渡与蒲州故城遗址	唐至明
183	1	临汾市	侯马市	古遗址	侯马晋国遗址	东周	449	8	运城市	永济市	古遗址	解梁故城遗址	东周
184	6	临汾市	霍州市	古遗址	霍州窑址	宋	450	8	运城市	永济市	古建筑	栖岩寺塔林	唐至清
185	4	临汾市	霍州市	古建筑	霍州州署大堂	元	451	8	运城市	永济市	古建筑	普救寺塔	明
186	6	临汾市	霍州市	古建筑	霍州观音庙	元至清	452	8	运城市	永济市	古建筑	永济万固寺	明
187	6	临汾市	霍州市	古建筑	娲皇庙	清	453	8	运城市	永济市	古建筑	永济扁鹊庙	明
188	8	临汾市	霍州市	古建筑	霍州祝圣寺	元至清	454	8	运城市	永济市	古建筑	董村戏台	明
189	8	临汾市	霍州市	古建筑	霍州鼓楼	明至清	455	8	运城市	永济市	古建筑	东姚温牌坊	明至清
190	5	临汾市	吉县	古遗址	柿子滩遗址	旧石器时代	456	7	运城市	垣曲县	古建筑	宋村永兴寺	金、清
191	8	临汾市	吉县	石窟寺及石刻	挂甲山摩崖造像	北朝至明	457	6	运城市	垣曲县	古建筑	二郎庙北殿	元
192	5	临汾市	蒲县	古建筑	柏山东岳庙	元至清	458	6	运城市	垣曲县	古建筑	埝堆玉皇庙	元
193	7	临汾市	曲沃县	古墓葬	羊舌墓地	西周至春秋	459	7	长治市	壶关县	古建筑	庄头天仙庙	元
194	7	临汾市	曲沃县	古建筑	南林交龙泉寺	元至清	460	5	长治市	壶关县	古建筑	三嵕庙	金至清
195	7	临汾市	曲沃县	古建筑	东许三清庙献殿	元	461	6	长治市	壶关县	古建筑	真泽二仙宫	元至清
196	5	临汾市	曲沃县	古建筑	大悲院	宋、金	462	7	长治市	黎城县	古墓葬	西周黎侯墓群	西周至春秋
197	8	临汾市	曲沃县	古建筑	曲沃薛家大院	清	463	7	长治市	黎城县	古建筑	辛村天齐王庙	元、明至清

总序	公布批次	所在市	所在县	类别	文物名称	年代	总序	公布批次	所在市	所在县	类别	文物名称	年代
198	4	临汾市	曲沃县、翼城县	古遗址	曲村—天马遗址	周	464	7	长治市	黎城县	古建筑	长宁大庙	元至清
199	7	临汾市	隰县	古建筑	隰县鼓楼	明	465	7	长治市	黎城县	古建筑	黎城城隍庙	明至清
200	4	临汾市	隰县	古建筑	千佛庵	明	466	8	长治市	黎城县	古建筑	西下庄昭泽王庙	元至清
201	7	临汾市	隰县	石窟寺及石刻	七里脚千佛洞石窟	南北朝至唐	467	6	长治市	黎城县	近现代	黄崖洞兵工厂旧址	1939—1943年
202	6	临汾市	乡宁县	古建筑	乡宁寿圣寺	金至明	468	7	长治市	潞城区	古建筑	李庄武庙	元、清
203	8	临汾市	乡宁县	石窟寺及石刻	营里千佛洞石窟	北齐至唐	469	7	长治市	潞城区	古建筑	李庄文庙	金至民国
204	1	临汾市	襄汾县	古遗址	丁村遗址	旧石器时代	470	5	长治市	潞城区	古建筑	原起寺	宋
205	3	临汾市	襄汾县	古遗址	陶寺遗址	新石器时代	471	6	长治市	潞城区	古建筑	东邑龙王庙	金至清
206	8	临汾市	襄汾县	古墓葬	陶寺北墓地	东周	472	8	长治市	潞城区	古建筑	潞河头关帝庙	元至清
207	7	临汾市	襄汾县	古建筑	襄陵文庙大成殿	元	473	7	长治市	潞州区	古建筑	关村炎帝庙	元、清至民国
208	7	临汾市	襄汾县	古建筑	灵光寺琉璃塔	金	474	7	长治市	潞州区	古建筑	马厂崇教寺	元至清
209	3	临汾市	襄汾县	古建筑	丁村民宅	明至清	475	6	长治市	潞州区	古建筑	潞安府衙	明
210	6	临汾市	襄汾县	古建筑	汾城古建筑群	金至清	476	5	长治市	潞州区	古建筑	潞安府城隍庙	元至清
211	6	临汾市	襄汾县	古建筑	普净寺	元至清	477	5	长治市	潞州区	古建筑	观音堂	明
212	4	临汾市	尧都区	古建筑	牛王庙戏台	元	478	7	长治市	平顺县	古建筑	西青北大禹庙	明至清
213	6	临汾市	尧都区	古建筑	东羊后土庙	元至清	479	7	长治市	平顺县	古建筑	北社三峻庙	元、清
214	6	临汾市	尧都区	古建筑	王曲东岳庙	元至民国	480	7	长治市	平顺县	古建筑	北社大禹庙	元、清
215	6	临汾市	尧都区	古建筑	尧陵	明至清	481	7	长治市	平顺县	古建筑	北甘泉圣母庙	元、清

总序	公布批次	所在市	所在县	类别	文物名称	年代	总序	公布批次	所在市	所在县	类别	文物名称	年代
216	6	临汾市	尧都区	古建筑	铁佛寺	清	482	3	长治市	平顺县	古建筑	天台庵	唐
217	8	临汾市	翼城县	古遗址	大河口遗址	西周至春秋	483	3	长治市	平顺县	古建筑	大云院	五代至清
218	8	临汾市	翼城县	古遗址	南梁古城遗址	周	484	4	长治市	平顺县	古建筑	龙门寺	五代至清
219	8	临汾市	翼城县	古遗址	苇沟—北寿城遗址	周	485	5	长治市	平顺县	古建筑	明惠大师塔	五代
220	7	临汾市	翼城县	古建筑	石四牌坊和木四牌坊	明至清	486	5	长治市	平顺县	古建筑	九天圣母庙	北宋至清
221	7	临汾市	翼城县	古建筑	樊店关帝庙	明至清	487	5	长治市	平顺县	古建筑	淳化寺	金
222	6	临汾市	翼城县	古建筑	四圣宫	元至清	488	6	长治市	平顺县	古建筑	佛头寺	宋
223	6	临汾市	翼城县	古建筑	南撖东岳庙	元至清	489	6	长治市	平顺县	古建筑	回龙寺	金
224	6	临汾市	翼城县	古建筑	乔泽庙戏台	元	490	6	长治市	平顺县	古建筑	夏禹神祠	元至清
225	7	临汾市	永和县	古建筑	永和文庙大成殿	明	491	8	长治市	平顺县	古建筑	西社卫公庙	元至清
226	6	吕梁市	方山县	古遗址	南村城址	战国至汉	492	6	长治市	平顺县	石窟寺及石刻	金灯寺石窟	明
227	8	吕梁市	方山县	古建筑	大武鼓楼	明	493	7	长治市	沁县	古建筑	南涅水洪教院	元至清
228	8	吕梁市	方山县	古建筑	于成龙故居	清	494	5	长治市	沁县	古建筑	沁县大云院	宋至清
229	7	吕梁市	汾阳市	古墓葬	东龙观墓群	宋、金、元	495	6	长治市	沁县	古建筑	普照寺大殿	金
230	5	吕梁市	汾阳市	古建筑	太符观	金至清	496	7	长治市	沁县	石窟寺及石刻	南涅水石刻	南北朝至宋
231	6	吕梁市	汾阳市	古建筑	汾阳五岳庙	元至清	497	7	长治市	沁源县	古建筑	灵空山圣寿寺	明至清
232	6	吕梁市	汾阳市	古建筑	文峰塔	明至清	498	7	长治市	沁源县	近现代	太岳军区司令部旧址	1940—1942年
233	6	吕梁市	汾阳市	古建筑	杏花村汾酒作坊	清	499	7	长治市	上党区	古建筑	北和炎帝庙	元、清

总序	公布批次	所在市	所在县	类别	文物名称	年代	总序	公布批次	所在市	所在县	类别	文物名称	年代
234	7	吕梁市	汾阳市	古建筑	柏草坡龙天土地庙	元至民国	500	5	长治市	上党区	古建筑	正觉寺	金至明
235	8	吕梁市	汾阳市	古建筑	峪口圣母庙	元至清	501	6	长治市	上党区	古建筑	长治玉皇观	元至清
236	8	吕梁市	汾阳市	古建筑	汾阳关帝庙	明	502	8	长治市	上党区	古建筑	上党西岩寺塔	唐
237	8	吕梁市	汾阳市	古建筑	汾阳后土圣母庙	明至民国	503	8	长治市	上党区	古建筑	上党长春玉皇庙	北宋至清
238	7	吕梁市	交城县	古建筑	交城玄中寺	明至清	504	7	长治市	屯留区	古建筑	先师和尚舍利塔	唐
239	6	吕梁市	交城县	古建筑	卦山天宁寺	唐至清	505	7	长治市	屯留区	古建筑	石室蓬莱宫	明至清
240	8	吕梁市	交城县	石窟寺及石刻	竖石佛摩崖造像	北齐至唐	506	6	长治市	屯留区	古建筑	宝峰寺	元至明
241	8	吕梁市	交口县	石窟寺及石刻	山神峪千佛洞石窟	元、清	507	7	长治市	武乡县	古建筑	武乡真如寺	元至清
242	5	吕梁市	离石区	古墓葬	马茂庄汉墓群	东汉	508	5	长治市	武乡县	古建筑	武乡大云寺	宋
243	5	吕梁市	离石区	古建筑	安国寺	明	509	5	长治市	武乡县	古建筑	会仙观	金至清
244	6	吕梁市	离石区	古建筑	天贞观	明至清	510	5	长治市	武乡县	古建筑	洪济院	金至清
245	6	吕梁市	临县	古建筑	义居寺	元至清	511	8	长治市	武乡县	古建筑	武乡福源院	元至清
246	6	吕梁市	临县	古建筑	碛口古建筑群	明至清	512	1	长治市	武乡县	近现代	八路军总司令部旧址	1938 年
247	6	吕梁市	临县	古建筑	善庆寺	元	513	7	长治市	襄垣县	古建筑	襄垣五龙庙	元至清
248	8	吕梁市	临县	近现代	临县陕甘宁晋绥联防军指挥部旧址	1947 年	514	6	长治市	襄垣县	古建筑	灵泽王庙	金、明、清
249	8	吕梁市	临县	近现代	临县中央后委机关旧址	1947—1948 年	515	6	长治市	襄垣县	古建筑	昭泽王庙	金
250	5	吕梁市	柳林县	古建筑	香严寺	金至明	516	6	长治市	襄垣县	古建筑	襄垣文庙	元至清
251	7	吕梁市	柳林县	古建筑	玉虚宫下院	清	517	7	长治市	襄垣县	古建筑	襄垣永惠桥	金

续表

总序	公布批次	所在市	所在县	类别	文物名称	年代	总序	公布批次	所在市	所在县	类别	文物名称	年代
252	7	吕梁市	石楼县	古建筑	后土圣母庙	明至清	518	7	长治市	襄垣县	古建筑	襄垣昭泽王庙	元、明
253	5	吕梁市	石楼县	古建筑	兴东垣东岳庙	金至清	519	7	长治市	长子县	古建筑	小张碧云寺大殿	宋
254	4	吕梁市	文水县	古建筑	则天庙	金	520	1	长治市	长子县	古建筑	崇庆寺	宋
255	7	吕梁市	文水县	古建筑	上贤梵安寺塔	宋、明	521	7	长治市	长子县	古建筑	布村玉皇庙	宋至清
256	7	吕梁市	孝义市	古建筑	孝义三皇庙	元至民国	522	7	长治市	长子县	古建筑	前万户汤王庙	元
257	7	吕梁市	孝义市	古建筑	孝义慈胜寺	明至清	523	7	长治市	长子县	古建筑	下霍护国灵贶王庙	金、清
258	7	吕梁市	孝义市	古建筑	孝义天齐庙	元、清	524	7	长治市	长子县	古建筑	韩坊尧王庙大殿	金
259	6	吕梁市	孝义市	古建筑	中阳楼	清	525	7	长治市	长子县	古建筑	长子崔府君庙大殿	金
260	8	吕梁市	兴县	古遗址	碧村遗址	新石器时代	526	3	长治市	长子县	古建筑	法兴寺	唐、宋
261	8	吕梁市	兴县	古建筑	胡家沟砖塔	明	527	7	长治市	长子县	古建筑	义合三教堂	金至民国
262	4	吕梁市	兴县	近现代	晋绥边区政府及军区司令部旧址	1939年	528	7	长治市	长子县	古建筑	大中汉三嵕庙	元、清
263	8	吕梁市	兴县	近现代	晋绥日报社旧址	1940—1949年	529	7	长治市	长子县	古建筑	中漳伏羲庙	元、明
264	8	吕梁市	兴县	近现代	北坡中共中央晋绥分局旧址	1942—1949年	530	6	长治市	长子县	古建筑	天王寺	金
265	3	朔州市	山阴县	古墓葬	广武汉墓群	汉	531	8	长治市	长子县	古建筑	长子文庙大成殿	元
266	6	朔州市	山阴县	古建筑	广武城	明	—	—	—	—	—	—	—

关于山西历史文化遗产在大学生中的
认知情况的调研报告

河南师范大学旅游学院人文地理与城乡规划系主任　翟洲燕

摘　要： 山西师范大学意识形态研判及数据库建设智库（省级重点智库）负责人、河南师范大学翟洲燕等认为，山西历史文化遗产不仅是中华文明基因库中不可替代的组成部分，还为新时代山西全方位推动高质量发展提供了精神动力。大学生群体担负着保护、发展和传承历史文化遗产的使命，对山西历史文化遗产的认知处于初级阶段且关注度不均衡，但其历史文化遗产保护意识正在觉醒，亟须加强针对大学生群体特征和行为习惯的山西历史文化遗产保护的宣传与推广工作。建议将历史文化遗产保护纳入山西省各地社会经济发展总体规划；以政府为主导，实现历史文化遗产保护主体的多元化；加强馆校合作，广泛宣传新时代山西历史文化遗产保护的新进展、新成就；强化人才培养，营造社会各界保护历史文化遗产的良好氛围，提高大学生对历史文化遗产的认知水平，激发大学生保护历史文化遗产的持久动力。

本课题组通过对山西历史文化遗产在大学生中的认知情况进行系统调研，认为山西省应高度重视并推动实施"加强大学生对山西历史文化遗产的认知、保护与传承"工作。现将基本情况和建议依次分述于后。

一、大学生群体在山西历史文化遗产保护与传承中的重要价值和现实意义

历史文化遗产是一定历史时期人类社会的产物，是华夏文明滋养出的文化积淀、心理认同、美学价值和礼制传统的深度剖析，是一个国家和民族历史和文明的重要载体，是对过去的生动表述，对当下和未来有着深远的影响。历史文化遗产以其绝无仅有的珍贵特性，是全人类的宝贵资源，具有不可再生性。习近平总书记历来十分重视并强调要搞好历史文化遗产的保护与利用工作。①

山西省是中华民族的主要发祥地之一，作为中国最重要的历史文化遗产资源集聚区之一，在中华文明的基因库中具有无可替代的地位。

截至目前，山西省平遥古城、云冈石窟和五台山佛教建筑群等3处遗产被列入世界文化遗产名录，丁村古建筑群、杏花村汾酒老作坊、关圣文化建筑群（关帝庙）和应县木塔等4处遗产被列入世界文化遗产预备名单②；山西拥有太原、大同、平遥、新绛、祁县、代县等6座国家历史文化名城，111个中国历史文化名镇名村，550个传统村落③；山西省地上文物的数量冠居全国，宋代以前地面木构建筑占全国总量的七成，享有"中国古代建筑博物馆"之盛名；地下文物多彩多姿，见证了中国古代王朝的兴衰发展历程；山西拥有丰富的馆藏文物，城市文化的标配——博物馆，已然成为人们增长知识、研究学问和休闲小憩的文化会客厅。④山西有8批共531处全国重点文物保护

---

① 庞妃，史春林. 习近平关于历史文化遗产保护与利用重要论述研究［J］. 湖南社会科学，2022（1）：156-163.

② 山西省文物局. 世界文物遗产［EB/OL］.（2015-03-03）［2022-12-02］. https://wwj.shanxi.gov.cn/wwzy/wwlb/sjwhyyc/.

③ 中国新闻网. 山西借"传统村落集中连片保护利用"留住乡愁［EB/OL］.（2022-09-17）［2024-04-25］. https://www.shanxi.gov.cn/ywdt/sxyw/202209/t20220917_7122014.shtml.

④ 美术遗产. 图书资讯｜《山西文物精华》丛书［EB/OL］.（2020-06-04）［2022-12-02］. https://www.sohu.com/a/399588097_688008.

单位①，其中 46 处古遗址，20 处古墓葬，421 处古建筑，15 处石窟寺及石刻，28 处近现代重要史迹及代表性建筑，1 处其他，稳居全国第一②；山西省省级文物保护单位则有 6 批共 779 处③；国家级非物质文化遗产项目数量也在全国名列前茅，拥有 5 批共 182 个国家级非物质文化遗产代表性项目，149 名国家级非物质文化遗产项目代表性传承人。④

大学生是历史文化遗产保护的重要力量，而保护的前提是要对山西历史文化遗产具有科学的认知。大学生应该意识到，加强山西历史文化遗产保护，对于弘扬山西悠久的历史文化、坚定文化自信、增进文明交流、建设文化强国等方面具有重要意义。

第一，保护历史文化遗产事关坚定"四个自信"、建设社会主义文化强国。

文化自信有着广泛的内涵，是以其所处文化的认识为基本，并对此文化的价值和生命力产生的高度赞扬。由认知、情感、意志、动机组成的文化自信有机整体，是个体在对所属文化有一定认知的基础上，产生强烈的情感归属与坚定信念，并能将其付诸实践的积极的心理状态。⑤站在新的历史起点上，更加需要大学生对历史文化遗产有科学的认知，有文化胸怀及文化自信，从文化自信中汲取砥砺前行的动力、恪守正道的定力、坚韧不拔的毅力和改革创新的活力。

山西是华夏之祖、炎黄之根，有着深厚的历史文化遗产积淀，上古时代的尧、舜、禹在此建立都城，实证了中华民族五千多年文明历史，留下了宝

---

① 澎湃新闻.（多图版）山西 79 处入选国家第八批国保单位名录［EB/OL］.（2019-10-19）［2022-12-02］. https://www.thepaper.cn/newsDetail_forward_4726634.

② 国务院新闻办公室. 山西的国家级非物质文化遗产数量在全国名列前茅［EB/OL］.（2019-09-05）［2022-12-02］. http://www.scio.gov.cn/ztk/dtzt/39912/40728/41614/41617/Document/1663680/1663680.htm.

③ 光明网. 山西新增 371 处省级文物保护单位［EB/OL］.（2021-08-07）［2022-12-02］. https://m.gmw.cn/baijia/2021-08/07/1302468976.html.

④ 中华人民共和国文化和旅游部. 国家级非物质文化遗产代表性项目代表性传承人［EB/OL］.［2022-12-02］. https://www.ihchina.cn/representative.html#target1.

⑤ 王佳. 大学生文化自信的相关研究［D］.西安：陕西师范大学，2021.

贵的历史文化遗产。^①因此，开展山西历史文化遗产在大学生中的认知情况调查，有利于保护历史文化遗产，提高大学生对山西历史文化的认知水平，传承历史文脉，存续文化基因，建设社会主义文化强国。

第二，保护历史文化遗产事关提升中华文化的国际影响力、增进文明互鉴。

源远流长的中华文明扎根在中国大地，沉淀了灿若星河的历史文化遗产，是国家文化软实力的深厚载体。熠熠生辉的中华文化在国际舞台上传播文明底蕴、增强国人自信，不断阐释着人类命运共同体理念。日趋复杂的当今国际环境更加需要发挥中国历史文化遗产的价值作用，用好"世界通用语"，维护世界文明多样性，让世界了解中国历史文化遗产，提升中华文化的国际影响力，为建设和谐国际社会贡献力量。

在全球化时代，大学生要树立正确的文化观念，坚定文化自信，加强对历史文化遗产的认知、保护与传承，让中华文化走向国际舞台。

第三，保护历史文化遗产是我国社会主义事业和中华民族伟大复兴的中国梦的一部分。

大学生肩负着实现中华民族伟大复兴的重要使命，是国家栋梁和民族希望。增强大学生的社会责任感和使命感，有助于实现我国社会主义事业的高质量发展。作为历史文化遗产的重要传承群体，保护、发展和传承文化遗产是每一位大学生应该担负起来的责任与使命，历史文化遗产的发展离不开大学生群体。

大学生群体在了解、学习历史文化遗产知识的同时，能够增强对历史文化遗产保护与传承的认同感、责任感与使命感，为历史文化遗产创新献计献策，使文化遗产焕发新的活力，同时对当代大学生的社会责任感教育做出正确引导，最终使大学生提高保护和传承历史文化遗产的意识，服务社会。

因此，开展大学生对山西历史文化遗产的认知情况调查是推进文化遗产

---

① 澎湃新闻.【游山西　读历史】跟随史前"三圣"　溯源中华民族根祖之地［EB/OL］.（2020-07-02）［2022-12-02］. https://www.thepaper.cn/newsDetail_forward_8080266.

保护的基础和必要工作。

二、山西历史文化遗产在大学生中的认知现状及原因分析

本课题组设计了一份"山西历史文化遗产在大学生中的认知情况"调查问卷，通过咨询同行专家，经过三轮反复修改后定稿。问卷内容由大学生基本信息、山西历史文化遗产认知和山西历史文化遗产保护三部分组成，题型包括单选题和多选题。问卷调查首先通过问卷星平台向全国范围内的大学生展开，其次充分利用学缘、亲缘和地缘关系，通过微信朋友圈分享问卷链接的方式，进行问卷发放。

问卷主要采用线上匿名的方式填写，自 2022 年 7 月 10 日开始，到 2022 年 7 月 24 日停止，共回收 426 份问卷，回收率 100%，判定小于 60 秒作答的问卷为无效问卷，筛除无效问卷后，得到 419 份有效问卷，有效率约为 98.36%（问卷具体分析情况见表 1）。

本问卷采用克隆巴赫信度和验证实性因子分析（CFA）效度分析。其中，克隆巴赫系数值在 0 到 1 之间，Alpha 值越大，信度越高。分析结果显示，调查问卷的克隆巴赫系数值为 0.87，研究数据的信度质量较高。在效度分析上，经检验调查问卷量表指标的 KMO 值为 0.89，说明研究数据的效度较高，适合提取信息。综上，发放的调查问卷具有较好的信度和效度，可以有效地测度高校大学生对山西历史文化遗产的认知情况。

表 1　调查问卷的人口统计学分析

大学生基本信息		人数	占比
性别	男	127	30.31%
	女	292	69.69%
是否是山西人或在山西生活过	是	166	39.62%
	否	253	60.38%

续表

大学生基本信息		人数	占比
所学专业的学科类别	哲学类	1	0.24%
	经济学	5	1.19%
	文学类	9	2.15%
	管理学类	89	21.24%
	历史学类	4	0.95%
	艺术学类	3	0.72%
	医学类	83	19.81%
	农学类	27	6.44%
	理学类	128	30.55%
	工学类	48	11.46%
	法学类	4	0.95%
	教育学类	17	4.06%
	军事学类	1	0.24%
所处的学习阶段	大一	53	12.65%
	大二	102	24.34%
	大三	81	19.33%
	大四	78	18.62%
	研究生（硕博）	105	25.06%
是否担任过学生干部	正在担任	73	17.42%
	曾经担任	163	38.90%
	未担任过	183	43.68%

（一）山西历史文化遗产在大学生中的认知现状

本次调查发现，大学生对山西历史文化遗产的认知现状表现出如下特征。

1. 对山西历史文化遗产有着深度了解的大学生较少

在对山西历史文化遗产的了解程度调查中，非常了解仅占比2.86%，比较了解占比20.29%，一般了解占比40.10%，不太了解占比27.92%，完全不了解占比8.83%（见图1）。全国范围内对山西历史文化遗产了解程度较高的大学生不足三分之一。

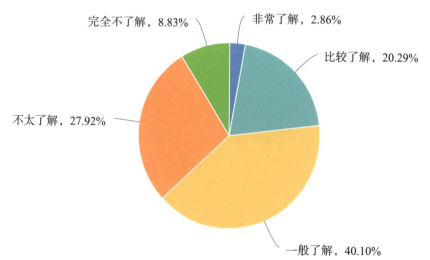

图1　您对山西历史文化遗产的了解有多少？

2. 大学生对山西世界文化遗产的关注度不均衡

在调查大学生对山西历史文化遗产的了解程度中发现，大学生对山西3处世界文化遗产的了解较多，对平遥古城与云冈石窟的了解程度较高，分别占比80.67%、70.88%，对五台山佛教建筑群的了解程度次之，占比37.71%。而对应县木塔（24.82%）、丁村古建筑群（8.35%）、杏花村汾酒老作坊（30.55%）、关圣文化建筑群（关帝庙）（14.32%）等4处列入世界文化遗产预备名单的历史文化遗产了解程度较低（见图2）。这种关注度的不均衡同样体现在大学生对非物质文化遗产的了解上，大学生对汾酒、山西老陈醋、山西刀削面等知名产品较为了解，对其他产品了解较少（见图3）。

图2 您了解哪些山西历史文化遗产？

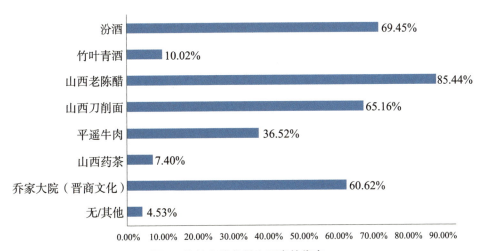

图3 您认为哪些是山西省的代表？

3. 大学生获取山西历史文化遗产信息的途径多样化

大学生主要通过互联网、阅读书籍、主流社交媒体平台、观看影视作品、游览古迹、交流交谈等多种途径了解山西历史文化遗产。其中，互联网（86.16%）和抖音、微博、微信等主流社交媒体平台（63.48%）是大学生获取山西历史文化遗产信息的主要途径（见图4）。

图4 您了解山西历史文化遗产的主要途径是什么?

4. 大学生对山西历史文化遗产信息比较感兴趣

大学生在网站、微博、微信公众号或者朋友圈看到山西历史文化遗产信息时,点赞占比75.66%,静静围观占比58.95%,直接忽视占比15.27%(见图5)。说明山西历史文化遗产信息对大学生具有较大的吸引力,但围观现象不容忽视。

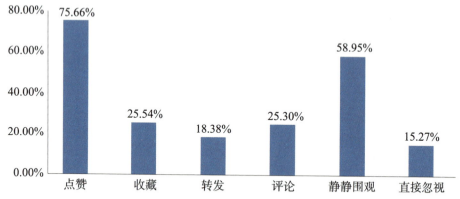

图5 您在网站、微博、微信公众号或者朋友圈看到山西历史文化遗产信息时,会怎么做?

5. 山西历史文化遗产与大学生日常生活的融合度一般

大学生在日常生活中,经常与他人讨论有关山西历史文化遗产话题的占比12.89%,很少讨论的占比28.64%,基本不讨论的占比23.87%(见图6)。说明山西历史文化遗产尚未融入大学生的日常生活中。

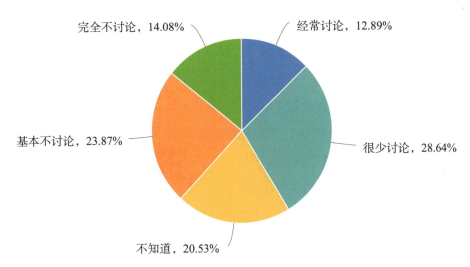

图 6　您在日常生活中会与他人讨论有关山西历史文化遗产的话题吗?

6. 大学生对历史文化遗产的推荐意愿较为积极

在大学生向亲戚朋友介绍山西历史文化遗产的意愿程度调查中,25.77%的大学生非常愿意,27.45% 比较愿意,38.19% 意向一般,5.97% 不太愿意,2.62% 完全不愿意(见图 7)。可见,多数大学生是非常愿意向亲戚朋友介绍山西历史文化遗产的。

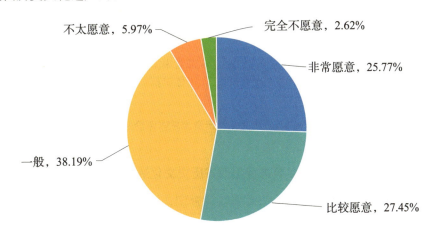

图 7　您愿意向亲戚朋友介绍山西历史文化遗产吗?

7. 大学生对山西省历史文化遗产资源丰富程度的评价较为客观

在对山西历史文化遗产资源的总体评价上，29.59% 的大学生认为山西历史文化遗产资源特别丰富，具有重大的保护与利用价值；32.94% 的大学生认为山西历史文化遗产资源非常丰富，具有较高的保护与利用价值；32.46% 的大学生认为山西历史文化遗产资源比较丰富，具有一定的保护与利用价值；3.34% 的大学生认为不够丰富，保护与利用价值不大；1.67% 的大学生认为不丰富，保护与利用价值较低（见图8）。可见，山西历史文化遗产资源数量之多、质量和保护与利用价值之高在大学生群体中已达成基本共识。

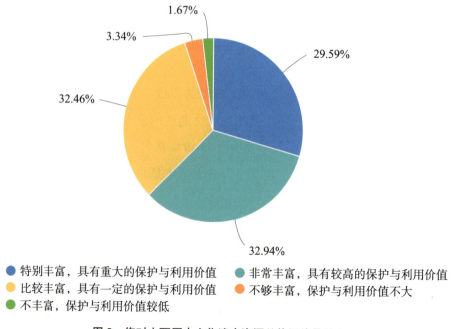

图8　您对山西历史文化遗产资源总体评价是什么?

8. 大学生普遍认为有必要进行山西省历史文化遗产保护

在山西历史文化遗产保护的必要性调查中，61.34% 的大学生认为非常有必要保护山西历史文化遗产，23.87% 的大学生认为有必要（见图9）。可见，大学生对山西历史文化遗产保护的意愿较为积极。

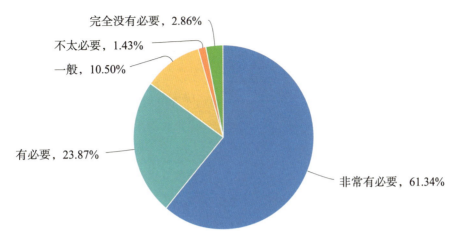

图9　您认为保护山西历史文化遗产有必要吗?

9. 多数大学生认同山西历史文化遗产所蕴含的历史文化价值与教育功能

在山西历史文化遗产所蕴含的历史文化价值上,56.56% 的大学生非常认同山西历史文化遗产所蕴含的历史文化价值,29.59% 的大学生比较认同,1.43% 的大学生持不太认同态度,1.91% 的大学生持完全不认同态度(见图10)。同时,山西省是红色文化遗产资源聚集地,山西红色文化和红色精神对旅游者具有一定的教育意义,多数大学生认同其所蕴含的文化内涵,非常认同的占比 56.56%,比较认同的占比 28.64%(见图 11)。可见,大多数学生认同山西历史文化遗产所蕴含的文化内涵及其对当代旅游者的教育意义。

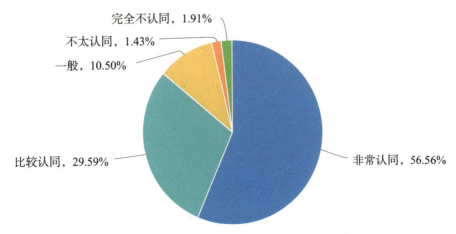

图10　您认同山西历史文化遗产所蕴含的历史文化价值吗?

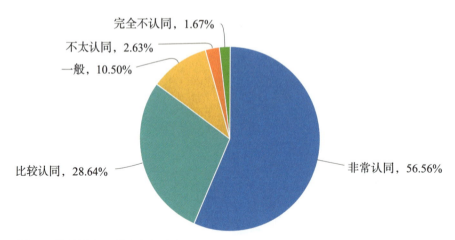

完全不认同，1.67%
不太认同，2.63%
一般，10.50%
比较认同，28.64%
非常认同，56.56%

图 11　您认同山西历史文化遗产所蕴含的文化内涵对旅游者具有一定的教育意义吗（例如红色文化遗产）？

10. 多数大学生高度认同山西历史文化遗产技艺

巧夺天工的砖雕、木雕、泥塑、珐琅琉璃，精美绝伦的面塑、剪纸、烫画、刺绣、刻瓷等，这些精湛技艺让山西非物质文化遗产焕发出勃勃生机。大学生对于山西历史文化遗产代表着劳动人民精湛的技艺，并处于领先地位的态度，非常认同的占比 44.15%，比较认同的占比 31.03%（见图 12）。可见，多数大学生认同山西历史文化遗产代表着劳动人民精湛的技艺，并处于领先地位。

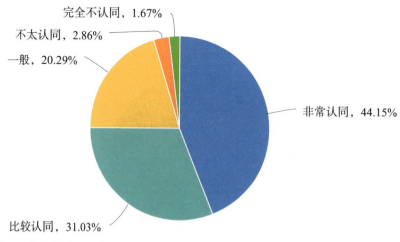

完全不认同，1.67%
不太认同，2.86%
一般，20.29%
非常认同，44.15%
比较认同，31.03%

图 12　您认同山西历史文化遗产代表着劳动人民精湛的技艺，并处于领先地位吗？

11. 多数大学生认同在保护和开发过程中应维持历史文化遗产原貌

历史文化遗产遭到自然和人为破坏的例子屡见不鲜。在历史文化遗产保护领域，专家学者们坚持保护历史文化遗产的完整性和真实性原则，在此基础上对其进行科学保护和开发。通过调研发现，45.35%的大学生认为很有必要维持原貌，36.04%的大学生认为有必要维持原貌（见图13）。

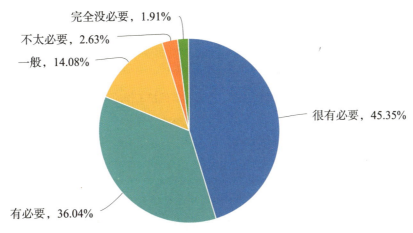

完全没必要，1.91%
不太必要，2.63%
一般，14.08%
很有必要，45.35%
有必要，36.04%

图13 您认为山西历史文化遗产在保护和开发过程中，有必要维持原貌吗?

12. 多数大学生对山西历史文化遗产保护工作表示认同

近些年来，山西历史文化遗产的保护、利用与传承水平有了全面提升，历史建筑保护工作的投入不断加大，大学生对山西历史文化遗产、历史建筑的保护工作的现状评价整体上较好，非常满意占比23.63%，比较满意占比28.64%，一般态度占比38.42%（见图14）。

13. 多数大学生认为山西省政府在历史文化遗产保护中承担主要责任

在历史文化遗产的保护责任主体方面，64.68%的大学生认为山西省政府是历史文化遗产保护的主要承担人，19.81%的大学生认为遗产、文物所在地的居民是承担保护责任的主体（见图15）。保护好、传承好历史文化遗产是对历史负责、对人民负责，应以政府为主导，多方参与，共同保护。

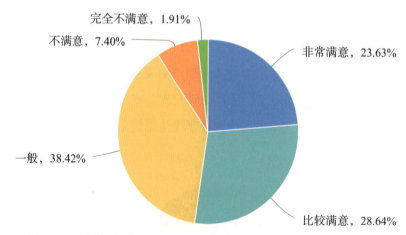

图 14　您对山西历史文化遗产、历史建筑保护工作的现状如何评价？

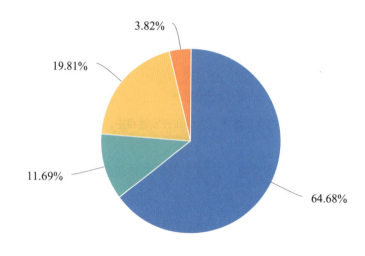

● 山西省政府　● 山西省居民　● 遗产、文物所在地的居民　● 投资的开发商

图 15　您认为谁是山西历史文化遗产保护的主要责任承担人？

14. 大学生认为山西历史文化遗产保护和开发工作受到多种因素的制约

在山西历史文化遗产的保护与开发调查中，大学生认为要有系统的开发理念与优秀的开发创意，需要居民的了解、尊重和支持，还有开发和保护的制度设计、政府的支持和鼓励、媒体的宣传和引导等多方面因素的共同作用（见图 16）。

图 16 在山西历史文化遗产的保护和开发中，您觉得哪几方面相对更加重要？

15. 大学生希望通过多元化的方式了解山西历史文化遗产

大学生希望可以通过多种方式，系统、全面地了解山西历史文化遗产，比如现场教学，课堂、讲座、社团活动等形式；沉浸式体验，参观遗址遗迹、纪念馆等活动；线上教学方式，线上交流与网络学习平台等；情境传播，实景演出、电影、电视剧等方式；自主学习形式，书籍、杂志、报纸等途径；事迹传颂，地方英雄人物优秀事迹传播等（见图 17）。

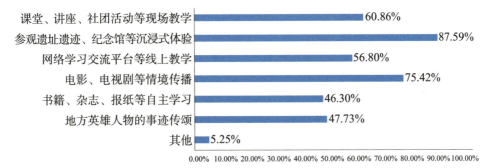

图 17 您乐于接受哪种方式，以便系统、全面地了解山西历史文化遗产呢？

16. 大学生愿意通过多样化的方式来传承山西历史文化遗产

大学生认为可以通过继续传统的大众传播方式、推陈出新的教学方面、丰富多彩的校园文化、与时偕行的网络传播、与时俱进的科技应用等多种方式传承山西历史文化遗产，提升大学生对历史文化遗产保护的责任感与使命感（见图 18）。

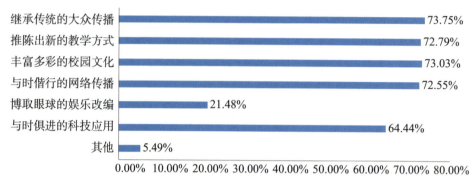

图18 您认为山西历史文化遗产应该以何种方式在大学生群体中传承下去?

总体来看，虽然大学生可以通过多种途径了解山西历史文化遗产，但是大学生对历史文化遗产的认知处于初级阶段，对山西历史文化遗产的关注度不均衡，了解程度较低。大学生比较重视山西历史文化遗产信息，在处理山西历史遗产信息时呈现多元化态度，持观望态度的占较大比例。山西历史文化遗产与大学生日常生活融合度一般。大学生对山西历史文化遗产的推荐意愿较为积极，对山西历史文化遗产资源丰富程度的评价也较为客观。

目前，大学生对山西历史文化遗产的保护意识处于觉醒阶段，普遍认为保护山西历史文化遗产是有必要的，保护意愿较高，并对山西历史文化遗产所蕴含的历史文化价值、教育意义以及对山西历史文化遗产代表着劳动人民精湛的技艺并处于领先地位的认同度较高。多数大学生认为山西历史文化遗产在保护和开发过程中有必要维持原貌，对历史文化遗产保护工作现状的评价较好，并认为保护责任主体在山西省政府，历史文化遗产保护需要政府投入作为支持。大学生希望可以通过多种方式了解山西历史文化遗产，传承山西历史文化遗产。

（二）山西历史文化遗产在大学生中的认知情况成因分析

目前，造成大学生对山西历史文化遗产认知不足的主要原因如下。

第一，大学生受到历史文化遗产认知与保护方面的教育不足。当前我国大学教育主要集中于专业知识与技能方面，以历史文化遗产为代表的中华传统文化知识不属于必修范围，使得学生普遍认为历史文化遗产教育与相关知识学习对学业、生活和就业的帮助不大。在日常生活中，大学生关于历史文化遗产的交流和交谈也较少，没有形成良好的保护历史文化遗产的氛围，大学生主动了解历史文化遗产的机会较少，更多地认为历史文化遗产保护与开发是政府的责任。同时，由于传统文化教育与传播途径有限、外来文化与新文化不断冲击等原因，大学生对历史文化遗产的认识不足，保护责任意识较为薄弱。

第二，新媒体时代缺失针对大学生群体特征和行为习惯的历史文化遗产保护宣传与推广方式。虽然山西省开展了文化和自然遗产日主题活动暨"非遗进社区"活动、"品读山西"系列诵读活动、"晋享清凉　活力一夏"山西文旅推介会等历史文化遗产宣传活动，但是政府及相关单位多面向普通大众，针对大学生群体的历史文化遗产的科普宣传重视程度不足，出现了历史文化遗产宣传活动匮乏、推介方式比较粗放、宣传渠道不够畅通等局面。更为重要的是，在新媒体时代，缺失针对大学生群体特征和行为习惯的正确推广方式。微博、抖音等新媒体应用较少，宣传手段较为单一，甚至出现了通过博取眼球的娱乐形式去改编历史文化遗产信息的错位组合去推广，也在一定程度上阻碍了大学生正确认识、了解历史文化遗产。

第三，围绕大学生群体的山西历史文化遗产保护相关政策制度尚需进一步完善。山西省政府出台了《关于加强我省非物质文化遗产保护工作的实施意见》《文物全科人才免费定向培养实施办法》等政策制度，但针对历史文化遗产知识教育与保护工作，尚需进一步完善政策制度。目前山西省文化和旅游系统法治宣传教育中关于大学生群体的规划较少，对大学生群体的制度目标不明确，关于历史文化遗产的政策法规尚需完善，并需要进一步加大教育力度，拓展大学生对历史文化遗产的认知途径，全面提升大学生的历史文化遗产保护意识。

三、加强大学生对山西历史文化遗产的认知、保护与传承的对策建议

为促进大学生对山西历史文化遗产的了解和保护，结合山西省实际和大

学生群体特征，我们从山西省各级政府、山西省文物局和高校三个方面提出如下建议。

（一）历史文化遗产保护需要政府主导，各级政府要充分认识历史文化遗产是公共服务体系中不可或缺的重要部分，对于文物保护、科学普及、公共服务、提升文明高度以及山西高质量发展，意义重大而深远

（1）让历史文化遗产在保护中实现高质量发展，将历史文化遗产保护融入山西社会经济发展全局。发挥政府职能，在保护历史文化遗产前提下制定包括城乡发展规划、文物保护规划以及环境保护规划等在内的规范、科学且相互协调的规划。[1] 把历史文化遗产保护和发展作为社会文化发展的一项重点工作，纳入社会经济发展总体规划，实现整体推进、高质量发展。

历史文化遗产是人类物质文明与精神文明的高度浓缩，是具备独特性的人文资源，是地域文化品位的重要标志，是提升城乡影响力与知名度的重要基础。将历史文化遗产资源纳入城乡建设[2]，延续历史文脉，使优秀传统文化焕发活力、绽放光芒。充分利用现有的基础设施，综合考虑遗产所在区域地理位置和现状，对周围环境进行合理改造，为历史文化遗产的保护营造良好的环境，在城乡建设发展中突出历史文化遗产的文化价值和艺术魅力。

（2）促进历史文化遗产保护主体的多元化，加强山西历史文化遗产信息的宣传和推广。历史文化遗产保护不应该仅仅以政府为依靠，保护历史文化遗产是所有人的责任。山西历史文化遗产的持续发展需要以政府为主导，社会大众、企业、行业、学校等多方合作，融合发展。

近些年来，人们对历史文化遗产的认知程度逐渐提升，开始重视历史文化遗产的传承。加强山西历史文化遗产信息推介，提高山西历史文化遗产的宣传普及力度，通过多种方式传播历史文化遗产知识，让历史文化遗产融入

① 陈雅嫄. 基层政府推动历史文化遗产活态化路径研究：以福州市闽安村为例［D］. 福州：福建师范大学，2020.

② 张瑶. 历史文化遗产保护区域的城市规划探讨［J］. 城市建筑，2021，18（20）：35-37.

生活，让文物说话，让历史说话，让资源高效利用。加强物质文化遗产和非物质文化遗产的创新发展与保护，挖掘山西深厚的历史底蕴和文化涵养。

（3）完善历史文化遗产保护的相关政策制度，推进历史文化遗产与旅游业深度融合。历史文化遗产的保护需要强有力的政策制度保障体系，要完善山西历史文化遗产的政策制度，切实为保护山西历史文化遗产提供制度保障。[①]山西省出台的《山西省历史文化名城名镇名村保护条例》等政策，对完善历史文化遗产政策制度体系以及对历史文化遗产的保护和传承是有必要性的。

旅游与文化密不可分，山西省发展研学旅游、红色旅游、民俗旅游、生态旅游、休闲旅游等，深入挖掘历史文化遗产资源，打造龙头景区和精品线路，积极发展文旅产业，擢升文化旅游的品质，使之能更好地推动山西经济社会的快速发展和人民生活的高品质发展。

（4）保障历史文化遗产使用经费投入，开展多元融资，实施文化事业优惠政策。鼓励通过基金会、会员制等渠道和形式，引导企业、团体和个人进行捐款、赞助，以支持对历史文化遗产的保护。对于举行历史文化遗产保护相关的大型公益性文化活动，通过政府采购、项目补贴、后期赎买等途径予以经济支持。建立顺畅的经费下拨渠道，使政府扶持历史文化遗产发展的资金能够及时落实到位。

依托山西省丰富的文物资源，挖掘山西历史文化遗产，规范文化企业准入门槛，积极发展文博产业，支持文创企业发展，打造文化创意品牌，鼓励文化事业发展。

（二）山西省文物局在历史文化遗产宣传和保护方面有着巨大的推动作用，未来应持续加大展览宣传的力度，深化馆校合作，渗透高等教育，让更多的大学生参与其中，感受并体验三晋文化的魅力

（1）深化与高校、博物馆等相关单位的合作关系。通过与高校、博物馆

---

① 宋华清，王中男.大连市历史文化遗产保护研究［J］.哈尔滨职业技术学院学报，2021（2）：94-97.

等进行深度合作，让大学生走进历史文化遗产，以第二课堂教学的方式开展深入、持久、生动的熏陶与教化，引导大学生树立良好的三观，在历史文化遗产资源中受教育、长才干、做贡献。

（2）大力开展山西历史文化遗产相关主题教育活动，建立大学生思想政治教育基地。山西省文物局可以联合宣传部、教育厅、共青团等在高校开展有关非物质文化遗产、历史文化遗产的主题教育活动。博物馆作为公益性文化组织机构，有责任积极传播历史文化，开展巡展、巡演等多种类型的主题教育活动，更好地满足当代大学生群体多层次、多样性的精神文化需求，对提高大学生的综合素质与构建良好的校园人文环境起到有效的促进作用。

建立大学生思想政治教育基地，在博物馆、纪念馆等相关场所大力开展爱国主义和革命传统教育宣传，加强新时代爱国主义教育建设，增强大学生的思想道德修养，培育大学生的爱国之情、报国之志，为我国实现中华民族伟大复兴的中国梦提供坚实的力量。

（3）鼓励大学生参加博物馆志愿者活动，对大学生进行博物馆志愿者培训。大学生在经过岗前礼仪及展厅知识讲解等培训课程后，在博物馆活动期间可以为观众提供义务讲解和引导服务，目的在于鼓励大学生积极投入博物馆的社会教育活动中。增加大学生志愿者活动既能增长大学生对历史文化遗产的特色及深厚文化内涵的了解与认知，又能增加博物馆的特色服务内容，更好地发挥博物馆的社会公众教育功能，便于增进观众对文物的认识和理解。

（4）做好文化遗产的科技保护工作。加强与科研单位的合作，建立历史文化遗产数据库，发挥科技创新能力，对历史文化遗产进行研究；开展非物质文化遗产传承保护、彩绘泥塑保护修复、建筑病害虫害防治、木质文物建筑保护修复、石质文物建筑保护修复等相关课题研究，运用科技手段对历史文化遗产资源进行动态监测，合理优化配置，对历史文化遗产进行预防性保护。

（三）加强高校大学生的文化遗产教育。高校是高层次人才培养的核心阵地和科学研究的重要阵地，在历史文化遗产保护传承方面具有鲜明的优势，大学生具有创新性和探索性的特征，新时代历史文化遗产传承需要科学和创意的引领，在高校和大学生中扎根

（1）切实提高大学生对历史文化遗产的保护意识。强化历史文化遗产保护教育，加强文物保护法律法规宣传，提高大学生群体对历史文化遗产的法律保护意识，培养良好的法治观念和素质，使大学生进一步认识到历史文化遗产是人类宝贵的财富。积极引导大学生参与到保护历史文化遗产的行动中，增强其自觉自信意识，强化其责任担当，促进历史文化遗产的保护、传承与发展。

（2）积极发挥高校社团的历史文化遗产传承功能。大学生在传承历史文化遗产尤其是在非物质文化遗产保护与传承工作中可以大有作为，高校社团是大学生自发组织的群众性群体，受众范围广，影响力较大。结合自身文化保护和地方校园文化建设进行历史文化遗产的宣传，拓展大学生参与历史文化遗产保护的途径，激发大学生的保护与传承热情。社团作为高校最活跃、最重要的组织之一，应该承担起传承历史文化遗产的重要责任，将历史文化遗产引进高校校园，开展社团活动，组织社员参与地方文化活动，开展民俗采风征文活动，丰富校园生活和校园文化，激发大学生保护与传承热情，提高大学生文化素质，营造大学校园对历史文化遗产保护及宣传的浓厚氛围，让大学生坚定文化自信。

（3）加强高校文化遗产保护的师资队伍建设。历史文化遗产具有特殊性，对师资队伍要求较高。加强师资队伍建设，使普通历史文化遗产课程向精品课程提升，组建由行业专家、专业教师组成的教学团队开展相关活动；聘请行业专家或学者在高校内举办讲座。博采众长，通力合作，共同营造高校内保护历史文化遗产的优良氛围，让大学生能够更深入地了解历史文化遗产，开拓视野，增强历史文化遗产保护意愿。

（4）设置历史文化遗产保护与传统文化教育的相关课程。山西基层文物保护队伍总量少，专业人才匮乏，需要高校培育更多历史文化遗产人才。山西省出台的《文物全科人才免费定向培养实施办法》《山西省人民政府办公厅关于加强全省考古工作的意见》等扶持政策，将历史文化遗产引入高等教育，培养人才资源。在高校设置文化遗产保护与传统文化教育的相关课程，让高校在一定程度上承担历史文化遗产尤其是传统文化、非物质文化遗产传承的职责，持续培育并壮大基层文物保护力量，精准赋能危机中的历史文化遗产保护和传承，激发高校特色办学，真正实现历史文化遗产传承与高校协同、高效发展。

乡村振兴专题

山西省驻村第一书记对脱贫攻坚与乡村振兴战略的认知情况考察

山西大学管理与决策研究所　翟晓英

《中共中央　国务院关于实现巩固拓展脱贫攻坚成果同乡村振兴有效衔接的意见》中指出："脱贫摘帽不是终点，而是新生活、新奋斗的起点。打赢脱贫攻坚战、全面建成小康社会后，要在巩固拓展脱贫攻坚成果的基础上，做好乡村振兴这篇大文章，接续推进脱贫地区发展和群众生活改善……全党务必站在践行初心使命、坚守社会主义本质要求的政治高度……举全党全国之力，统筹安排、强力推进，让包括脱贫群众在内的广大人民过上更加美好的生活，朝着逐步实现全体人民共同富裕的目标继续前进，彰显党的根本宗旨和我国社会主义制度优势。"

在这一重要战略转型期，山西省驻村第一书记作为乡村振兴战略的关键力量，其角色与使命越发凸显。近年来，山西省驻村第一书记入村后，农村基层组织建设明显加强，村民生产生活条件明显改善，基础保障能力明显提高，脱贫致富步伐明显加快，在解决一些农村长期未能解决好的难题、促进农村改革发展稳定、推动富民强村、促进农村社会和谐稳定以及培养锻炼干部等方面都起到了积极的作用。本课题组就山西省驻村第一书记对脱贫攻坚与乡村振兴战略的认知情况进行多维度考察，调研覆盖了临汾、运城、长治、吕梁、忻州、大同等市的 61 个村。在前期调研、访谈的基础上，我们既看到了山西省驻村第一书记在推动乡村振兴方面取得的显著成绩，也发现了他们在对脱贫攻坚与乡村振兴战略的认知和实践中仍存在诸多问题。这些问题需要我们深入剖析，以便更好地推进第一书记的工作，推动乡村振兴事业的持续健康发展。

一、山西省驻村第一书记对脱贫攻坚与乡村振兴战略的认知情况考察的主要问题

本课题组通过调研、访谈的方式，就山西省驻村第一书记对脱贫攻坚与乡村振兴战略的认知情况进行了多维度考察。调研中，本课题组分别设计了以驻村第一书记为调研对象的调研问卷和以村民为调研对象的调研问卷，主要围绕第一书记是否对宏观经济形势敏感、第一书记是否对脱贫攻坚与乡村振兴战略有清醒认知、第一书记是否能精准执行、第一书记是否能强化基层党建、第一书记是否能整合多方资源、第一书记是否能融洽内外部关系、第一书记是否能重塑价值观念等七大方面的内容进行考察。据课题组统计，第一书记版的有效调研问卷为 61 份，村民版的有效调研问卷为 1266 份。调研涉及临汾、运城、长治、吕梁、忻州、大同等市的 61 个村。本课题组也就山西省驻村第一书记对脱贫攻坚与乡村振兴战略认知情况对驻村第一书记、村民代表、主管干部进行了访谈，达到 120 人次。本课题组通过对获得的调研问卷、访谈记录进行整理、汇总，发现当前山西省驻村第一书记对脱贫攻坚与乡村振兴战略的认知方面主要存在以下问题。

（一）第一书记的政治学习需进一步深入

第一书记要有较高的政治站位，要落实好政治任务，尤其要树牢政治意识、大局意识，强化政治担当，听党话、跟党走，把党的十九大精神和习近平总书记重要讲话精神宣传贯彻落实到脱贫攻坚与乡村振兴工作中，确保党和国家的各项惠民政策真正落实到贫困群众的身上；第一书记是党的思想的传播者，要加强对农村党员干部群众的思想引领，宣讲好党的路线、方针、政策，为广大农村党员树立积极向上的思想意识；第一书记要发挥干部的思

想引领作用，为思想落后的村级党组织注入新的理念，让班子成员不得力的村级党组织得到整顿，使村级党组织班子有人大胆去抓、村里的困难有人大胆去管、村里的矛盾有人大胆处理。

在调研和访谈过程中，我们发现山西省驻村第一书记的政治站位需要进一步提高，有的第一书记只是机械地读政策，本身并没有完全理解和领会政策；有的第一书记只是停留在政策的宣传上，并没有真正贯彻执行；有的第一书记有镀金思想；有的第一书记有图清闲思想；有的第一书记只求平稳过渡到退休。

（二）第一书记在农村党建中的作用发挥不够

第一书记是党的思想的传播者、党组织的服务者、党的作风的示范者、反腐倡廉的推动者、党的制度的落实者。

第一书记应该眼界高、理论强，应该宣传传播好党的全心全意为人民服务的根本宗旨，运用好一切为了群众、一切依靠群众的思想路线，普及好社会主义核心价值观，引领受众理解、推动受众认同。在调研和访谈中发现，只有一部分第一书记本身眼界高、理论强，真正是党的思想的传播者，能宣传好党的路线、方针、政策。

第一书记作为党员个体和联系服务群众的责任主体，应该能够把党的先进性贯穿于执政为民的全过程，整合和优化党建资源，挖掘市场资源，用好社会资源，用先进性满足群众需求、服务群众诉求，推动乡村集体经济发展。在调研和访谈中发现，只有一部分第一书记真正能做到整合和优化党建资源，为群众谋福利。

第一书记应该德才兼备、作风扎实。在与群众打交道的过程中，能够直接彰显党风、政风，能够把理论联系实际、密切联系群众、自我批评的优良作风带到农村、带到基层。在调研和访谈中发现，只有一部分第一书记可以称得上真正密切联系群众。在调研和访谈中，我们发现有的第一书记年龄偏大，只求平稳过渡到退休；有的年轻的第一书记更多的是需要驻村的经历，并没有真正扎根群众，急群众之所急，想群众之所想，心系群众。

第一书记应该是反腐倡廉的推动者。面对反腐败斗争的长期性、复杂性、艰巨性，第一书记担负着推动反腐倡廉建设的重大使命，担负着推动反腐倡廉建设科学化、规范化、制度化的重任，也关系到党和人民反腐败的决心和信心。在调研和访谈中发现，有的村历史遗留问题严重，村里利益关系、裙带关系复杂。面对这种情况，有些第一书记更多时候并不想把自己卷进去，只是充当谁都不得罪的"和事佬"角色。

（三）第一书记扎根基层、为人民服务的意识需进一步深化

第一书记要扎根基层，真心实意为村民办实事。第一书记要把村子当成自己的家，把村民当成自己的亲人，打通联系服务群众"最后一公里"；要经常入户走访，了解群众诉求，听取意见建议，与群众同吃、同住、同劳动，认真为群众办实事、解难题；要关心关爱低收入户、贫困户、五保户、残疾人、农村空巢老人和留守儿童等群体，帮助他们解决生产生活中的实际困难。

在调研和访谈中，我们发现有些第一书记并没有真正融入基层，出现"身在基层，心不在基层""行动在基层，思想不在基层"的现象。有的第一书记变成了"走读干部"，认为驻村第一书记只是镀金，是升官发财的跳板，是换取资历的重要步骤；有的第一书记缺乏基层工作经验，沟通协调组织能力比较差，对农村工作不熟悉，导致其群众工作开展困难，驻村工作效果不明显。这也严重损害了有关部门的公信力。

（四）第一书记的治理能力和执行力需进一步强化

第一书记要知行合一，要始终牢记为人民服务，真正为群众办实事，持续增强群众的获得感、幸福感和安全感。

在调研和访谈中，有的第一书记提出派出单位不给力，嫌弃派出单位资源有限；有的第一书记把自己与县领导直接帮扶村的第一书记相比较，并提出如果自己也有他们那样的条件和背景，肯定会出成效；有的第一书记觉得，往往在"天时、地利、人和"的情况下，第一书记们才能"干点事""干成事"；有的第一书记提出"基层组织薄弱，与村'两委'的关系处理难"；有

的第一书记提出，派驻村比较富裕的，不容易出成绩，而派驻村各方面条件太差的，又什么都做不起来；有的第一书记存在外围心态，尤其在驻村初期把自己当"外人"，认为自己终究要回到原单位，所以对所驻村庄保持距离感，嵌入度不够；有的第一书记淹没在日常村级事务中，抽不出身来解决最重要的发展问题。

另外，在调研和访谈中也发现，应对各种形式主义的督导检查和填表建档，也占去第一书记的许多精力，这应该是个共性问题。一位第一书记说："平时得写民情日记、填群众意见卡、写目标责任书、写调研报告，每个月至少一篇工作信息，半年有半年度总结，一年有年度总结。还有帮扶计划书、收入手册，接着记录。干完这些，还有时间干什么？"

二、山西省驻村第一书记关于脱贫攻坚与乡村振兴战略认知提升的相关建议

（一）第一书记要把握学习的政治高度

第一书记作为党的思想传播者，肩负着宣传党的脱贫攻坚、乡村振兴、强农惠农政策等的责任。在向农民群众宣传讲解前，第一书记必须先做到"自身硬"，要深刻领会国家的各项政策、方针。第一书记要深入研读马克思主义经典文献，沉下心来学习领会党的创新理论，才能把深刻的思想讲透彻。对理论的运用必须结合农村工作实际，把政策理论转化成群众能听懂的话，把话说到群众的心坎上。传统文化的哲理、深入浅出的道理、日常生活的事理，都可以拿来说服群众、引导群众。在此基础上，要采取建立宣传栏、制作宣传版面、悬挂宣传横幅、发放宣传彩页、举办专题培训班、进行入户交流等群众喜闻乐见的形式，及时将中央和地方的惠农措施和强农政策送至千家万户，使群众吃上政策的"定心丸"。第一书记要把握学习的政治高度，看准政策"风向标"，握紧理论"指南针"，把握好政策，增强分析问题的政治判断力；第一书记要注重学习资料的广度；第一书记要把学习转化为实践，

力求学深悟透、知行合一，用具体可行的实践形式让群众看得见、摸得着，始终牢记为人民服务，真正为群众办实事，持续增强群众的获得感、幸福感和安全感。

（二）第一书记要真正扎根基层

第一书记要转变观念，不仅要身到基层，更要心到一线，既要避免行动上的"走读"，也要避免思想上的"走读"。要把基层当成学习成长的大熔炉和干事创业的大舞台，沉下心来找准自身定位，合理规划自己的目标，寻找基层发展的门路，以"我为群众办实事"实践活动为抓手，切实俯下身子、迈开步子，围绕群众的"急难愁盼"事，一件接着一件办、一年接着一年干，始终与人民群众想在一起、干在一起。

（三）第一书记要大力提升治理能力和执行力

习近平总书记指出，全面实施乡村振兴战略的深度、广度、难度都不亚于脱贫攻坚，要完善政策体系、工作体系、制度体系，以更有力的举措、汇聚更强大的力量，加快农业农村现代化步伐，促进农业高质高效、乡村宜居宜业、农民富裕富足。这为第一书记做好工作提供了根本遵循。第一书记应具备先进的治理乡村能力，重点围绕推进乡村治理体系和治理能力现代化、提升乡村善治水平。

1. 走村入户重治理

第一书记要善于沟通，要多入户、多走访，多与群众交流，听群众倾诉，在思想上加以疏导，让群众增加获得感、认同感和满意度。同时还要从点滴小事做起，进村入户，了解情况，掌握第一手资料。要用心、用情去和群众沟通交流，把工作做到群众心坎里，将生人变成熟人，将熟人变成自己人，工作才能更好地开展。

2. 规范制度优治理

扎实推进乡村振兴，必须把制度建设贯穿其中，强化制度保障。第一书记要按照"产业兴旺、生态宜居、乡风文明、治理有效、生活富裕"的总要求，建立健全促进乡村振兴的制度，推动乡村振兴战略规划贯彻落实，走好中国特色社会主义乡村振兴道路。

3. 整合资源促治理

首先是政策资源。第一书记可以无缝对接市、区、街道办等部门的乡村振兴办公室，主动掌握最新最全的巩固脱贫攻坚成果，有效衔接乡村振兴的政策及信息，并因人而异、因地制宜地选择政策为村所用、为民所用。第一书记要努力争取上级部门的优惠政策，在吃透、吃准县级有关部门的各项强农惠农政策和帮扶措施的基础上，走出去、跑上去，积极与农业委员会、农业开发办、水利局等有关职能部门联系，争取项目和资金。

其次是派出单位资源。第一书记的派出单位可以根据自身特点，通过有针对性地投入配套资金、联系销售市场、协调有关部门等方式帮扶村内工作，让第一书记更有底气。

第一书记要注意发挥团队作战能力，要充分依靠和发挥好派出单位的后盾作用，及时向派出单位领导汇报驻村的工作进展、遇到的困难问题和推进工作的意见建议，充分发挥好派出单位的资源优势，为乡村提供力所能及的物力、财力和人力支持，帮助贫困户脱贫致富。

最后是第一书记的自身资源。第一书记作为联系基层的一个支点，可以利用支点的放大作用，运用个人的人际关系、专业能力、工作经验、管理能力等，发现问题、解决问题，高效开展帮扶工作，助力脱贫攻坚。

4. 引导群众推治理

第一书记要引导群众转变观念。思想决定行动，农民群众可能受到信息闭塞、文化水平有限、眼界不宽等问题的制约，往往是心有余而力不足。第一书记要积极回应群众所盼，注重从智力扶贫抓起，多开展送文化、送技术、送知识"三下乡"等活动，解放农民群众的思想观念，增强他们的发展意识，帮助他们克服安于现状的思想；举办"能人课堂"，发动村里能人的作用，带动全村村民共同致富。比如，定期邀请群众身边的致富带头人和种养殖大户，采取座谈交流的形式，手把手传授技术，面对面介绍经验，现场解答生产生活中遇到的技术问题，帮助解决农资、技术、劳力等方面的困难和问题。

5. 真抓实干强治理

第一，带强班子。抓班子，就是把培养一个好班子作为第一保障，选好带头人，完善规章制度，确定发展思路，为所驻村的长远发展奠定坚实基础。第一书记要把后进班子的整顿作为工作的重中之重，重点抓好村"两委"班子建设、后备党员干部培养和村级规范化建设等多项任务，进一步提高农村班子的建设水平。要借鉴机关班子建设中的好经验、好做法，积极帮助村里建立健全班子运行、民主公开、决策议事、村务管理监督等规章制度。要注重后备力量的培养和指导，善于发现人才、储备人才、培养人才，积极向镇党委、政府推荐人才，不断增强农村班子活力。

第二，带对路子。当前大部分农村苦于找不准适合本地发展的项目和龙头企业。作为驻村第一书记，要把农村发展、农民致富作为首要任务，积极转变思路，想方设法帮助村里抓招商引资项目，注重引导农村集体调整经济结构、培育发展产业、做强集体经济，推动村级经济蓬勃发展；针对群众渴望致富的实际，发挥见识广、视野宽、资源多的优势，主动帮助群众找准发展路子，注意方法，强化引导，促进农村群众发家致富。

第三，带富村子。当前部分农村集体经济薄弱，甚至有的是"空壳村"，村级党组织没钱办事。作为驻村第一书记，要带头包联低收入户，帮助村"两委"制订好振兴计划，实施好个性化帮扶方案。要从产业发展、金融扶持、技能培训等方面下功夫，不断提升造血功能，带领群众建设和谐、富裕、美丽、宜居的乡村。

附录1：

第一书记对脱贫攻坚和乡村振兴战略的认知调查

第一部分　第一书记所处环境背景

1. 您所在的行政村目前有多少人口？人口比例大概是怎样的？

2. 您所在的行政村主要依靠的经济产业是什么？

3. 您所在的行政村目前最需要解决的问题是什么？

4. 您认为目前村里最需要落实的政策有哪些？

第二部分　第一书记是否对宏观经济形势敏感

1. 对于目前国家出台的"十四五"规划、巩固脱贫攻坚成果、有效衔接乡村振兴的内容，您是否都详细了解？

　　A. 一般了解

　　B. 知道大概内容，但是不知道怎样具体展开相关工作

　　C. 知道具体内容，并运用于实际工作中

2. 您认为乡村振兴主要依靠［多选题］

A. 政府项目资金扶持

B. 村民自身努力

C. 村民和政府集体努力

D. 招商引资

E. 国家政策的正确引导

F. 都需要

3. 根据您个人了解的相关信息，您认为目前的扶贫政策应在哪些方面做出改进？［多选题］

A. 基础设施

B. 教育

C. 医疗卫生

D. 生态环境

E. 就业岗位

F. 农村危房改造

G. 其他

第三部分　第一书记是否对脱贫攻坚与乡村振兴战略有清醒认知

1. 建档立卡以来，您所在的行政村人均纯收入变化情况如何？

A. 大幅度提高

B. 有所提高

C. 变化不大

D. 没有变化

2. 您所在的行政村村民的主要收入来源为〔多选题〕

A. 种植业

B. 养殖业

C. 自主经营

D. 务工收入

E. 土地流转、股息、利息

F. 其他

3. 您认为政府补贴农业应该将重点放在什么地方？〔多选题〕

A. 农业生产基础设施

B. 发展集体经营的产业

C. 关注农产品、经济作物品牌化

D. 补贴贫困户

4. 您觉得农村发展中存在的最大问题是什么？〔多选题〕

A. 不知如何开展经济活动

B. 政策不适宜本地情况

C. 农产品的生产成本高

D. 农民生产负担过重

E. 销售渠道不好，价格低

5. 推进农村的改革与发展，您认为首先要解决的问题是

A. 农村教育

B. 农民就业与收入

C. 农村危房拆建

D. 农村的医保和养老

6. 在扶贫进程中，您从以下哪些方面进行了谋划和努力？［多选题］

A. 农田水利基础设施建设，保障人均粮田

B. 保障水、电、路的畅通，实现"两不愁"的基础条件

C. 引入龙头企业，培养种养殖大户，发展特色产业，帮助贫困群众增收脱贫

D. 继续推进深度贫困地区困难家庭危房改造，积极推进易地扶贫搬迁，显著改善贫困地区群众居住条件

E. 积极发展社会公共事业，从教育、医疗、社会保障等方面实现贫困群众的"三保"

F. 注重生态环境治理，实现"金山银山不如绿水青山"的理念

G. 推进乡村善治

H. 其他

第四部分　第一书记是否能精准执行

1. 目前村里是否有引入龙头企业？是否有培养种养殖大户发展特色产业？

A. 有引入特色产业，执行得很好，也能满足群众就业需求

B. 有发展种植业特色产业

C. 无相关产业的引进，但是近期会有相关的动作

D. 此项工作就目前的村里环境来说条件不满足，无法实现

2. 在实施乡村振兴战略的过程中，您最关注的是

A. 乡村经济发展

B. 乡村文明提高

C. 乡村环境绿化

D. 农民收入增加

E. 乡村基础设施建设

F. 城乡一体化建设

G. 医疗保险与社保覆盖

H. 户籍制度改革

3. 您认为乡村振兴战略实施中遇到的现实障碍有哪些？ ［多选题］

A. 人才缺乏，科技含量不高

B. 国家政策和资金扶持力度不够

C. 交通以及通信方式不够迅捷

D. 剩余劳动力趋于老龄化

E. 地方对中央政策贯彻落实不够

F. 农村对各类资源的吸引力差

G. 银行贷款门槛高

H. 其他

4. 您认为新医改在哪些方面需要改进？ ［多选题］

A. 提高医药报销费用

B. 改善医疗卫生环境

C. 增加医务工作人员的数量

D. 提高医疗服务水平

E. 改善医疗器械的配备

F. 解决看病买药价格方面的问题

5. 您觉得乡村振兴战略带来哪些变化？ ［多选题］

A. 农民收入稳步增加

B. 乡村公共设施增加

C. 村民精神面貌健康向上

D. 居住条件大大改善

E.医疗卫生水平大大提高

6.您对乡村振兴战略的具体期望有哪些？［多选题］

A.提高农村生活水平

B.缩小城乡差距

C.改变农村以往的破败面貌

D.提高建设过程中政务的透明度

E.大力建设并保护发扬乡间文化

F.其他

7.您认为乡村人才振兴的关键是

A.引人才

B.留人才

C.都关键

第五部分　第一书记是否能强化基层党建

1.作为第一书记，在强化基层党建方面，您做了以下哪些工作？［多选题］

A.抓班子，带队伍，培育后备力量方面

B.立制度，定规矩，强化党员管理方面

C.搭平台，强阵地，完善活动场所方面

D.其他

2.您认为抓好农村党建的途径有哪些？

A.定期开展村支书培训学习

B.加强对农村干部的考核

C.群众评议干部党员

D. 建立有效制度并进行监督

E. 其他

第六部分　第一书记是否能整合多方资源

1. 您认为您所在地区的年轻人是否愿意返乡创业？

A. 愿意

B. 不愿意

2. 您从以下哪个方面整合多方资源？

A. 引入外部资源，加强基础设施建设

B. 整合内外部资源，发展特色产业

C. 整合多方资源，内外兼得

D. 不擅于整合资源

3. 您所在的行政村里最需要的人才是［多选题］

A. 种植能手

B. 养殖能手

C. 农产品加工能手

D. 电子商务人才

E. 乡村本土文化人才

F. 乡村组织治理管理人才

第七部分　第一书记是否能融洽内外部关系

1. 省级各项防返贫政策的文件，第一书记能及时传达吗？

A. 能及时传达

B. 有时能够传达

C. 见不到上级文件

D. 信息不畅通

2. 第一书记驻村后，县有关部门和第一书记的联系程度怎么样？

A. 定期联系，研讨工作

B. 不定期联系

C. 很少联系

D. 不联系

3. 对于村里内部关系的维护，您有一些好的经验吗？

A. 有好的经验，而且目前村里没有恶性事件，关系融洽

B. 缺乏好的经验，但是书记本人比较重视相关的内部关系维护，会组织村干部重视此方面的问题

C. 内部关系的维护不重要，工作内容本身比较重要

第八部分　第一书记是否能重塑价值观念

1. 为了繁荣乡村文化，您所在的行政村里最应该做的是

A. 完善文化活动中心、文化广场等文化基础配套设施

B. 挖掘和培养一大批优秀的乡村本土文化人才

C. 建设一支专业化的乡村文化工作管理队伍

D. 发展喜闻乐见的乡村本土文化

E. 开展社会主义精神文明创建活动

2. 您作为第一书记，开展精神文明建设的困难有哪些？［多选题］

A. 缺少宣传的设备

B. 缺少通俗易懂的宣传资料

C. 缺少资金

D. 其他

3. 对于村里的乡村振兴建设，村组织是否有意愿开展农业培训知识，为农民创收？或者培训农民更多的技能，让有意愿的农民转型？

A. 目前村里正在有序开展

B. 目前有计划，正在征集村民意见

C. 目前没有类似的工作安排

附录 2:

访谈提纲（第一书记版）

一、访谈目的

第一书记是否对宏观经济形势敏感；

第一书记是否对脱贫攻坚与乡村振兴战略有清醒认知；

第一书记是否能精准执行；

第一书记是否能强化基层党建；

第一书记是否能整合多方资源；

第一书记是否能融洽内外部关系；

第一书记是否能重塑价值观念。

二、访谈对象

驻村第一书记。

三、访谈程序

（一）说明访谈目的：对于脱贫攻坚和乡村振兴，作为第一书记的认知调研。

（二）进入主题：围绕清单问题进行访谈。

（三）对访谈内容进行确认：对访谈的内容进行要点总结，并确认。

（四）感谢第一书记的参与，感谢其为脱贫攻坚和乡村振兴事业做出的贡献。

四、访谈清单

（一）首先请您谈一下当前咱们村里的人口结构和村民的收入结构，以及龙头产业是什么。

（二）对于脱贫攻坚与乡村振兴、"十四五"规划等相关政策，咱们第一书记是怎样传达给各位村民的？

（三）咱们村巩固脱贫攻坚成果、有效衔接乡村振兴的办法都有什么？执行进程达到了什么程度？村民年收入增加多少？

（四）咱们村对于龙头产业引入、人才吸引以及卫生、教育、医疗等方面做出的努力有哪些？您作为第一书记觉得目前成功的是哪些方面？遇到问题最多的是哪些方面？

（五）在强化基层党建方面，您上任以来都做了哪些努力？下一步的工作目标都有哪些？

（六）您能带领村里对接一些外部资源吗？您作为第一书记，现在需要获得什么样的帮助？

（七）您对于村里目前的上下政策传达，以及村里干部之间、干部与村民之间、乡里干部与村干部之间的关系怎么评价？您在中间起着什么样的作用？

（八）对于村里的精神文明建设、村民素质的提升、村干部管理素质的提升，您有什么想法？您觉得这方面迫切需要解决的问题是什么？

（九）您对村里未来几年发展的布局是什么？村里的中长期发展目标是什么？

（十）您经常和其他第一书记沟通吗？

五、感谢

感谢第一书记百忙之中的参与，同时感谢您为百姓脱贫攻坚、乡村振兴所做的努力！

附录3：

访谈提纲（村民版）

一、访谈目的

第一书记是否对宏观经济形势敏感；

第一书记是否对脱贫攻坚与乡村振兴战略有清醒认知；

第一书记是否能精准执行；

第一书记是否能强化基层党建；

第一书记是否能整合多方资源；

第一书记是否能融洽内外部关系；

第一书记是否能重塑价值观念。

二、访谈对象

村民。

三、访谈程序

（一）说明访谈目的：对于脱贫攻坚和乡村振兴，从村民的角度考察，对第一书记的认知调研。

（二）进入主题：围绕清单问题进行访谈。

（三）对访谈内容进行确认：对访谈的内容进行要点总结，并确认。

（四）感谢村民的参与，期待为进一步巩固脱贫攻坚有效成果和乡村振兴事业做好衔接。

四、访谈清单

（一）首先请您谈一下您了解的当前村里的人口结构和村民的收入结构，以及龙头产业是什么。

（二）对于咱们村巩固脱贫攻坚有效成果及乡村振兴、"十四五"规划等相关政策，咱们第一书记是怎样传达给各位村民的？

（三）咱们村当前巩固脱贫攻坚成果、有效衔接乡村振兴的办法都有什么？执行进程达到了什么程度？您觉得第一书记发挥的作用大吗？村民年收入增加多少？

（四）第一书记上任以来，咱们村里对于龙头产业引入、人才吸引以及卫生、教育、医疗等方面做出的努力有哪些？您认为第一书记目前做得比较好的是哪些方面？遇到问题最多的是哪些方面？

（五）在强化基层党建方面，第一书记上任以来都做了哪些努力？取得了什么成果？

（六）您认为第一书记能否将一些外部资源和村里进行深度融合，从而创造更大的利益？如果不能，阻力有哪些？在您眼中，作为第一书记，这个角色做了哪些工作？现在需要获得什么样的帮助？

（七）您对于村里目前的上下政策传达，以及村里干部之间、干部与村民之间、乡里干部与村干部之间的关系怎么评价？您认为第一书记在中间起着什么样的作用？

（八）对于村里的精神文明建设、村民素质的提升、村干部管理素质的提升等，您觉得第一书记发挥作用了吗？您觉得第一书记在这方面应该如何改善？

（九）您知道村里未来几年发展的布局是什么吗？村里的中长期发展目标是什么？您觉得在第一书记的带领下，有可能实现吗？

（十）村民和第一书记沟通的场合多吗？

五、感谢

感谢村民百忙之中的参与，同时感谢第一书记为百姓脱贫攻坚、乡村振兴所做的努力！期待为进一步巩固脱贫攻坚有效成果和乡村振兴事业做好衔接，使每一位公民共享发展成果。

附录4：

巩固脱贫攻坚成果，致力乡村振兴调研问卷
（第一书记版）

1. 对于目前国家出台的"十四五"规划、巩固脱贫攻坚成果、有效衔接
乡村振兴的内容，您是否都详细了解？［单选题］

选项	小计	比例
A. 一般了解	8	13.11%
B. 知道大概内容，但是不知道怎样具体展开相关工作	13	21.31%
C. 知道具体内容，并运用于实际工作中	40	65.57%
本题有效填写人次	61	

2. 您认为乡村振兴主要依靠［多选题］

选项	小计	比例
A. 政府项目资金扶持	38	62.30%
B. 村民自身努力	30	49.18%
C. 村民和政府集体努力	40	65.57%
D. 招商引资	31	50.82%
E. 国家政策的正确引导	36	59.02%
F. 都需要	35	57.38%
本题有效填写人次	61	

3. 根据您个人了解的相关信息，您认为目前巩固脱贫攻坚成果、有效衔接乡村振兴应在哪些方面做出改进？［多选题］

选项	小计	比例	
A. 基础设施	50		81.97%
B. 教育	41		67.21%
C. 医疗卫生	44		72.13%
D. 生态环境	39		63.93%
E. 就业岗位	43		70.49%
F. 农村危房改造	37		60.66%
G. 其他	12		19.67%
本题有效填写人次	61		

4. 建档立卡以来，您所在的行政村人均纯收入变化情况如何？［单选题］

选项	小计	比例	
A. 大幅度提高	17		27.87%
B. 有所提高	37		60.66%
C. 变化不大	7		11.48%
D. 没有变化	0		0%
本题有效填写人次	61		

5. 您所在的行政村村民的主要收入来源为［多选题］

选项	小计	比例	
A. 种植业	51		83.61%
B. 养殖业	37		60.66%
C. 自主经营	18		29.51%
D. 务工收入	50		81.97%
E. 土地流转、股息、利息	15		24.59%
F. 其他	15		24.59%
本题有效填写人次	61		

6. 您认为政府补贴农业应该将重点放在什么地方？［多选题］

选项	小计	比例	
A. 农业生产基础设施	47		77.05%
B. 发展集体经营的产业	47		77.05%
C. 关注农产品、经济作物品牌化	40		65.57%
D. 补贴贫困户	14		22.95%
本题有效填写人次	61		

7. 您觉得农村发展中存在的最大问题是什么？［多选题］

选项	小计	比例	
A. 不知如何开展经济活动	34		55.74%
B. 政策不适宜本地情况	21		34.43%
C. 农产品的生产成本高	36		59.02%
D. 农民生产负担过重	26		42.62%
E. 销售渠道不好，价格低	39		63.93%
本题有效填写人次	61		

8. 推进农村的改革与发展，您认为首先要解决的问题是［单选题］

选项	小计	比例	
A. 农村教育	11		18.03%
B. 农民就业与收入	38		62.30%
C. 农村危房拆建	1		1.64%
D. 农村的医保和养老	11		18.03%
本题有效填写人次	61		

9. 在巩固拓展脱贫攻坚成果和乡村振兴战略实施进程中，您从以下哪些方面进行了谋划和努力？［多选题］

选项	小计	比例	
A. 农田水利基础设施建设，保障人均粮田	32		52.46%
B. 保障水、电、路的畅通，实现"两不愁"的基础条件	39		63.93%
C. 引入龙头企业，培养种养殖大户，发展特色产业，帮助贫困群众增收脱贫	34		55.74%
D. 继续推进深度贫困地区困难家庭危房改造，积极推进易地扶贫搬迁，显著改善贫困地区群众居住条件	22		36.07%
E. 积极发展社会公共事业，从教育、医疗、社会保障等方面实现贫困群众的"三保"	47		77.05%
F. 注重生态环境治理，实现"金山银山不如绿水青山"的理念	32		52.46%
G. 推进乡村善治	35		57.38%
H. 其他	12		19.67%
本题有效填写人次	61		

10. 目前村里是否有引入龙头企业？是否有培养种养殖大户发展特色产业？［单选题］

选项	小计	比例	
A. 有引入特色产业，执行得很好，也能满足群众就业需求	8		13.11%
B. 有发展种植业特色产业	14		22.95%
C. 无相关产业的引进，但是近期会有相关的动作	17		27.87%
D. 此项工作就目前的村里环境来说条件不满足，无法实现	22		36.07%
本题有效填写人次	61		

11. 在实施乡村振兴战略的过程中，您最关注的是 [单选题]

选项	小计	比例
A. 乡村经济发展	24	39.34%
B. 乡村文明提高	5	8.20%
C. 乡村环境绿化	1	1.64%
D. 农民收入增加	18	29.51%
E. 乡村基础设施建设	4	6.56%
F. 城乡一体化建设	4	6.56%
G. 医疗保险与社保覆盖	4	6.56%
H. 户籍制度改革	1	1.64%
本题有效填写人次	61	

12. 您认为乡村振兴战略实施中遇到的现实障碍有哪些？ [多选题]

选项	小计	比例
A. 人才缺乏，科技含量不高	52	85.25%
B. 国家政策和资金扶持力度不够	21	34.43%
C. 交通以及通信方式不够迅捷	10	16.39%
D. 剩余劳动力趋于老龄化	49	80.33%
E. 地方对中央政策贯彻落实不够	16	26.23%
F. 农村对各类资源的吸引力差	37	60.66%
G. 银行贷款门槛高	8	13.11%
H. 其他	8	13.11%
本题有效填写人次	61	

13. 您认为新医改在哪些方面需要改进？ [多选题]

选项	小计	比例	
A. 提高医药报销费用	40		65.57%
B. 改善医疗卫生环境	30		49.18%
C. 增加医务工作人员的数量	24		39.34%
D. 提高医疗服务水平	42		68.85%
E. 改善医疗器械的配备	21		34.43%
F. 解决看病买药价格方面的问题	41		67.21%
本题有效填写人次	61		

14. 您觉得乡村振兴战略带来哪些变化？ [多选题]

选项	小计	比例	
A. 农民收入稳步增加	51		83.61%
B. 乡村公共设施增加	47		77.05%
C. 村民精神面貌健康向上	44		72.13%
D. 居住条件大大改善	39		63.93%
E. 医疗卫生水平大大提高	35		57.38%
本题有效填写人次	61		

15. 您对乡村振兴战略的具体期望有哪些？ [多选题]

选项	小计	比例	
A. 提高农村生活水平	55		90.16%
B. 缩小城乡差距	41		67.21%
C. 改变农村以往的破败面貌	43		70.49%
D. 提高建设过程中政务的透明度	32		52.46%
E. 大力建设并保护发扬乡间文化	42		68.85%
F. 其他	8		13.11%
本题有效填写人次	61		

16. 您认为乡村人才振兴的关键是［单选题］

选项	小计	比例	
A. 引人才	11		18.03%
B. 留人才	5		8.20%
C. 都关键	45		73.77%
本题有效填写人次	61		

17. 作为第一书记，在强化基层党建方面，您做了以下哪些工作？［多选题］

选项	小计	比例	
A. 抓班子，带队伍，培育后备力量方面	58		95.08%
B. 立制度，定规矩，强化党员管理方面	49		80.33%
C. 搭平台，强阵地，完善活动场所方面	47		77.05%
D. 其他	17		27.87%
本题有效填写人次	61		

18. 您认为抓好农村党建的途径有哪些？［多选题］

选项	小计	比例	
A. 定期开展村支书培训学习	51		83.61%
B. 加强对农村干部的考核	45		73.77%
C. 群众评议干部党员	41		67.21%
D. 建立有效制度并进行监督	51		83.61%
E. 其他	12		19.67%
本题有效填写人次	61		

19. 年轻人不愿意返乡的主要原因是什么？［单选题］

选项	小计	比例	
A. 农村收入低	23		37.70%
B. 农村没有发展前途	7		11.48%
C. 农村生活品质低	0		0%
D. 农村的文化活动匮乏	3		4.92%
E. 孩子的教育在农村得不到保证	28		45.90%
本题有效填写人次	61		

20. 您从以下哪个方面整合多方资源？［单选题］

选项	小计	比例	
A. 引入外部资源，加强基础设施建设	13		21.31%
B. 整合内外部资源，发展特色产业	27		44.26%
C. 整合多方资源，内外兼得	20		32.79%
D. 不擅于整合资源	1		1.64%
本题有效填写人次	61		

21. 您所在的行政村里最需要的人才是［多选题］

选项	小计	比例	
A. 种植能手	36		59.02%
B. 养殖能手	37		60.66%
C. 农产品加工能手	39		63.93%
D. 电子商务人才	38		62.30%
E. 乡村本土文化人才	39		63.93%
F. 乡村组织治理管理人才	45		73.77%
本题有效填写人次	61		

22. 省级各项防返贫政策的文件，第一书记能及时传达吗？［单选题］

选项	小计	比例
A. 能及时传达	51	83.61%
B. 有时能够传达	9	14.75%
C. 信息不畅通	1	1.64%
本题有效填写人次	61	

23. 第一书记驻村后，县有关部门和第一书记的联系程度怎么样？［单选题］

选项	小计	比例
A. 定期联系，研讨工作	44	72.13%
B. 不定期联系	11	18.03%
C. 很少联系	5	8.20%
D. 不联系	1	1.64%
本题有效填写人次	61	

24. 对于村里内部关系的维护，您有一些好的经验吗？［单选题］

选项	小计	比例
A. 有好的经验，而且目前村里没有恶性事件，关系融洽	31	50.82%
B. 第一书记本人比较重视相关的内部关系维护，会组织村干部重视此方面的问题	28	45.90%
C. 重心不在内部关系的维护，工作内容本身比较重要	2	3.28%
本题有效填写人次	61	

25. 为了繁荣乡村文化，您所在的行政村里最应该做的是 [单选题]

选项	小计	比例	
A. 完善文化活动中心、文化广场等文化基础配套设施	21		34.43%
B. 挖掘和培养一大批优秀的乡村本土文化人才	13		21.31%
C. 建设一支专业化的乡村文化工作管理队伍	15		24.59%
D. 发展喜闻乐见的乡村本土文化	6		9.84%
E. 开展社会主义精神文明创建活动	6		9.84%
本题有效填写人次	61		

26. 您作为第一书记，开展精神文明建设的困难有哪些？ [多选题]

选项	小计	比例	
A. 缺少宣传的设备	22		36.07%
B. 缺少通俗易懂的宣传资料	25		40.98%
C. 缺少资金	52		85.25%
D. 其他	9		14.75%
本题有效填写人次	61		

27. 对于村里的乡村振兴建设，村组织是否有意愿开展农业培训知识，为农民创收？或者培训农民更多的技能，让有意愿的农民转型？ [单选题]

选项	小计	比例	
A. 目前村里正在有序开展	29		47.54%
B. 目前有计划，正在征集村民意见	18		29.51%
C. 目前没有类似的工作安排	14		22.95%
本题有效填写人次	61		

28. 您认为您驻村后，工作中最大的障碍是什么？〔多选题〕

选项	小计	比例	
A. 工作团体工作效率低	30		49.18%
B. 村民配合度不高	21		34.43%
C. 领导支持力度低	14		22.95%
D. 村里地理环境差，自然资源少	43		70.49%
本题有效填写人次	61		

29. 您认为您当前巩固脱贫攻坚有效成果和乡村振兴战略的目标能够实现吗？〔单选题〕

选项	小计	比例	
A. 完全可以	35		57.38%
B. 有一定困难	25		40.98%
C. 不能够实现	1		1.64%
本题有效填写人次	61		

30. 您认为要实现您的工作目标，最需要得到的帮助和支持是什么？〔单选题〕

选项	小计	比例	
A. 上级领导的政策支持	19		31.15%
B. 人民群众的高度配合	9		14.75%
C. 村委会团体的支持	2		3.28%
D. 都需要	31		50.82%
本题有效填写人次	61		

31. 您所在的行政村叫什么？［填空题］

填空题数据请通过下载详细数据获取。

32. 您所在的行政村劳动人口（16—60岁）比例大概是怎样的？［单选题］

选项	小计	比例	
A.500人以下	41		67.21%
B.500—1000人	18		29.51%
C.1001—2000人	1		1.64%
D.2000人以上	1		1.64%
本题有效填写人次	61		

33. 您所在的行政村目前主要依靠的经济产业是什么？［多选题］

选项	小计	比例	
A. 种植业农产品销售	52		85.25%
B. 铸造业	4		6.56%
C. 服务业	12		19.67%
D. 运输业	12		19.67%
E. 其他	28		45.90%
本题有效填写人次	61		

34. 目前您所在的行政村最需要解决的问题是什么？ [单选题]

选项	小计	比例	
A. 村民的生活温饱问题	1		1.64%
B. 村民的医疗健康卫生问题	11		18.03%
C. 教育问题	7		11.48%
D. 无龙头经济产业问题	35		57.38%
E. 都有	7		11.48%
本题有效填写人次	61		

附录 5：

巩固脱贫攻坚成果，致力乡村振兴调研问卷（村民版）

1. 您所在的行政村目前有多少劳动人口（16—60 岁）？ ［单选题］

选项	小计	比例
A.500 人以下	708	55.92%
B.500—1000 人	378	29.86%
C.1001—2000 人	126	9.95%
D.2000 人以上	54	4.27%
本题有效填写人次	1266	

2. 您所在的行政村主要依靠的经济产业是什么？ ［单选题］

选项	小计	比例
A. 种植业农产品销售	972	76.78%
B. 铸造业	6	0.47%
C. 服务业	54	4.27%
D. 其他类型	228	18.01%
（空）	6	0.47%
本题有效填写人次	1266	

3. 您所在的行政村目前最需要解决的问题是什么？［单选题］

选项	小计	比例
A. 村民的生活经济保障问题	318	25.12%
B. 村民的医疗健康卫生问题	78	6.16%
C. 教育问题	96	7.58%
D. 龙头产业问题	210	16.59%
E. 以上都有	558	44.08%
（空）	6	0.47%
本题有效填写人次	1266	

4. 您所在的行政村叫什么名字？［填空题］

填空题数据请通过下载详细数据获取。

5. 对于目前国家出台的"十四五"规划、巩固脱贫攻坚成果、有效衔接乡村振兴的相关政策，第一书记是否与你们交流宣传过？［单选题］

选项	小计	比例
A. 详细交流宣传过，展开了具体的相关工作，让村民深入了解了相关政策	642	50.71%
B. 宣传过基本政策，知道大概内容，但是不知道怎样具体展开	450	35.55%
C. 未曾宣传过，不了解具体内容	174	13.74%
本题有效填写人次	1266	

6. 您认为乡村振兴主要依靠 [多选题]

选项	小计	比例	
A. 政府项目资金扶持	678		53.55%
B. 村民自身努力	564		44.55%
C. 村民和政府集体努力	702		55.45%
D. 招商引资	546		43.13%
E. 国家政策的正确引导	678		53.55%
F. 都需要	858		67.77%
本题有效填写人次	1266		

7. 根据您从第一书记展开工作中了解的相关信息，您认为目前巩固脱贫攻坚成果、有效衔接乡村振兴应在哪些方面做出改进？ [多选题]

选项	小计	比例	
A. 基础设施	954		75.36%
B. 教育	864		68.25%
C. 医疗卫生	924		72.99%
D. 生态环境	768		60.66%
E. 就业岗位	798		63.03%
F. 农村危房改造	780		61.61%
G. 其他	348		27.49%
本题有效填写人次	1266		

8. 建档立卡以来，您所在的行政村人均纯收入变化情况如何？［单选题］

选项	小计	比例
A. 大幅度提高	228	18.01%
B. 有所提高	600	47.39%
C. 变化不大	300	23.70%
D. 没有变化	138	10.90%
本题有效填写人次	1266	

9. 您所在的行政村村民的主要收入来源为［多选题］

选项	小计	比例
A. 种植业	1056	83.41%
B. 养殖业	492	38.86%
C. 自主经营	480	37.91%
D. 务工收入	930	73.46%
E. 土地流转、股息、利息	324	25.59%
F. 其他	234	18.48%
本题有效填写人次	1266	

10. 您认为政府补贴农业应该将重点放在什么地方？［多选题］

选项	小计	比例
A. 农业生产基础设施	1020	80.57%
B. 发展集体经营的产业	828	65.40%
C. 关注农产品、经济作物品牌化	720	56.87%
D. 补贴贫困户	360	28.44%
本题有效填写人次	1266	

11. 您觉得农村发展中存在的最大问题是什么？［多选题］

选项	小计	比例	
A. 不知如何开展经济活动	846		66.82%
B. 政策不适宜本地情况	420		33.18%
C. 农产品的生产成本高	726		57.35%
D. 农民生产负担过重	756		59.72%
E. 销售渠道不好，价格低	786		62.09%
本题有效填写人次	1266		

12. 推进农村的改革与发展，您认为首先要解决的问题是［单选题］

选项	小计	比例	
A. 农村教育	270		21.33%
B. 农民就业与收入	702		55.45%
C. 农村危房拆建	36		2.84%
D. 农村的医保和养老	258		20.38%
本题有效填写人次	1266		

13. 在巩固拓展脱贫攻坚成果和乡村振兴战略实施进程中，您所了解的第一书记从以下哪些方面进行了谋划和努力？［多选题］

选项	小计	比例	
A. 农田水利基础设施建设，保障人均粮田	714		56.40%
B. 保障水、电、路的畅通，实现"两不愁"的基础条件	918		72.51%
C. 引入龙头企业，培养种养殖大户，发展特色产业，帮助贫困群众增收脱贫	600		47.39%
D. 继续推进深度贫困地区困难家庭危房改造，积极推进易地扶贫搬迁，显著改善贫困地区群众居住条件	612		48.34%
E. 积极发展社会公共事业，从教育、医疗、社会保障等方面实现贫困群众的"三保"	678		53.55%
F. 注重生态环境治理，实现"金山银山不如绿水青山"的理念	594		46.92%

选项	小计	比例
G. 推进乡村善治	576	45.50%
H. 其他	294	23.22%
本题有效填写人次	1266	

14. 就您所了解的，目前村里是否有引入龙头企业？是否有培养种养殖大户发展特色产业？〔单选题〕

选项	小计	比例
A. 有引入特色产业，执行得很好，也能满足群众就业需求	198	15.64%
B. 有发展种植业特色产业	282	22.27%
C. 无相关产业的引进，但是近期会有相关的动作	336	26.54%
D. 此项工作就目前的村里环境来说条件不满足，无法实现	450	35.55%
本题有效填写人次	1266	

15. 在实施乡村振兴战略的过程中，对于第一书记的工作方面，您最关注的是〔单选题〕

选项	小计	比例
A. 乡村经济发展	462	36.49%
B. 乡村文明提高	96	7.58%
C. 乡村环境绿化	54	4.27%
D. 农民收入增加	390	30.81%
E. 乡村基础设施建设	114	9.00%
F. 城乡一体化建设	42	3.32%
G. 医疗保险与社保覆盖	102	8.06%
H. 户籍制度改革	6	0.47%
本题有效填写人次	1266	

16. 就您所了解的，您认为村里的各项政策目前遇到的现实障碍有哪些？
[多选题]

选项	小计	比例	
A. 人才缺乏，科技含量不高	918		72.51%
B. 国家政策和资金扶持力度不够	660		52.13%
C. 交通以及通信方式不够迅捷	462		36.49%
D. 剩余劳动力趋于老龄化	876		69.19%
E. 地方对中央政策贯彻落实不够	450		35.55%
F. 农村对各类资源的吸引力差	666		52.61%
G. 银行贷款门槛高	252		19.91%
H. 其他	228		18.01%
本题有效填写人次	1266		

17. 您认为新医改在哪些方面需要改进？[多选题]

选项	小计	比例	
A. 提高医药报销费用	972		76.78%
B. 改善医疗卫生环境	708		55.92%
C. 增加医务工作人员的数量	528		41.71%
D. 提高医疗服务水平	858		67.77%
E. 改善医疗器械的配备	594		46.92%
F. 解决看病买药价格方面的问题	930		73.46%
本题有效填写人次	1266		

18. 您觉得乡村振兴战略目前给村子里带来了哪些变化？[多选题]

选项	小计	比例	
A. 农民收入稳步增加	702		55.45%
B. 乡村公共设施增加	870		68.72%
C. 村民精神面貌健康向上	804		63.51%
D. 居住条件大大改善	654		51.66%
E. 医疗卫生水平大大提高	546		43.13%
本题有效填写人次	1266		

19. 对于乡村振兴战略带来的改变，您的具体期望有哪些？[多选题]

选项	小计	比例	
A. 提高农村生活水平	1008		79.62%
B. 缩小城乡差距	894		70.62%
C. 改变农村以往的破败面貌	864		68.25%
D. 提高建设过程中政务的透明度	744		58.77%
E. 大力建设并保护发扬乡间文化	732		57.82%
F. 其他	264		20.85%
本题有效填写人次	1266		

20. 作为村子里的一员，您认为农村应如何吸引人才？[单选题]

选项	小计	比例	
A. 引人才	234		18.48%
B. 留人才	138		10.90%
C. 都关键	894		70.62%
本题有效填写人次	1266		

21. 作为村民，就您所了解的，在强化基层党建方面，第一书记做了以下哪些工作？［多选题］

选项	小计	比例	
A. 抓班子，带队伍，培育后备力量方面	894		70.62%
B. 立制度，定规矩，强化党员管理方面	888		70.14%
C. 搭平台，强阵地，完善活动场所方面	834		65.88%
D. 其他	444		35.07%
本题有效填写人次	1266		

22. 您认为第一书记应该从哪些方面做好农村党建工作？［多选题］

选项	小计	比例	
A. 定期开展村支书培训学习	888		70.14%
B. 加强对农村干部的考核	918		72.51%
C. 群众评议干部党员	828		65.40%
D. 建立有效制度并进行监督	960		75.83%
E. 其他	348		27.49%
本题有效填写人次	1266		

23. 年轻人不愿意返乡的主要原因是什么？［多选题］

选项	小计	比例	
A. 农村收入低	1044		82.46%
B. 农村没有发展前途	828		65.40%
C. 农村生活品质低	690		54.50%
D. 农村的文化活动匮乏	660		52.13%
E. 孩子的教育在农村得不到保证	960		75.83%
本题有效填写人次	1266		

24. 您认为第一书记从以下哪个方面整合了多方资源？［单选题］

选项	小计	比例	
A. 引入外部资源，加强基础设施建设	330		26.07%
B. 整合内外部资源，发展特色产业	336		26.54%
C. 整合多方资源，内外兼得	336		26.54%
D. 不擅于整合资源	264		20.85%
本题有效填写人次	1266		

25. 您认为您所在的行政村里最需要的人才是［多选题］

选项	小计	比例	
A. 种植能手	756		59.72%
B. 养殖能手	690		54.50%
C. 农产品加工能手	648		51.18%
D. 电子商务人才	660		52.13%
E. 乡村本土文化人才	684		54.03%
F. 乡村组织治理管理人才	894		70.62%
本题有效填写人次	1266		

26. 关于省级各项防返贫政策的文件，从村民的角度，您认为第一书记是否及时传达了？［单选题］

选项	小计	比例	
A. 能及时传达	696		54.98%
B. 有时能够传达	288		22.75%
C. 见不到上级文件	132		10.43%
D. 信息不畅通	150		11.85%
本题有效填写人次	1266		

27. 第一书记驻村后，县有关部门和第一书记的联系程度怎么样？［单选题］

选项	小计	比例
A.定期联系，研讨工作	774	61.14%
B.不定期联系	300	23.70%
C.很少联系	132	10.43%
D.不联系	60	4.74%
本题有效填写人次	1266	

28. 您认为第一书记对于村里内部关系的维护怎么样？［单选题］

选项	小计	比例
A.有好的经验，而且目前村里没有恶性事件，关系融洽	720	56.87%
B.缺乏好的经验，但是书记本人比较重视相关的内部关系维护，会组织村干部重视此方面的问题	402	31.75%
C.第一书记不注意维护内部关系，第一书记的工作内容本身比较重要	144	11.37%
本题有效填写人次	1266	

29. 为了繁荣乡村文化，您认为村里最应该做的是［单选题］

选项	小计	比例
A.完善文化活动中心、文化广场等文化基础配套设施	420	33.18%
B.挖掘和培养一大批优秀的乡村本土文化人才	450	35.55%
C.建设一支专业化的乡村文化工作管理队伍	252	19.91%
D.发展喜闻乐见的乡村本土文化	60	4.74%
E.开展社会主义精神文明创建活动	84	6.64%
本题有效填写人次	1266	

30. 您认为第一书记开展精神文明建设的困难有哪些？［多选题］

选项	小计	比例	
A. 缺少宣传的设备	678		53.55%
B. 缺少通俗易懂的宣传资料	720		56.87%
C. 缺少资金	870		68.72%
D. 其他	408		32.23%
本题有效填写人次	1266		

31. 对于村里的乡村振兴建设，在第一书记的带领下，村里是否有意愿开展农业培训，为农民创收？或者培训农民更多的技能，让有意愿的农民转型？［单选题］

选项	小计	比例	
A. 目前村里正在有序开展	360		28.44%
B. 目前有计划，正在征集村民意见	600		47.39%
C. 目前没有类似的工作安排	306		24.17%
本题有效填写人次	1266		

32. 第一书记是如何引导村里人和睦共处、齐心合力共建美丽乡村的？［多选题］

选项	小计	比例	
A. 举办多种活动，增加村民接触机会	810		63.98%
B. 引导有威望的乡贤做表率，建言献策	690		54.50%
C. 未做到以上内容	330		26.07%
D. 有一部分村里喊话宣传，影响不大	420		33.18%
（空）	18		1.42%
本题有效填写人次	1266		

33. 第一书记是如何引导村民做守法好公民的？ ［多选题］

选项	小计	比例	
A. 定期宣传涉及村民的相关法律条文	984		77.73%
B. 组织村内干部学习反面案例	756		59.72%
C. 对有苗头的违法行为及时制止	780		61.61%
D. 未做到引导工作	264		20.85%
（空）	6		0.47%
本题有效填写人次	1266		

山西省驻村第一书记对脱贫攻坚与乡村振兴战略认知情况的调查报告

山西大同大学马克思主义学院　陈　剑

摘　要： 山西省驻村第一书记制度实施以来，为脱贫攻坚与乡村振兴战略提供了坚实的组织力量。本文分别从第一书记对产业发展现状、基层组织建设、易地扶贫搬迁、公共文化服务、生态价值转化和乡村多元主体等方面的认知情况展开调研，了解到第一书记对于巩固拓展脱贫攻坚成果的任务依然繁重，以及农业农村发展整体滞后所面临的实际问题，提出加强政府统筹协作力度、提升基层监管力度、搞好品牌定位、加强资源整合、提升权责匹配等对策建议，不断推动中国特色乡村振兴之路走深走实。

本课题组通过对于山西省驻村第一书记对脱贫攻坚与乡村振兴战略的认知情况进行系统调研，认为山西省应高度重视第一书记在脱贫攻坚与乡村振兴战略衔接中发挥的重要作用，现将基本情况和建议分述如下。

一、第一书记制度的时代背景与战略意义

（一）脱贫攻坚与乡村振兴战略下第一书记制度提出的时代背景

1.脱贫攻坚战略下第一书记制度提出的时代背景

2015 年，中共中央组织部、中央农村工作领导小组办公室、国务院扶贫

开发领导小组办公室印发《关于做好选派机关优秀干部到村任第一书记工作的通知》，从国家层面上开启了以精准扶贫为目标，改革乡村治理体系和转变乡村现代化治理能力的第一书记制度。中共山西省委组织部等深入贯彻落实中共中央办公室的相关文件精神，同期发布了《关于做好选派机关优秀干部到村任第一书记工作的通知》（晋组通字〔2015〕41号），根据不同贫困乡村的实际情况，从山西各行各业选派一批政治立场坚定、行事作风优良、工作务实能干的驻村第一书记，选派范围上到省厅局级、下到企业院校的优秀人员，精准选配，入驻党组织软弱涣散、组织制度无力、民主管理混乱的基层乡村开展主导性扶贫工作。

自2015年始，山西省从各级党政机关、企事业单位选派优秀党员干部9395名，到全省58个贫困县，涉及2697个党组织软弱涣散村和7993个建档立卡贫困村，涉及329万贫困人口，做到驻村结对帮扶全覆盖。山西常年派驻的工作队员达40180人；其中，派驻乡村的第一书记达1.96万名。[1]2016年，10万贫困人口实施易地扶贫搬迁，实现1900个贫困村整体脱贫，57万贫困人口实现脱贫。[2]2017年，275万贫困人口脱贫，实现4800个贫困村整体脱贫；贫困发生率从13.6%下降到3.9%，贫困村农民人均可支配收入由3976元增加到7330元，年均增长率为13.1%。[3]2018年，26个县覆盖的2255个贫困村实现整体脱贫，64.9万贫困人口实现脱贫，贫困发生率下降到1.1%。2019年，剩余的17个贫困县涉及的918个贫困村，23.9万贫困人口全部实现脱贫，山西的绝对贫困问题取得历史性胜利，预示着山西省全面脱

---

[1] 山西乡村振兴局.山西在交出高质量脱贫攻坚优秀答卷中，来自我省各行各业各部门的驻村第一书记奋斗在脱贫工作一线，为减贫事业作出了积极贡献，他们也得到锻炼成长——投身脱贫伟业　彰显担当责任［EB/OL］.（2021-09-04）. https://fpb.shanxi.cn/zfxxgk/fdzdgknr/zyzc/zcbf/202109/t20210904_1883790.shtml.

[2] 山西省人民政府办公厅.2017年山西省政府工作报告［EB/OL］.（2017-01-23）. https://www.shanxi.gov.cn/szf/zfgzbg/szfgzbg/201701/t20170123_6090387.shtml.

[3] 山西省人民政府办公厅.2018年山西省政府工作报告［EB/OL］.（2018-02-05）. https://www.shanxi.gov.cn/szf/zfgzbg/szfgzbg/201802/t20180205_6090388.shtml.

贫攻坚目标任务圆满完成。[①] 至此，山西省累积担任第一书记和工作队员经历的驻村工作人员高达 8 万多人次。

2. 乡村振兴战略下第一书记制度提出的时代背景

山西面向乡村持续选派驻村第一书记是决胜全面脱贫攻坚、继续推进乡村振兴的重要决策部署，也是巩固脱贫攻坚成果、全面推进乡村振兴的重要举措。2021 年，山西省严格落实"四个不摘"要求，持续巩固拓展"三保障"成果，正可谓脱贫攻坚"扶上马"，乡村振兴"送一程"。为了有效衔接乡村振兴战略，同年 10 月，中共山西省委、山西省人民政府为深入贯彻落实《中共中央　国务院关于全面推进乡村振兴加快农业农村现代化的意见》，发布了《关于全面推进乡村振兴加快农业农村现代化的实施方案》，为从脱贫攻坚到乡村振兴设立 5 年过渡期，加大"三农"干部交流使用力度，向重点乡村选派驻村第一书记，逐步实现由集中资源支持脱贫攻坚向全面推进乡村振兴平稳过渡。2021 年，山西省政府制定《关于向重点乡村持续选派驻村第一书记和工作队的实施意见》，继续派驻 7144 名党员干部，下沉 7066 个基层党组织担任第一书记。2022 年，为了继续深入贯彻习近平总书记考察山西重要指示精神，山西省乡村振兴局、山西省委组织部等联合发文《关于进一步加强驻村第一书记和工作队管理确保持续发挥作用的通知》，继续巩固拓展脱贫攻坚成果，预防返贫，全面推进乡村振兴工作的落地落实。[②] 山西共向 5590 个村选派第一书记 7145 名，包括连任中央的第一书记共计 7172 名。

（二）脱贫攻坚与乡村振兴战略下第一书记制度提出的战略意义

1. 脱贫攻坚战略下第一书记制度的战略意义

为了全面打赢脱贫攻坚战，解决好脱贫过程中的突出问题，确保贫困人

---

① 山西省人民政府办公厅.2020 年山西省政府工作报告［EB/OL］.（2020-01-17）.https://www.shanxi.gov.cn/szf/zfgzbg/szfgzbg/202001/t20200117_6090390.shtml.

② 山西省乡村振兴局.关于进一步加强驻村第一书记和工作队管理确保持续发挥作用的通知［EB/OL］.（2022-02-28）.https://fpb.shanxi.gov.cn/zfxxgk/fdzdgknr/zyzc/zcbf/202202/t20220228_5165739.shtml.

口顺利脱贫，第一书记成为这次脱贫战略中的重要组织力量。2015 年，中共中央办公厅、国务院办公厅印发了《深化农村改革综合性实施方案》，明确提出向软弱涣散村党组织选派第一书记，为贫困地区脱贫攻坚提供了坚强的组织力量。要拔掉"穷根"，关键在于有能对症下药的"好大夫"。第一书记作为共产党员的代表，为了实现人民群众对美好生活的向往，牢记总书记的深切嘱托，下到基层一线带领群众创产业、办教育、抗天灾、保丰收，用 8 年时间带领近 1 亿贫困人口摆脱贫困。为进一步巩固拓展脱贫攻坚成果，促进脱贫攻坚与乡村振兴有序衔接，继续实施第一书记制度成为取得脱贫攻坚全面胜利的重要抓手，彰显了第一书记这个群体的使命与地位。

2. 乡村振兴战略下第一书记制度的战略意义

"农为邦本，本固邦宁"，乡村振兴是实现中华民族伟大复兴的一项重大任务。在新时代，中国最大的不平衡是乡村发展不平衡，最大的不充分是城乡收入差距不充分，乡村仍是实现中国现代化建设之路的短板。在取得脱贫攻坚的全面胜利后，要坚决守住不发生规模性返贫致贫的底线；同时，还要面对乡村发展起点低、历史欠账多、经济发展缓慢、基础设施薄弱、生态环境恶化等一系列问题。实现乡村振兴，关键在人、关键在干；实现乡村振兴的深度、广度、难度都不亚于脱贫攻坚，打造一支"不走的工作队"，是实现乡村治理体系和治理能力现代化的重要实践力量。坚持和完善驻村第一书记制度，要更加注重立足乡村的产业、文化、生态等资源优势，更加注重发挥乡村的内生发展潜力。

二、第一书记对脱贫攻坚的做法、成效及经验

自脱贫攻坚战略实施以来，山西省共减贫 329 万贫困人口，出列 7993 个贫困村，脱贫摘帽 58 个贫困县，贫困发生率从 2014 年的 13.6% 下降到 0.1% 以下[①]；

---

① 山西省人民政府办公厅 . 2021 年山西省政府工作报告——2021 年 1 月 20 日在山西省第十三届人民代表大会第四次会议上［EB/OL］.（2021-01-25）. https://www.shanxi.gov.cn/szf/zfgzbg/szfgzbg/202102/t20210208_6090391.shtml.

贫困地区农民人均可支配收入从 2013 年的 4875 元增长到 2019 年 9379 元，年均增长 11.5%。[①] 第一书记制度自实施以来，一直致力于消除和摆脱贫困，贫困地区基础设施建设大幅度改善。山西省减贫工作重点面向乡村振兴三类村：乡村振兴示范村、党组织软弱涣散村、巩固拓展脱贫攻坚成果任务重的乡村。本课题组重点选取以上具有典型性和代表性的三类村，主要研究在脱贫攻坚与乡村振兴战略衔接阶段，第一书记在乡村治理过程中的现状与困境，就这些问题提出针对性建议以及对乡村振兴进行路径探索。围绕"聚发展、抓建设、善治理"三大领域，调查第一书记对脱贫攻坚与乡村振兴战略有效衔接的认知情况，重点聚焦于第一书记对产业发展现状、基层组织现状、乡村经济发展现状、乡村社会管理现状、公共文化服务现状和村民对基层治理的参与度[②] 等方面，及时了解第一书记在乡村振兴工作中取得的成效以及面临的问题。本课题组分别从晋北地区、晋中地区、晋南地区选取样本。在具体调研过程中，从全国 14 个集中连片特困地区的山西吕梁山区、燕山—太行山区两大片区选取了具有典型性的 20 个乡村的第一书记为调研对象，并通过深度访谈方式获得大量第一手资料，分析第一书记嵌入乡村治理过程中对脱贫攻坚与乡村振兴战略有效衔接的认知情况。

（一）主要做法

1.狠抓政治责任落实

第一书记任职后，不负组织重托，以发挥自己特长为出发点开展工作。驻村期间，深入学习贯彻习近平总书记关于巩固拓展脱贫攻坚成果、全面推进乡村振兴的重要指示批示和考察山西重要讲话精神，以及《乡村振兴战略规划（2018—2022 年）》《中共中央　国务院关于实现巩固拓展脱贫攻坚成果同乡村振兴有效衔接的意见》《中华人民共和国乡村振兴促进法》《中共中

---

① 山西日报.【奋斗百年路　启航新征程——山西脱贫攻坚答卷】脱贫攻坚　山西亮丽成绩单［EB/OL］.（2021-01-22）. https://www.shanxi.gov.cn/ztjj/jsqmxk/sxywxk/202101/t20210122_6035625.shtml.

② 赵永霞.国家治理现代化视角下"第一书记"嵌入式治理研究：以山西省 F 县为例［D］.太原：山西大学，2018.

央 国务院关于做好 2022 年全面推进乡村振兴重点工作的意见》等重要文件和法律精神及山西省委、省政府的决策部署,研究落实山西全省脱贫攻坚成果同乡村振兴有效衔接的各项具体工作,并在落地落实中下功夫。

2.狠抓防止致贫返贫谋篇布局

实施精准脱贫、巩固拓展脱贫攻坚成果、全面推进乡村振兴以来,成千上万的第一书记等基层干部奋战在乡村一线,是扶持群众持续脱贫、带领广大农民实现共同富裕的先锋队。广大第一书记认真履职,抓好各项政策措施落实,为巩固山西省脱贫攻坚成果倾注全力。一是探索形成了一大批卓有成效的脱贫机制和模式,丰富和完善了脱贫攻坚政策制度。二是充分利用自身资源优势,利用单位平台优势,引入了一大批资金、项目、人才等生产要素。三是引入、帮助、发展龙头企业、农村供销合作社等新型农业经营主体,有效促进主导产业的发展。四是通过推动建立村规民约、规范村级组织运行机制、化解村集体与村民矛盾等举措,促进乡村基层组织建设稳步发展。五是与贫困户"结对子",积极解决村民"急难愁盼"等问题,充分发挥了密切联系群众的作用。

3.建立纵到底、横到边的工作体系

山西省上下着力实施第一书记等干部力量下沉,建立"两包三到""八有""六个一"等第一书记到岗帮扶联动机制,改变了乡村"三提五统"、党建村治软弱涣散的旧格局,完成"保障性兜底"和"开发式扶贫"两大类工作;八大工程二十个专项行动等各项任务落实落细,建成了一大批助民生、补短板项目,解决了很多群众长期想解决、盼解决的出行难、饮水难、住房难、通信难、用电难等民生难题。

(二)主要成效

1.减贫成效之变

山西省原有国定贫困县 36 个,省定脱贫县 22 个,深度贫困县 10 个,其中吕梁山区、燕山—太行山区两大片区属于全国 14 个集中连片特困地区。截至 2020 年，山西省 58 个贫困县全部脱贫摘帽，7993 个贫困村全部退出贫困行列，329 万贫困人口全部达到脱贫标准。

2. 脱贫速度之变

山西省贫困发生率由 2014 年的 13.6% 下降至 2020 年的 0.1% 以下，年均下降 5.75%；2014 年至 2020 年的贫困发生率分别为 13.6%、8.3%、7.7%、5.5%、3.9%、1.1%、0.1%。[①]

3. 基本公共服务之变

2014 年以来，山西省农村劳动力实现转移就业 192 万人，累计培训 350 万人。乡村居民人均可支配收入从 2014 年的 8809 元[②]，到脱贫攻坚收官之年增长 4424 元[③]；乡村居民最低生活保障标准每人每月由 2014 年的 2472 元，提高到 2021 年的 5658 元。[④]

4. 群众认可度之变

一是乡村人均纯收入由 2013 年的 7154 元增加到 2021 年的 15308 元，同时比 2020 年农村居民人均可支配收入增长了 10.3%[⑤]；二是乡村社会治理"一感、两度、两率"（群众安全感，乡村治安满意度、执法工作满意度，平安创建知晓率、乡村党建参与率）稳步提高。2013 年以来，"因学致贫""因病返贫"的情况有国家政策兜底、有产业帮扶来管，多因致贫现象逐年递减。第

① 新华社.山西所有贫困县实现"脱贫摘帽"［EB/OL］.（2020-02-28）. https://www.gov.cn/ xinwen/2020-02/28/content_5484601.htm；山西省扶贫开发办公室.山西剩余的 2.16 万贫困人口全部达到脱贫标准［EB/OL］.（2020-10-14）. https://www.shanxi.gov.cn/ztjj/gpdzjzws/ gpdztt/202010/t20201014_6035120.shtml.

② 山西省人民政府.2014 年全省经济运行情况［EB/OL］.（2015-01-24）. https://www.shanxi. gov.cn/zfxxgk/zfxxgkzl/fdzdgknr/tjxx/sjjd_73504/201606/t20160608_6086183.shtml.

③ 黄河新闻网.2020 年山西城乡居民人均可支配收入分别增长 8965 元和 4424 元［EB/ OL］.（2021-01-20）. https://www.shanxi.gov.cn/ztjj/jj2021sxlh/jj2021sxlh_sdb/202101/ t20210120_6036168.shtml.

④ 山西晚报.最低生活保障标准将与上年度城乡居民人均消费支出水平联动［EB/OL］.（2022- 03-26）. https://mzt.shanxi.gov.cn/ywsd/202203/t20220328_5615452.html.

⑤ 山西省统计局.山西省 2023 年国民经济和社会发展统计公报［EB/OL］.（2024-03-25）. https://www.shanxi.gov.cn/zjsx/zlssx/shjj/202203/t20220324_6045043.shtml；许晶晶.去年，我省农村居民人均可支配收入破 15000 元［EB/OL］.（2022-02-17）. https://gd.huaxia.com/ c/2022/02/17/1016330.shtml.

一书记通过自身较高的政治素质、工作能力、事业心和责任感认真履职，使人民群众的获得感、幸福感、安全感不断增强。

（三）基本经验

1. 领导高度重视

各级党政一把手亲自挂帅、亲自出征、亲自督战。山西省委、省政府主要领导强化政治担当，带头落实脱贫攻坚第一责任人责任，把脱贫攻坚工作当作头等大事亲自抓，常年深入乡镇、村组、农户暗访督战，在精准扶贫、精准脱贫、乡村振兴工作上倾注了一半以上的工作精力；从而带动山西全省第一书记在思想上高度重视、在工作上扎实推进，形成了举全省之力完成脱贫攻坚、全面推进乡村振兴的强大合力。

2. 目标任务清晰

山西全省上下派驻的第一书记紧紧围绕党中央和省委对拓展脱贫攻坚成果、全面开展乡村振兴工作的要求，紧扣"六个精准""五个一批"，深入推进落实"八个到村到户"，做到"一村一队、一队三人"，"五天四夜"全面下沉一线；做到村建项目资金精准安排、脱贫对象精准锁定，突出基础设施建设、公共服务建设、特色产业发展、人居环境整治、惠民政策落实、乡村党建提升等重点任务，广泛、深入、持久地开展村民工作，解决了大量村民最期盼、最直接、最现实的困难问题，办成了大量使村民受益的实事。广大群众对脱贫攻坚、乡村振兴工作的认可度进一步提升。

3. 执行坚决有力

各级派驻单位及时、有力执行山西省委、省政府的决策部署，1.96万名驻村第一书记扎根一线拼命干，从责任上、机制上落实好"扶上马、送一程"的工作交接，确保了脱贫攻坚各项成果顺利拓展和乡村振兴政策措施及时准确地贯彻落实，进一步加快了两大战略的顺利衔接，让乡村脱贫不返贫、振兴不掉队。

4. 组织路线保障

山西省委、省政府高度重视脱贫攻坚干部队伍建设，坚持配齐配强各级单位基层脱贫干部力量，确保优秀党员干部向乡村基层一线倾斜；坚持在一线培养、锻炼、发现、使用干部。2022 年，山西省共向乡村基层党组织一线 5590 个村选派第一书记 7145 名，包括连任中央的第一书记共计 7172 名。在脱贫攻坚与乡村振兴战略衔接阶段，山西省坚持用先进典型引领，创建 4 个乡村振兴示范县、2 个乡村振兴示范区（乡镇）、100 个乡村振兴示范村、43 个乡村旅游振兴示范村、15 个数字乡村建设示范村、100 个特色产业示范基地，宣传乡村振兴先进事迹，坚持在全省调度会上开展典型案例交流，激发一线干部的工作激情。

三、第一书记对脱贫攻坚与乡村振兴战略的认知情况调查

（一）巩固拓展脱贫攻坚成果的任务依然繁重

2022 年 5 月，中共中央办公厅、国务院办公厅印发《乡村建设行动实施方案》，其中要求"把乡村建设摆在社会主义现代化建设的重要位置……以普惠性、基础性、兜底性民生建设为重点，强化规划引领，统筹资源要素，动员各方力量，加强农村基础设施和公共服务体系建设，建立自下而上、村民自治、农民参与的实施机制"[①]。回望 8 年脱贫攻坚的艰辛，要更好地预防返贫，守住不发生规模性返贫的底线，巩固拓展好脱贫攻坚成果与乡村振兴有效衔接，这是实现乡村全面振兴的必然要求。第一书记如何做好两大战略的衔接工作，为"十四五"开好局，统筹好各方资源要素，是当前务必要解决的头等大事。

山西第一书记所在乡村大多为集中连片特困地区、国家级扶贫开发工作重点县以及省级脱贫县[②]，历史欠账多、发展起点低，导致乡村经济发展滞后，

---

① 新华社. 中共中央办公厅 国务院办公厅印发《乡村建设行动实施方案》[EB/OL].（2022-05-24）. http://fpb.shanxi.gov.cn/zck/zxwj/zgygwj/202205/t20220524_6092080.shtml.

② 山西省招生考试管理中心. 山西省招生考试管理中心关于做好 2022 年重点高校招生专项计划实施工作的通知［EB/OL］.（2022-03-25）. http://www.sxksxx.cn/news/2022325/n7792115412.html.

在快速城镇化发展中陷入了一系列乡村发展困境。一方面，脱贫乡村多处于地理位置偏僻、资源禀赋欠缺、生存环境相对恶劣的集中连片特困地区。长期以来，大部分青壮年外出务工导致农业荒废，带来了乡村的"空心化"和"自然衰落"等问题。另一方面，乡村分类不明、定位不清导致了不科学的乡村建设，以致"建设性破坏"和"开发性破坏"改变了乡村格局和原本的乡土特色。在乡村振兴阶段，对于"空心村"的大规模投入却因人口外流、老龄化、耕地荒废等根本问题没有解决而迟迟不见乡村发展成效；对定位不明的乡村"眉毛胡子一把抓"，模糊了发展方向。现阶段，脱贫攻坚成果尚不牢靠，农业、农村、农民问题短板突出。

1.脱贫基础尚不牢靠

在脱贫攻坚阶段，通过对乡村低保救助对象和深度贫困户的精准识别、精准脱贫措施的有效实施，脱贫攻坚成果初具基础。这些脱贫户多因病、因学致贫，导致债务较重，因生存条件差、文化程度低、缺乏劳动力而致贫的占比也较大。持续稳定解决他们的特殊困难，难度非常大。从多数乡村调研的情况看，一是缺技术、缺资金，且村内劳动力大量流失，导致乡村内生发展动力不足。二是乡村可发展的资源禀赋优势不明显。基础设施建设还需大量投入且成本较高；对于保证农业产业增收的交通、水利等设施条件还需大力投入，才能更好地释放农业发展潜力。三是市场、信息、技术等外部资源要素流通不畅，市场不灵，运输成本高等问题突出。四是多数脱贫村没有支柱产业，经济结构单一，缺少龙头企业带动。在第一产业保留传统生产方式的前提下，发展多产融合困难较多。此外，部分乡村专业合作社有形无实，且专业合作社没有市场主体地位的现象普遍存在。产生这一问题的原因在于合作社发展初期，要求够5个自然人就能在工商局办理营业执照，这5个自然人大多由符合条件的村民承担；后来合作社改为由农业部门批准授权，合作社缺少能人大户带动，导致现在多成为空壳合作社，对乡村辐射效应没有显现。

2. 解决返贫问题的压力仍然较大

贫困人口之所以能够脱贫，在很大程度上是靠采取阶段性的超常规措施扶持实现的，比如有国家的政策兜底、有产业帮扶来管。当前的乡村政策可让多口之家的脱贫户年均获得资金性帮扶红利和产业分红，以及享受实物和服务折价。截至 2021 年，山西全省农村居民人均可支配收入 15308 元，比 2020 年增加 1430 元，增长 10.3%；其中经营净收入 3959 元，增长 9.6%。目前，山西选派的第一书记及驻村干部就有上万名，与当地村"两委"一起为每家每户解决实际问题，尤其是深度脱贫户能够及时得到帮扶。如果现阶段工作力度稍有松懈，就会有为数不少的人出现返贫现象，而因病、因学、因灾致贫是主要原因。

3. 易地扶贫搬迁后续扶贫任务繁重

面对"一方水土养不好一方人"带来的多个自然村陆续消失现象，易地扶贫搬迁类乡村使村民的生产生活方式发生了与以往截然不同的变化。从多个易地扶贫搬迁村了解到，村民在较短时间内对新的居住条件及配套设施能够逐步适应，且对政策认可度、满意度逐步提高。对此类脱贫村，首要的是确保搬迁人口有稳定的收入来源，"稳得住"这一过程尚需解决不少现实问题，其关键仍然是有产业、有就业，实现逐步致富的一个长期发展过程。"稳得住"过程中尚需解决的短板问题：传统产业尚未实现转型升级；就业带动能力不足导致已经流失的青壮年回流效应不够明显；社会消费成本带来的生活成本大幅度攀升使乡村居民生活压力较大；等等。如果以上问题解决不好，农民没有稳定的就业和收入来源，乡村从"输血"到"造血"的过程仍然不能实现根本性转变。

4. 生态扶贫尚未根本破题

一是生态产业发展尚未有效实现经济价值转化。乡村生态保护和生态扶贫虽然取得了历史性成就，但是"青山绿水就是金山银山"的"保生态""助脱贫""共致富"过程没有同步衔接起来。特色生态产业企业投资少、规模小、投入科技含量低，带来的市场竞争力有限，难以形成规模优势和产业体系。有些具备资源禀赋优势的乡村适宜大规模发展特色产业和特色生态产品，但是水、电、路、气、网等基础设施条件难以支撑现阶段的生产经营；特色产品离不开生产、加工等过程，加工过程是否符合产品规定和工艺要求，现阶段对此问题较难把控。比如生产山西有机小米，要求有独立的库房和加工设备，不能代加工普通小米或者混合加工，但在实际加工过程中较少符合标准。如檀山村及其周边村的地理环境、土壤结构、气候特点，为发展当地特色农产品提供了特定的生产条件，是沁州黄小米的主要收购产区。但为了提高产量，农民每年都会或多或少地使用化肥肥料，打农药和用薄膜的情况普遍存在。二是生态补偿不到位。乡村生态保护、生态恢复与生态补偿机制矛盾突出，直接带动建档立卡贫困人口脱贫的数量有限。山西部分县林业部门绿化规划不具有连续性，存在每年对荒山进行绿化、绿化树苗年年换等问题。三是当地居民绿色生态概念薄弱。村民对"两山"理论认识不足，部分乡村在已绿化的山上放羊放牧，进行放牧养殖、修建畜场等行为，给荒山绿化带来养殖污染，由此引发种植专业合作社与当地村民的矛盾。此外，国家专项款的拨付及监管也存在落实不到位的现象。

5. 文化传承发展的多元主体被忽视

具有黄土高原文化和民族特色文化的乡村难以抗衡现代生产力与生产技术的城镇化程度，使具有民族特色人文、生态的乡村遭到破坏，地域多元文化认同逐渐丧失等一系列问题凸显。脱贫攻坚最开始实施外推型措施，在上层的宏观调控下完成了水、电、路、气、网等基础设施建设。外推型乡村脱贫措施在精准扶贫的基础上发展乡村经济，也造成了强制性的地域文化被吞噬现象。比如山西省一些少数民族聚居的乡村，例如长治市东黄野池村、长治市西黄野池村、阳泉市东白水村、新绛县西关村等，由于对乡村发展多元主体的忽视，造成乡村的"多元文化失落"现象。乡村多元文化价值长期未得到充分认识，缺乏有针对性的、严格的保护措施，使少数民族聚居乡村具有民族特色的物质文化没有得到保护，非物质文化衰落，导致山西省部分少数民族聚居乡村失去了民族特色。

6.精神文化建设是乡村发展的突出短板

一是"扶志"的过程任重道远。致贫的主要原因之一是因懒致贫，且占较大比重。乡村对农民的农业生产技能培训组织较多，但脱贫户参加积极性较低，使得懒转勤、勤转能、能转富的"三转"过程实施难度较大。二是公共文化服务体系建设仍存在明显短板。大部分乡村建设有村级综合文化站，但综合服务社、乡村文化站等村级公共文化服务体系几乎形同虚设。三是文化产业发展质量不高。乡村的乡土文化资源优势未能得到很好挖掘，不能将文化资源优势较好地转化成经济优势，不能将文化同产业较好地融合。比如作为全国黄花产业主产区之一的大同，对黄花本身的文化价值挖掘不明显，黄花产业经营主体多以乡村为单位，也包括部分中小企业，经营主体呈现小而散的格局，缺乏国家级的龙头企业带动，在全国的市场竞争力不强且销售渠道尚未全面打开，仍以内销为主要方式。

（二）农业农村发展整体滞后

乡村发展与每个单位派驻的第一书记所从事的职业有某种契合之处。第一书记根据乡村自身优势资源禀赋，有选择、有重点、有方向地进行统筹规划，在乡村治理实践中形成了模式多样、风格迥异的乡村发展类型。从调研情况看，通过光伏扶贫、乡村旅游扶贫、电商扶贫、特色产业扶贫、生态扶贫、健康扶贫等多种项目，保障了乡村支柱产业的可持续发展，保障了村集体经济和脱贫户的可持续收入。山西省是贫困程度较深的区域之一，农村发展水平不仅远远低于大中城市，与全国农村的平均发展水平差距也比较大。山西省乡村整体区域性欠发展，使得致贫返贫现象较容易发生，全面实现乡村振兴任重道远。

1.农业农村经济发展水平还比较低

根据山西统计局统计资料分析，山西从事第一产业的乡村劳动力人数占劳动力总量超过一半。一是特色优势产业起步慢。"一村一品"等特色优势产业规模小且分散，产业整体尚未形成规模化的全产业链体系，高质量发展机制尚未普遍建立。二是运行机制不健全或经营不正常。很多乡村缺少龙头企业带动，且普遍存在没有资金、没有值钱的资源、没有赚钱的项目、干旱少雨导致没有水浇地等情况，村里还经常停电，网络、电话信号几乎没有，很多供销合作社、农业合作社、农特产品展销中心、综合文化站等机构运行机制不健全或经营不正常。三是产销渠道尚未畅通。很多扶贫类产业产销渠道主要靠政府以及第一书记等驻村干部筹集资金、组织生产、寻找销路，村集体和农户的自销能力尚未形成。四是村内设施建设不完善。乡村外出务工人员超过 70%，务工收入成为农户工资性收入的主要来源。由于乡村主体产业发展缓慢、医疗卫生设施及公共服务投入不足，难以在短期内满足乡村居民的日常生活和出行需要，青壮年返乡就业率没有明显提高。

2. 乡村基础设施建设差距较大

山西省乡村呈现多而散的分布格局，导致基础设施建设投入成本较高，基本生产生活条件改善速度比农民期盼的要慢。一是路不成网和公路"断头"现象成为普遍共性问题。很多乡村通村通组公路近年刚开通，市区开车到乡村少则一小时以上，并且有私家车的农户仅占极小部分。公共交通车辆极少，一小时一趟的公共汽车成为大部分村民从乡村进入市区的主要交通工具。二是入村存在极大安全隐患。脱贫村大多地处山区深处，地形复杂且地质灾害频发。夏天暴雨会引发洪涝、山体滑坡、泥石流等灾害；冬天冰冻、雪路危险较多，许多驻村干部也因此牺牲在扶贫道路上。三是乡村资源开发受到极大制约。农业生产设施缺乏，部分乡村特色农产品从生产到采集没有冷链物流或当地加工厂，农产品存放期短且产品附加值较低。

3. 乡村公共服务历史欠账多

一是乡村优质教育资源比较欠缺。乡村是教育事业发展最薄弱的地区，乡村居民普遍受教育程度低，学生厌学、辍学现象时有发生。教育质量与城镇相比差距较大，许多务工人员为子女选择到城镇的学校读书。乡村幼儿园普遍较少，中小学教学设施设备短缺，优质师资力量较少。二是乡村公共医疗服务水平低。村卫生院基础医疗卫生技术薄弱，缺医少药是常态，小病能医治，但大病还需去县级以上大医院就诊。村医数量严重不足，医疗条件滞后，常态工作任务重、收入低，队伍不稳定，造成乡村基层医疗卫生服务保障难的问题，尤其是对居民慢性病的医治，这是当前最迫切的问题。三是乡村养老服务的配套资金少，建设资金缺口大，福利院、敬老院等机构紧缺，专业陪护人员、管理人员和社工人员等缺口较大。

4. 乡村建设亟待数字化转型

一是对现代化数字乡村概念模糊。运用"互联网+"实现现代化数字乡村、农业产业数字化将成为主流发展趋势。山西省乡村技术研发投入远远低于全国其他地区，乡村海量的数据优势、巨大且丰富的特色乡土资源，如何纳入乡村振兴的生产函数当中，快速推动数字产业化发展，是接下来要重点探索的工作。山西省大部分乡村缺少对自己村情、村貌、村况的网络信息化宣传，打开百度百科搜索某个村的词条，其信息量非常少，有的乡村甚至只有一个名字，缺乏基本信息介绍；乡村所拥有的人口、土地、资源优势没有被很好地挖掘和展现，阻碍了生产要素转换成适合乡村发展的制度、市场、海量数据优势。二是缺乏商业模式创新。产业振兴是乡村振兴的关键，但是，不是有资金、有项目就能实现乡村振兴。在激烈的市场竞争环境下，没有好的商业变现模式，忽视了商业模式创新，其乡村产业发展注定是一地鸡毛。

5. 乡村基层组织建设薄弱

一是党建引领仍需加强。山西省部分乡村村"两委"班子成员及全体村民，要么信心不足，要么对乡村发展不感兴趣，乡村建设动力严重不足，甚至上级给钱、给项目都调动不起积极性。出现这种问题，最根本的原因是利益分配机制出了问题。村"两委"觉得自己领头干，风险较大，干赔了，落下骂名，还有可能被追责；干成了，自己也得不到多少利益；即便是合法合理地得到一些利益，也会被人误解。其他村干部和村民普遍认为，壮大村集体经济是村"两委"的事，自己没有这个责任；即便是村集体经济壮大了，自己也得不到什么利益。这是缺乏参与积极性的主要原因，大家普遍怕干成"大锅饭"经济，也怕干成村干部的个人经济。二是村集体经济的市场主体地位不明确。虽然成立了多种形式合作社，农业部门也核发了许可证，但是由于合作社没有营业执照，成了没有市场经济地位的弱势经济组织，在许多行业和平台没有经营资格，按程序办事也很难获得合法资质。无论是主观因素还是客观因素，都严重阻碍了村集体经济发展。

6. 乡村治理体系和治理能力亟须提升

城镇化的快速发展使乡村社会开放程度提高，乡村治理面临的情况更加复杂。一是乡村治理观念不适应快速转变的现代生产生活方式。部分乡村的村"两委"经常不在岗，在基层组织决策管理中不依法依规办事，在重大决策上不民主、不公开，陈规陋习一以贯之。二是乡村治理体制机制陈旧。乡村振兴的重任多在深度脱贫地区，奋战在深度脱贫村一线的第一书记工作条件艰苦，工作开展难度较大。在调研中，有第一书记感慨："乡村工作离不开上级部门及领导的大力支持，如果五级书记不能上下一致、同心同德搞振兴，不能广泛调动城乡社会力量，单凭派驻的工作队和村'两委'的力量，很难有大的突破，乡村建设的推进也会收效甚微。"三是乡村人丁不兴，增收动能不足。镇政府各部门组织机构分散，共抓共管的能力较弱，乡村建设成效甚微。乡村青壮年流失严重，多数自然村青壮年流失比例高达50%以上，剩余村民在60岁以上的居多。滞留的老龄化人口对参加村里事务的积极性较低，大量"空壳村"的出现导致多个自然村逐渐衰落。乡村振兴，首先要人丁兴旺。村里青壮年少、产业少、就业岗位少，产业无法带动就业，脱贫户增收较难；年轻人在村里的收入没有比城里高出许多，就不可能返乡；"空巢老人"无法成为乡村振兴的主要力量，这是多数乡村的普遍难题。比如大同地区黄花产业进入采摘期，本地劳动力缺乏引发采摘问题，需要从外地雇用劳动力来解决；这些劳动力多来自山东、河南。由此可见，要让年轻人返乡创业，采用一般性的方法和手段是行不通的。

（三）第一书记对乡村振兴为巩固脱贫攻坚成果提供了动力保障的认知情况

在乡村振兴阶段，如何有效巩固脱贫攻坚成果，防止返贫发生，实现乡村全面振兴、农民共同富裕，是亟须解决的问题。乡村振兴是农业、农村、农民问题，从根本上看是农民与土地的发展问题。我国从早期的"均田制"到真正意义上完成"均田免赋"，在此过程中出现的问题可以对接为小农经济高度分散且过剩，带来的税收成本难以支撑上层建筑。[①] 因此，如何处理和解决好农民与土地的问题是乡村振兴的根本问题，这个根本问题关键在于对乡村土地的经济价值转化。土地的发展关键在产业，农业是乡村的根本产业，也是农村、农民生存发展的重中之重。这个根本问题伴随着乡村社会的历史变迁，是乡村经济、政治、文化、社会、生态与人等多维度交融下所呈现的第一书记制度变迁过程。

既有的民族经济学理论将脱贫主要归因于经济内生增长理论中的淋下效应和平等理论中的社会福利分配理论。淋下效应认为乡村应通过经济增长使总财富增加，通过为贫困人口提供就业机会并增加收入来实现脱贫。社会福利分配理论主张通过政府财政为贫困人口实现公共资源均等化，以此来实现脱贫。但是，以上两种方式都有其发展的局限性。一方面，经济内生增长的淋下效应不会自动产生，甚至可能会出现贫富差距拉大的极化效应。当收入差距逐渐增大，即使农业经济增长对国家减贫的重要性远远高于城市经济增长，也大大减慢了城市减贫的步伐。[②] 另一方面，社会福利分配需要政府参与到市场经济中，纠正市场失灵，促进市场有效运作，改善社会福利，促进公平；然而在某些情况下，市场失灵、制度失灵、资金运行短缺等诸多复杂性问题相互作用，可能

---

① 温铁军.农村税费改革及"后税费时代"相关问题分析［J］.税务研究，2006（7）：3-5.

② RAVALLION M，CHEN S. China's（uneven）progress against poverty［M］//KANBUR R，ZHANG X. Governing rapid growth in China. New York：Routledge，2009：65-111.

会降低政府干预的能力。①因此，单纯运用市场化手段干预和公共服务均等化
方式难以实现乡村全面振兴，乡村治理需要重新对人、物等脱贫攻坚阶段资本
重新评估、优化配置，以实现经济增长和社会福利均等化的平衡。

长期以来，由于历史成因复杂、自然条件恶劣、发展水平滞后等导致的
乡村贫困，其根源在于资源未能得到有效利用。乡村特有的地理区位优势、
历史文化优势、资源禀赋优势、产业发展优势、空间布局优势等，是实现乡
村振兴的前提和基础。如何将资源重新整合、有效利用，如何将优势资源变
成优势资本，解决好农民与土地的矛盾、经济与发展的矛盾、资本分配的矛
盾、资源限制的矛盾，以上多重问题在乡村振兴阶段会逐一解决，同时为巩
固拓展脱贫攻坚成果提供动力保障。

四、第一书记对推动脱贫攻坚同实施乡村振兴战略有效衔接的基本思路

目前山西省乡村存在的主要问题可以归纳为"种粮成本下不来，农民收
益上不去，基础设施跟不上，大灾来了扛不住"，种种因素导致种地非但赚不
了钱，还有可能赔钱。乡土文化不自信、不明显，乡里缺能人、贤人带动，
乡村的转型化发展迫在眉睫。这些问题不解决，不仅一般农户没了积极性，
连一些种粮大户也萌生了退意。不从根本上解决"三农"问题，农民不愿种
地，回归不了有机农耕，就会出现灾难性后果。在脱贫村搞乡村振兴，一定
要采用非常规手段。

钱要花进去，还要生出来。总之，就是要让乡村活起来，让乡村经济建
设、政治建设、文化建设、社会建设、生态建设和党的组织建设同步推进，
用全国统一的农业农村工作框架继续拓展脱贫攻坚成果和全面开展乡村振兴
各项工作，根据不同地区、不同阶段的乡村发展的实际情况，实现农业强、

① MORENO-DODSON B, WODON Q. Public finance for poverty reduction: an overview [M] // MORENO-DODSON B, WODON Q. Public finance for poverty reduction: concepts and case studies from Africa and Latin America. Washington, D.C.: World Bank Group, 2008: 1-17.

农村美、农民富。

（一）将脱贫攻坚与乡村改革发展政策逐步衔接

一是乡村振兴是"三农"工作的总抓手，巩固拓展脱贫攻坚成果，既要持续照顾好目标人群，采取施惠型政策，也要同步提升乡村的经济发展水平。除了维持原有的一系列减贫政策等专门针对脱贫人口的特惠政策，更多的脱贫衔接政策要在乡村振兴阶段关于"三农"政策的总体框架下有序推进。大量衔接政策和措施，尤其是在加强基础设施建设、提升公共服务水平、加快传统农业转型、发展支柱产业、解决当地就业创业问题等方面重点推进，将产业发展作为预防返贫工作的强有力措施。

二是对脱贫攻坚政策要逐项梳理，逐步调整为常态化帮扶措施，并纳入乡村振兴框架下统筹安排。目前，脱贫攻坚成果尚不牢靠，致贫返贫风险仍然较大，这就需要在过渡期内保障好脱贫人口的生活需求和稳定增收。在过渡期内要明确哪些脱贫政策需要稳定，哪些政策需要强化，哪些需要退出，哪些需要增设，实现脱贫攻坚政策与乡村振兴政策有效衔接；尤其在兜底救助类脱贫政策上要加大力度，落实好教育、医疗、住房、饮水等普惠性政策，并向脱贫人口适度倾斜。

（二）推动产业扶贫同产业振兴衔接

黄土高原地形地貌以及水源不充裕等问题为乡村种植业带来种种条件限制，在一定程度上导致了农民擅长种粮但其生产力受到制约的发展矛盾，为粗放式低效农作物的习惯性种植带来了农业的同质化经营、管理粗放、长期效益不明显等问题。

一要加快构建现代乡村产业体系。把准了支柱产业发展方向就是把准了乡村经济的脉搏，通过"产业+"方式构建特色化、优质化、绿色化、产业化等多种村集体生产经营方式，重点培育和壮大果蔬、畜产品等精深加工产业，在当地建立规模化的加工企业；同时加快农副产品仓储保鲜、冷链物流设施建设，并与农产品流通企业、电商平台、批发市场精准对接，拓展稳定的市场销售渠道。发挥"产业+"新型经营体系在村集体经济发展中的重要带动作用，主要以"村支部+合作社"的方式组成，但是缺乏与市场衔接的能力。这就需要龙头企业入驻，形成"村支部+合作社+龙头企业"模式的大型合作社等农业产业联合体。这种模式利于人、资金、技术、土地、政策等资源要素的整合，形成"订单收购+分红""土地流转+优先雇用+社会保障""农民入股+保底收益+按股分红"等多重利益联结方式，充分调动农民土地流转积极性，全面形成"资源变资产、资金变股金、农民变股东"的"三变"模式，使乡村创增收、稳就业、促发展。例如，五台县上王全村第一书记付晓马主动联络厦门辅仁公司，为当地引来了枕头缝纫配套加工外包业务，不仅为当地部分村民提供了返乡就业和务工就业的岗位，而且增加了村集体经济经营性收入。此外，如果资源优势并不突出，就要立足村情实际，通过招商引资拓宽渠道，主动对接外部市场，积极寻求经济发展突破口。例如，红岩岭村第一书记张文艺依托乡村的地理区位优势和生态文化资源优势，探索出"旅游+扶贫+贷款"的产业发展模式，带动了民宿、农家乐、农特产品等多种发展形式，衍生出与农业产业关联的第二、三产业发展需求，走农、工、商共同发展的道路，为当地村民创造了大量非农就业机会，同时辐射带动周边七个村的经济发展。

二要实现乡村资源整合。利用当地地理区位、历史文化、资源禀赋、产业发展、空间布局等优势条件，对优势资源进行整合，发展旅游业和实体产业。乡村民宿作为乡村旅游业的产业链延伸，契合现代人远离喧嚣、亲近自然、寻找乡愁的美好追求，也带动了乡村经济社会发展。当前，山西省依托"黄河、长城、太行"三大旅游板块，深入挖掘和利用具有当地乡土特色的历史文化、风土人情、传统饮食等资源，科学规划建设农村观光型、田园体验型、生态休闲型、民俗风情型等集中连片开发的乡村民宿精品，带动形成民宿精品产业发展带，打造一批差异化、特色化、个性化旅游民宿品牌。

三要大力发展数字乡村建设。依托新媒体搭建网络销售平台，通过第一书记等有号召力的乡村代表开展直播带货，拓展村集体经济销售市场，这是破解产品无销路、市场无渠道等资源限制的方式创新。产业不仅需要市场化，还需要品牌化。浓郁的黄土高原文化为山西省域乡村找到准确的品牌定位。产业振兴，品牌定位至关重要。有了精准定位，才能创造出好的商业模式。通过聚焦山西黄土高原乡土特色文化，把聚焦点集中在"黄土高原特色"上。例如，上王全村通过"互联网＋党建＋网格"的模式探索，实现了乡村人、房、企、事等基本要素一屏感知，"三务"一网公开，"三资"管理、土地流转、农户帮促等事项一键管理，数字乡村从"点上开花"向"面上成景"转变。通过开设抖音直播基地，大力发展数字乡村建设，并进行一系列品牌推广、产品研发、差异化竞争等探索，不仅为当地产业打开了线上市场销售渠道，而且成为吸引当地青壮年返乡就业的途径之一。另外，上王全村开办的三家公司均采用投资方式和利益分配机制兼容的模式，采用"公司＋合作社＋致富带头人"的方式构建公司股东结构，通过招商引入外部资本，村主任代持村集体股份（由于营业执照无法显示村集体，在股东会议决议中注明，由村主任代持）的方式经营。村里致富带头人和村民只要有意愿，随时可以入股公司参与分红。在发展过程中，随着上级政府的支持，村集体不断发展壮大，村集体和村民的股份可增可减。实践证明，这极大地调动了村干部和村民干事创业的积极性，越来越多的年轻村民希望返乡创业。

（三）推动易地扶贫搬迁同易地搬迁逐步致富衔接

易地扶贫搬迁相当于展开了新农村建设系统工程。

一要构建新型农业经营主体有偿流转土地并进行集中开发。通过引进龙头企业、发展合作社、家庭农场等方式，引导易地搬迁村民以土地经营权、农业设施、扶贫到户资金等多种方式参股，扶持新型经营主体或产业项目发展。

二要加大对易地搬迁脱贫户的扶持力度。对低收入群体建立贫困预警监测机制，对不稳定的脱贫户加大扶持保障力度，提高易地扶贫搬迁居民的就业能力。

三要强化易地扶贫搬迁后续帮扶措施。建立并完善基础设施建设和公共服务制度，逐步构建和完善乡村社区治理体系。

（四）推动文化扶贫同文化振兴衔接

一要深入挖掘山西乡土文化蕴含的人文精神，结合新时代要求，激发山西优秀传统文化创造创新活力。山西长期深受黄河流域地域文化影响，依据不同地域特征，将黄河流域文化划分为云冈文化、晋商文化、红色文化、根祖文化、上党文化等。应大力发挥山西乡村多元文化产品生产传播的引领作用，通过"以人为核心"的价值体现，带动乡村文化的实践养成。

二要树立文化产业品牌意识。我们的乡土文化都有上百年甚至上千年的历史，每一个自然村的形成都有自己独特的文化积淀和故事，都有深刻的儒、释、道文化烙印，需要对独具特色的乡土文化进行深入挖掘整理、传承创新。不同地域的乡村都有独特的风土人情和民俗文化，以地域特产结合当地乡土文化，最具当地的代表性，也最具开发价值和开发意义。要构建以山西优秀传统文化为依托，集医疗、康养、保健、生态、旅游、研学为一体，具有山西地域标志的文旅品牌。例如，上王全村是杨家将杨六郎的后代休养生息的地方，村里有几句传承了许多年的谚语："石头砌墙墙不倒，鸡不鸣来狗不叫，大人小孩儿会睡觉。"村里有许多传说都与睡觉有关，这为上王全村贴上了"睡觉村"的标签。通过不断传播故事和报道，上王全村获得了巨大的互联网点击量，在流量就是经济、就是金钱的时代进行招商，自然获得成功。

（五）推动生态扶贫同生态振兴衔接

一要走现代农业经济之路。乡村生产方式决定了乡村生存经济，实现生态脱贫是乡村探索经济发展的生态价值转化方式。将土地利用与生态环境保护多规合一，大力发展有机农业、绿色农业等林下经济，构建林下种植业、林下养殖业、林下采集加工业等生态循环经济，打造集"大田、大山、大水"为一体的现代农业种养殖基地。比如安泽县和川村的"鱼菜共生"项目，通过蟹能除害、蟹便肥田、水稻做饵的同时养鱼等方式，实现绿色农业循环经济。

二要推动林业可持续经营。积极培育高效益的多功能森林以及生态、经济兼顾的特色经济林，促进当地村民依靠绿水青山的经济价值增收，实现"大生态""大产业"同步振兴。例如，壶关县南平头坞村通过探索林下经济，创造出一整套在干石山区栽油松技术，简单概括为"阳坡育苗阳坡栽，阴坡育苗阴坡栽，就地育苗就地栽"，破解了植树造林的难题。

三要大力发展生态旅游。打造生态农业模式，开拓培育生态旅游扶贫新业态，开发有利于乡村和村民获利的生态旅游产品。例如，平定县岔口乡主铺庄村地处国家 3A 级旅游景区红岩岭景区，生态旅游资源优势明显。第一书记张文艺积极探索"旅游＋脱贫产业"的乡村旅游休闲农业模式，以诗词文化为特色，依托当地诗人资源、红色资源、自然生态资源，综合考虑发展文旅产业。

（六）推动解决民生问题同"以人为核心"衔接

一是乡村振兴首先要实现人才振兴。人是发展乡村振兴的主要力量，然而乡村青壮年流失、老龄化占主体成为现阶段乡村面临的普遍难题。只有年轻人返乡就业，才能积累党的生命线——群众力量。加快完善乡村居民就业创业体系，加大以工代赈投入力度，通过财政支持、税收减免以及土地、社保、水电价格等政策倾斜，支持鼓励返乡人员就业创业。统筹好对乡村公益岗位的增设，按需设岗、以岗聘任，实施劳动合同管理制度，建立就业和社保制度协同共享机制，保证乡村居民在岗领补的长期性和稳定性。例如，上王全村第一书记付晓马认为"火车跑得快，全靠车头带"，他充分调动全村党员同志积极性，通过村民对乡土的热爱之情将他们发动起来，让自己的子孙返村。受到日益显示出成效的乡村建设感召，多年在外打工、创业的青壮年，甚至不乏能人纷纷回流，现已有 39 位青壮年村民返乡就业，回报生于斯长于斯的乡村，且破题成效明显。

二是乡村建设规划要符合实际发展需求。为避免"建设性破坏"给乡村带来的不可持续发展，积极有序推进多规合一的实用性乡村规划编制，坚决杜绝表面乱建、违建和重复建设等问题发生。有条件的乡村要尽快实现规划全覆盖，且规划思路切实符合乡村的实际发展需求。

三是推进乡村基本公共服务均等化。推进乡村公路联网循环，开通乡村通市区公共高铁站、火车站专线；增加乡村公共汽车往返次数，提升乡村居民出行便利性。完善乡村综合服务设施，健全县、乡、村三级乡村寄递物流体系，确保物流入村入户。实施数字乡村建设工程，推动乡村千兆光网、移动物联网建设，做到网络在乡村的全覆盖。完善教育资源均衡发展制度体系，保障乡村义务教育阶段学生享有教育高质量发展的机会，实现县域校际资源均衡配置；发展乡村"强师计划"，提升教师学历和教学技能。提升乡村医疗服务水平，将乡村医务工作人员纳入医疗卫生体系管理系统，增加乡村医护人员编制，吸引更多医护人员进入乡村。巩固城乡居民医保实现全国异地就医联网直接结算。落实单病种付费制度，确保无偿还能力救治对象得到免费治疗。

（七）推动加强农村社会管理同乡村有效治理衔接

一要进一步建立健全现代乡村治理体系。大力发挥党组织在治理中的领导作用，党组织成员要通过法定程序担任村"两委"和村集体经济组织负责人，提倡由村民自治组织组成监督委员会，将乡村居民关心的突出问题作为纪检监察工作的重点内容。根据基层政府在乡村治理方面的责任清单，对村"两委"进行考核，由上级部门、驻村帮扶单位、驻村帮扶队及第一书记、本村村民共同组成村务监督组织，作为考核主体，共同参与多项考核。

二要强化村民自治实践。传承"枫桥经验"，畅通和规范乡村居民诉求表达、利益协调、权益保障机制，探索建立自下而上的村民议事协商委员会、村务监督委员会。凡是涉及村内公共事务和村民切身利益的事项，均通过议事委员会讨论商议决定，防止村民自治流于形式。

（八）切实夯实基层基础同组织振兴衔接

一要切实加强乡村党建引领。一个坚强有力的基层党组织是提高乡村发展能力、增加村民收入的关键。基层党组织一把手的配备要在政治上过硬、业务上有能力的党员里遴选，实现对村"两委"的异地交叉聘任。从第一书记、大学生村官、乡村能人、企业家、社会能人中遴选村"两委"并探索其培养机制，做到放心、放手、放胆使用人才。实行"能者上，庸者让"的淘汰机制，对常年不在岗、不作为、三年内无法起到先锋模范带头作用的党组织成员及时整改调整。例如，上王全村第一书记付晓马自掏腰包6万多元建起一个农家小院，在大门上挂了一副对联，上联是"来到咱们村就是咱村娃乡村振兴靠大家"，下联是"扎根沃土中甘当大傻瓜乡亲不富不搬家"，通过加强基层党组织力量，向村民彰显建设乡村的意志和决心。付书记说，"咱们村不富，我们就不走"，唤醒了当地村民脱贫致富的信心。付晓马书记和驻村工作队员诠释了作为中国共产党党员，对党忠诚、为人民服务的精神，从而赢得了全村居民的信赖。

二要加大龙头企业引进、支持和培育力度。加大龙头企业与政府合作力度，将企业优势全面嵌入乡村农业产业发展全过程；同时盘活农业合作社，严肃清理"空壳合作社"和"僵尸合作社"，充分调动各类组织，整合乡村居民力量，构建"党组织＋合作社＋基地＋农户"机制。例如，安泽县和川村探索出"党组织＋公司＋能人＋基地＋群众＋销售"的发展机制，成立了村集体公司，实现了以多种方式创收带动乡村经济发展。

三要激发村集体经济新动能。乡村发展离不开农业生产，农业生产与农户的生计密切相关，发展集体经济是乡村社会生存经济形态的必经之路。集体经济可以在基层党组织的统一领导下，把企业、各类组织、村民的力量整合起来，为发展集体经济提供坚实的基层力量。通过探索"基层党组织＋合作社＋农户＋基地"等模式，探索创新乡村产业新业态，调动广大基层力量的积极性，推动乡村全面振兴。例如，长治市平顺县阳高乡回源头村通过农业品牌化发展，着力把制度优势和组织优势转化为村集体经济的强大动能，通过政府政策、特色产业、人才带动、平台公司、抱团联建、农业托管等六力联动，探索村集体经济增收途径。

五、推进第一书记在脱贫攻坚与乡村振兴有效衔接工作中的对策建议

2017年12月28日至29日，中央农村工作会议在北京举行，会议上强调，实施乡村振兴战略，必须大力推进体制机制创新，强化乡村振兴制度性供给。首先，在脱贫攻坚与乡村振兴战略统筹衔接过程中，要坚持中央统筹、省负总责、市县抓落实的管理体制，构建五级书记协同工作格局。2021年5月，中共中央办公厅印发《关于向重点乡村持续选派驻村第一书记和工作队的意见》，其中将第一书记和工作队的选派工作纳入实绩考核，强化保障支持。其次，第一书记在脱贫攻坚与乡村振兴有效衔接过程中加强了体制机制的整个工作。最后，第一书记在脱贫攻坚与乡村振兴有效衔接过程中构建了强有力的组织体系，组成了一支强有力的工作队伍。作为脱贫攻坚与乡村振兴有效衔接的重要桥梁，第一书记制度既是对全球化贫困治理问题的中国式探索，更是走好中国乡村振兴之路的重要举措。奋战在基层一线的第一书记们，接触的是实际生产，面对的是客观困难，忍受的是风吹日晒，关注的是健康安全，损耗的是精力金钱，触碰的是良心底线。乡村振兴多项工作下发到基层，如果基层党组织贯彻落实力度不够甚至不重视，单凭第一书记个人力量要改变现状会有很大难度。山西的第一书记制度嵌入了我国乡村的脱贫振兴历程中，第一书记带动乡村发展还需要一个长期过程。鉴于此，根据本课题组调研之所得，围绕脱贫攻坚与乡村振兴衔接阶段存在的一些乡村发展客观问题，提出以下对策建议。

（一）加强政府职能，统筹协作力度

一个好的政策，可以将不毛之地变成花园；一个不好的政策，可以将花园变成不毛之地。政府职能部门一定要处理好简政与放权的关系。一是各部门要充分发挥公共服务职能。要从政府层面分类指导、统一规划，对乡村资源进行分类整合；在产业项目引资开发上，加大招商引资投入力度。二是在

政策和资金方面给予大力支持。各级职能部门要简政放权，加大对龙头企业的扶持力度，制定更加优惠的政策鼓励龙头企业到乡村投资，并积极争取和给予国家财政和税收方面的支持，保障乡村产业发展所需的大量土地。三是各职能部门尽可能为乡村办实事，不要因体制机制问题过多干预。比如农林牧副渔等各行都有各自的行规条款，各管一行、各自强调各自的重要，尽量避免在基层具体执行中出现因过多干预带来的问题。

（二）加强基层领导，提升监管力度

政府要加强对基层党组织的监管力度，在龙头企业引进、人才引进、资金筹集等方面出台相关优惠政策并给予帮助。一是通过对基层党组织实施精细化管理，并纳入考核。上级部门要严格村"两委"的考核制度，对长期不在岗的本地基层党组织人员，要整顿作风。建立并完善村民监督制度，对因公徇私、做表面文章的基层党组织人员，要严厉查处，形成一支善于推动基层治理任务的"一线中流砥柱"。把在职党员、入党积极分子纳入有效管理，培养基层干部的后备力量，进一步增强基层党组织的战斗力和凝聚力。二是积极"引智入村"。善用、重用退休回村的老干部、退休的村"两委"干部、乡村治理骨干、农业能手、村镇创新创业带头人、乡镇企业管理者等，他们身后联结着千千万万的农业从业者，可以担当起产业领军人的角色。他们有能力、有情怀，可以带领更多的乡村工作者，全力以赴建设中国乡村。例如，安泽县和川村的"引智入村"工程，从致富能人手中"选"、从退休干部中"招"、从返乡创业大学生中"培"、从现任优秀村干部中"留"，选出乡贤能人作为职业经理人，负责村组织公司项目运营。

（三）搞好品牌定位，强化自有知识产权

综观乡村经济活动，没有好的品牌定位，没有先进的商业模式，就不可能有持续的乡村经济发展。一是产业振兴要从搞好品牌定位开始，要不断进行商业模式创新，实现产业振兴，弯道超车。申报原产地地域产品保护和品牌商标注册，逐步建立和完善自己的知识产权，有意识地培养出自己的本

土品牌。在脱贫攻坚与乡村振兴有效衔接过程中，如果乡村的产业振兴没有突破，没能从根本上解决贫困问题，农民就还有致贫返贫风险。二是发挥本土特色，梳理典型案例，避免同质化建设。乡村振兴的精髓在于让乡村回归乡村，在于要建设一个什么样的乡村，这是乡村振兴的元问题。乡村振兴需要建设老百姓消费得起、住得下、稳得住的乡村。乡村振兴迫切需要成功案例做引导，不能照搬照抄，搞一窝蜂效仿；也不能急功近利，通过技术投入转变为市场暴力将农作物高价出售。乡村是用来住的，不是用来炒的；如果乡村变为高消费，不再成为农民的安身之所，乡村就无法回归乡村。三是要将重点落在乡村的因地制宜，要让种植农民享受到价格红利，这是农民回归乡村的重要归宿。乡村振兴是干出来的，不是臆想出来的，不能只靠概念推动。要盯住具体一个村、一个品种、一个主体、一个项目做强做大，建立生产示范基地，发展一批专业村和专业种植户；通过带头示范、以点促面，全面推进农业的绿色生态健康发展，让乡村回归适宜人居住的田园牧歌。

（四）平衡各方利益，找到高质量发展的公约数

要想发展村集体经济，必须调动村干部和村民、投资者的积极性，让大家形成利益共同体。在集体经济进入发展阶段时，往往会出现开发主体不明晰、各利益主体权利不明确等问题，导致利益冲突不断。一是要平衡各方利益，找到乡村高质量发展的公约数，就要明确利益相关主体。乡村居民是乡村文化的传承者和保护者，本身就是乡村资源的一部分，是利益开发主体；政府是乡村产业发展的调控者，是主导型利益开发主体；企业是乡村产业发展的合作者，是参与型利益开发主体。在利用利益关系捆绑发展乡村集体经济的同时，要妥善处理和协调好各利益开发主体之间的关系，形成三者之间的利益共同体。二是需要制定一套集体经济发展与村民个人利益密切相关的政策。明确个人利益开发主体及其权利责任，确保乡村居民作为利益开发主体的主导地位，同时充分尊重和协调好其他利益相关者的利益，建立资源有效配置的产权制度。

（五）重视龙头企业示范带动，加强资源整合

龙头企业对乡村经济发展具有强劲的带动效应，是实现促进乡村经济发展动力的引擎。没有龙头企业带动，就难以发展完整的产业链，更难以形成乡村产业化。一是龙头企业在实现乡村资源有效整合、调动村民创业积极性、转移生产劳动力、示范推广农业技术、畅通市场渠道、发展产业深度等方面都可以发挥重要作用。在调研中，农民最关心的是他们作为初级种植户的利益能不能最大化，而不是建立了多少个合作社、一年卖了多少钱。农民卖不出去的东西有企业卖出去，有了市场、提升品质后，能不能再把部分利润合理分配给农民是必须解决的现实问题。山西省科学技术厅派驻的第一书记及工作队员帮助村民推广农产品，从玉露香梨到黑豆，说明市场渠道畅通对初级种植户的重要性。二是制定并出台优惠政策，充分利用龙头企业带来的外部资源实现乡村发展。龙头企业可以根据市场需求组织生产，通过精深加工使初级种植业转化增值，提高农业资源的利用率，带动农业增产增收，这充分发挥了市场桥梁作用，并有效解决了资源供应与市场需求不对接的双向矛盾。同时，在市场激烈竞争下，逐渐增强了抵御风险的能力，通过运用现代农业技术，提高农产品的科技含量，提升产品品质，满足市场需求，极大提高了行业竞争力。

（六）提升第一书记权责匹配，加强领导力供给

第一书记制度为乡村发展带来了明显实质性的推动力，具有一定的制度优越性；当然也存在一定的困境，需要在发展中不断完善。一是对于第一书记的考核，不能以业绩作为唯一考核标准。要将公信力和村民的口碑作为干部考核重点，将考核制度下放给人民，要实现"为民族谋复兴、为人民谋幸福"，就要让人民说了算，以人民的口碑力量作为第一书记提拔晋升的主要标准。应提升第一书记等驻村干部、基层干部的工资和福利待遇。基层工作直接对接老百姓，更了解人民的诉求与期盼，且工作量繁重、乡建难度大，应让基层干部有向各上级部门建言献策的权利，把与民生相关的问题向上面提

交一件落实一件；上级部门也要及时回应合理诉求。二是赋权第一书记对乡村政策的实质决策权。第一书记在嵌入乡村基层组织过程中，可能会遭遇乡村社会的隐形抵制，要聚焦乡村社会不作为或难作为等问题层面，通过赋权提升第一书记的乡村治理能力。每届第一书记规定任期两年，但是乡村每一次五年规划的构建都关涉乡村发展的完整性。因此，每一任第一书记都应将当下乡村振兴方案内容全部完成之后，方可重新制定下一个规划；不论中间领导换届与否，都应按原有规划完成所有乡村建设任务，以保证乡村建设的连续性。三是培育第一书记回乡任职。通过培育一支敢想、敢干、有魄力的第一书记队伍，不断总结第一书记的选拔、考核、使用、培养等经验，为乡村基层不断积累人才资源。大力推动国家权力向乡村基层社会渗透，实现乡村振兴权力下沉，并规范权责体系。对愿意长期从事乡村工作的第一书记，可以尊重其意愿，延长第一书记驻村工作时间。四是要关注第一书记的健康状况及家庭需求。有些同志因身体健康问题不能继续胜任第一书记的工作，要做到及时调换驻村人选，并保障其家庭需求能够得到及时解决。

红色语言专题

红色语言使用状况调查

山西大学新闻学院　李彩霞

摘　要：红色语言作为中国共产党艰辛而辉煌奋斗历史的沉淀产物，是宝贵的精神财富。它蕴含着科学的人生观、价值观、世界观和认知现实的基础框架，在营造爱国主义氛围和传播社会主义核心价值观上具有不可替代的作用，是红色文化传播的最佳载体。本次调研采用大数据分析和深度访谈相结合的方式，在 2019 年 1 月至 2022 年 5 月这一时间段内，对抖音、微信、微博等 10 个重要社交平台红色语言的使用情况进行分析，共采集 7053188 条数据，涉及网络用户 1000 名。研究发现，当前重要社交平台的红色语言使用量不断增长，使用者覆盖面广，传播效果明显，但仍存在红色语言传播在量、质、互动性方面的不足。建议宏观上制定红色语言传播战略，强化党对红色文化的指导；微观上从内容供给、互动机制、网络监管等环节，提升官方账号、红色大 V 和普通用户的生产传播力，构建红色语言传播矩阵，壮大主流意识形态阵地，最大限度地发挥红色语言在互联网社交平台中的正能量作用。

引　言

"红色资源是我们党艰辛而辉煌奋斗历程的见证，是最宝贵的精神财富。红色血脉是中国共产党政治本色的集中体现，是新时代中国共产党人的精神力量源泉。"2018年，中央军委印发重要指导性文件《传承红色基因实施纲要》。2022年，习近平总书记在中国共产党第二十次全国代表大会上的报告《高举中国特色社会主义伟大旗帜　为全面建设社会主义现代化国家而团结奋斗》中明确指出："确立和坚持马克思主义在意识形态领域指导地位的根本制度，新时代党的创新理论深入人心，社会主义核心价值观广泛传播，中华优秀传统文化得到创造性转化、创新性发展，文化事业日益繁荣，网络生态持续向好，意识形态领域形势发生全局性、根本性转变。"可以看出，党和政府十分重视红色文化在新时代意识形态领域的重要作用。

当前，红色文化的研究多集中于红色经典、红色旅游等区域性精神资源和物质资源方面，而红色文化的重要组成部分——红色语言，是红色文化的主要载体，红色文化的传播在很大程度上依赖于红色语言的表达。另外，互联网是新媒体时代红色语言的主要输出阵地之一，针对重要社交平台中红色语言使用状况的相关研究比较缺乏。因此，对红色语言在重要社交平台使用情况的调查研究具有前瞻性，对于凝聚和弘扬主流价值观、增强文化软实力、发展文化生产力、提升网络时代治理能力和水平，具有重要意义。

本次调研采用大数据分析、文本分析、深度访谈、个案分析等研究方式，对抖音、快手、微博、微信、小红书、知乎、B站、百度贴吧、虎扑、今日头条等10个重要社交平台的红色语言使用情况进行了调查。

在研究时间上，选取2019年1月至2022年5月这一时间段，对红色语言使用情况进行具体数据的爬取。

依据文献数据库、专业新闻网站、政府官方网站以及用户发布在抖音、微博、知乎等主流互联网信息发布平台上的内容，构建红色语言语料库。在全网爬取数据后，经过多次人工和机器的删减、筛选、替换和整理，最终构建的红色语言语料库由5个大类构成：红色词汇、红色对白（红色标语）、红色诗词、红色文献、红色戏剧影视。其中包含17个小类、136个红色语言关键词（见附录1）。

在对红色语言使用者的调查上，首先在进行随机抽样、人工剔除重复项和无关项以及不更新的主页后，每个平台选择 100 个账号，共 1000 个账号，对其进行属性划分，观察红色语言使用情况；之后随机选取 23 位红色语言使用者（见附录 2）进行深度访谈，深入了解其红色语言使用动机、使用情境、传播状况等。

一、重要社交平台红色语言的使用现状

（一）红色语言使用总体情况

1. 红色语言使用量整体呈逐年增长趋势，2022 年略有回落

大数据共采集红色语言使用量 7053188 次，季平均变化情况整体呈增长趋势，红色语言每年的季度平均使用量从 2019 年至 2021 年一直飞速增长，在 2021 年达到最大峰值，使用量达到 344427 次；2019 年的年均使用量较少，但也有 176599 次的使用量，总体上看社交平台的红色语言使用量一直较多（见图 1）。

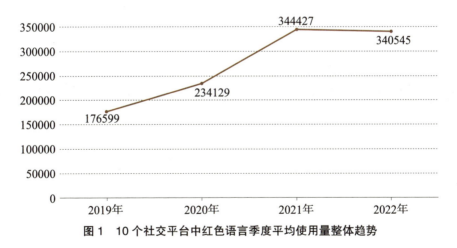

图 1　10 个社交平台中红色语言季度平均使用量整体趋势

（1）红色戏剧影视使用数量最多，红色对白（红色标语）使用数量最少。

5 大类红色语言内容在 10 个社交平台中的使用数量，其中红色戏剧影视的使用数量最多，为 4500631 次；其次是红色词汇，为 1787122 次；红色诗词使用数量略多于红色文献；红色对白（红色标语）使用数量最少，为 123174 次（见图 2）。

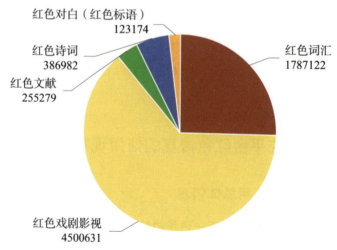

图2 10个社交平台5大类红色语言使用数量占比

在17个红色语言小类中，首先，革命英雄、革命历史、新时代词等红色词汇类型的使用数量最多，分别为614487次、591050次、438832次；其次，红色电视剧与红色影视人物等红色戏剧影视类型使用较多，分别为389273次、311819次（见表1）。

表1 10个社交平台中5大类17小类红色语言使用数量占比

红色语言子集		发布频次
红色词汇	革命英雄	614487
	革命历史	591050
	新时代词	438832
	革命精神	142753
红色对白（红色标语）	红色标语	123174
红色诗词	毛泽东诗词	66343
	经典励志作品	269875
	其他革命诗词	42647
	习近平常用诗词	8117
红色文献	新民主主义革命时期	194128
	中国特色社会主义新时代	32301
	改革开放和社会主义现代化建设新时期	28850

续表

红色语言子集		发布频次
红色戏剧影视	红色电视剧	389273
	红色影视人物	311819
	红色电影	246657
	红色影视对白	15923
	红色歌曲	10365

（2）"毛泽东""解放战争"《亮剑》出现频率最高。

在对所有红色语言关键词频率进行分析后发现，"毛泽东"这一关键词在10个社交平台中的使用量最大。使用量排名前14的关键词中，革命英雄类型占4个，新时代词占3个，革命历史和红色电视剧各占2个，这与前文中各类型红色语言内容使用情况有共通之处（见图3）。

此外值得一提的是，《春天的故事》《天亮之前》等脍炙人口的经典励志作品使用量较高，可以看出，朗朗上口、通俗易懂的文学作品同样可以推动红色语言的传播（见图3）。

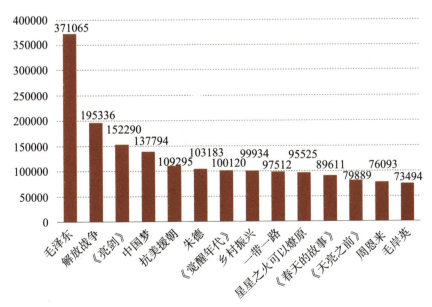

图3　10个社交平台中红色语言使用高频词统计

在使用数量倒数 14 位的红色语言关键词中，红色文献种类占 5/14，为 5 类红色语言中最多的一类。可以看出，用户对红色文献这一类红色语言的使用兴趣较低，此类红色语言传播效果一般（见图 4）。

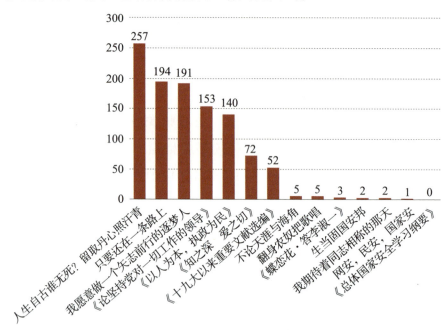

图 4   10 个社交平台中红色语言使用低频词统计

2. 各类红色语言使用趋势

（1）红色诗词和红色词汇使用量均逐年递增，红色对白（红色标语）、红色文献、红色戏剧影视在 2022 年使用量有所回落。

红色词汇在所选年份的季平均使用量均达到其同年的最大峰值。

红色对白（红色标语）在 2019—2022 年的数据中，均为最低值，其中 2019 年为历年最低值，为 4567 次。

红色诗词使用量年增长幅度最大（见图 5）。

（2）在红色词汇中，革命英雄类使用频率最高。

根据图 6 散点图可知，在红色词汇的四年季平均使用量中，整体同样呈增长趋势。革命英雄类使用频率最高，在 2021 年达到最大值后有小幅度回落，其最高值为 58045 次（见图 6）。

在革命英雄类词汇中，出现频率最高的有 8 个，数量由高到低依次为：毛泽东、朱德、叶挺、黄继光、孙立人、杨开慧、毛岸英、杜聿明。

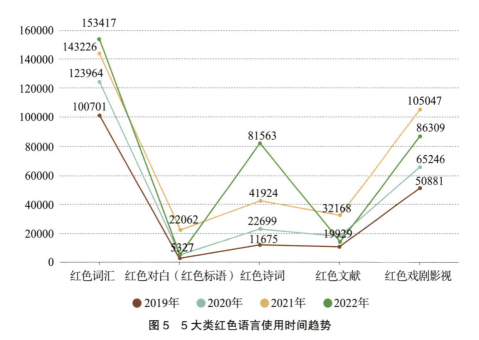

图 5　5 大类红色语言使用时间趋势

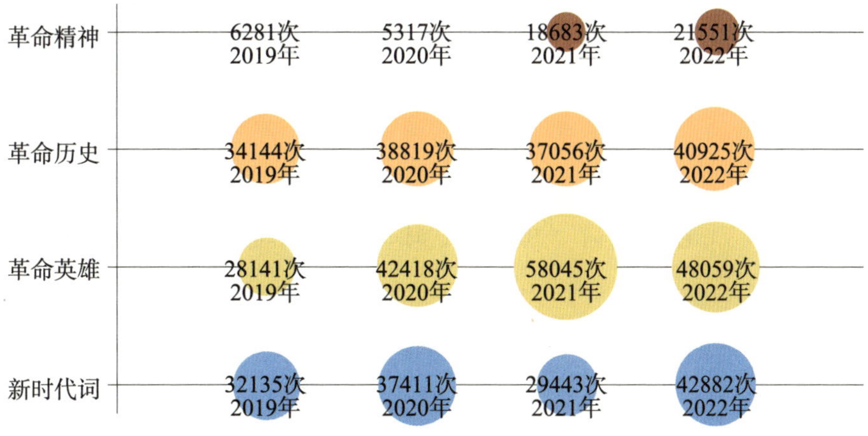

图 6　红色词汇使用时间趋势

（3）红色对白（红色标语）使用量在 2021 年达到最高峰，2022 年出现大幅度回落。

红色对白（红色标语）在 2021 年使用量达到最大峰值，而在其前后年份使用量都较少，这可能与 2021 年中国共产党成立 100 周年这一特殊历史背景有关（见图 7）。

图 7　红色对白（红色标语）使用时间趋势

（4）在红色诗词中，经典励志作品增长最多。

在红色诗词中，各类红色语言整体使用量均呈增长趋势，经典励志作品增长最快，其他红色诗词次之（见图 8）。

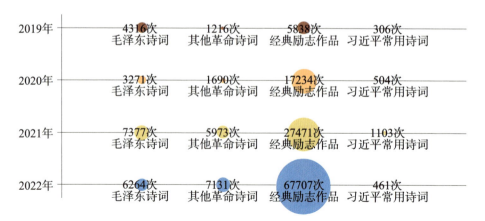

图 8　红色诗词使用时间趋势

（5）在红色文献中，新民主主义革命时期文献历年使用量均为最高，其中《星星之火，可以燎原》使用最多。

根据图9散点图可以得出，红色文献下属3小类文献均在2021年达到使用最高峰，2022年数量有所回落。

新民主主义革命时期的红色文献使用量均为年最高值，其最高使用量为23530次（见图9）。

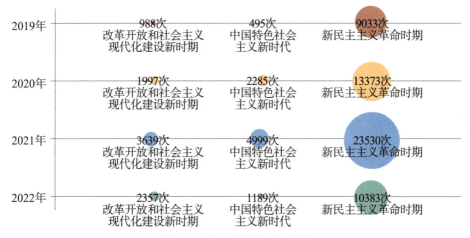

图9　红色文献使用时间趋势

（6）在红色戏剧影视中，红色电视剧对红色语言的使用推动力最强，红色影视人物也有助于红色语言传播。

根据图10散点图可知，红色影视对白类和红色歌词类的使用量均逐年增长，但基数较小，增长一直较为缓慢；红色电视剧类、红色电影类前三年逐年增长且增长幅度显著，在2021年达到高峰，然后有所回落。红色影视人物类则在2020年达到峰值后，出现小幅度回落。

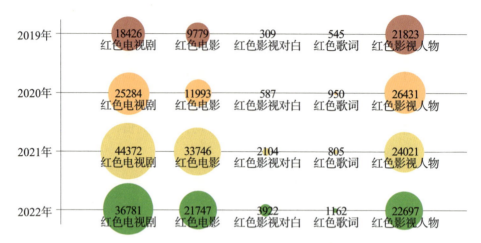

图 10　红色语言各子集使用时间趋势

3. 红色语言使用时，正面倾向性占比为 21.89%，中性占比为 77.99%

在红色语言的使用中，表达对党、对国家的热爱的占比为 21.89%。大量红色语言在考公、考编的情境下使用，并未带有个人情感（见图 11）。

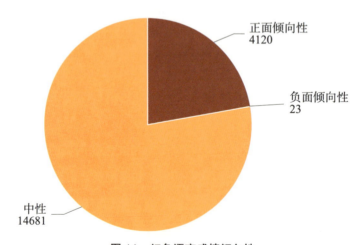

图 11　红色语言感情倾向性

红色对白（红色标语）类正面倾向性最高，占比为 61.31%，其余依次为红色词汇类（27.06%）、红色文献类（20.48%）、红色戏剧影视类（7.34%）、红色诗词类（4.72%）（见图 12 至图 16）。

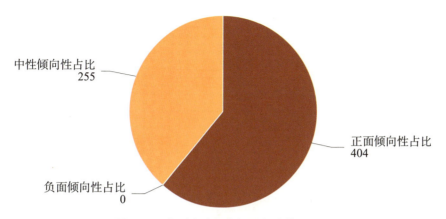

图 12　红色对白（红色标语）感情倾向性

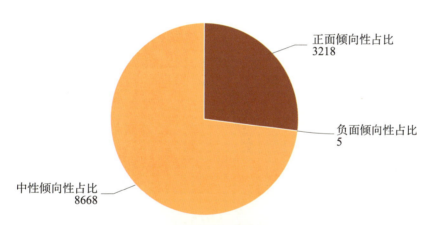

图 13　红色词汇感情倾向性

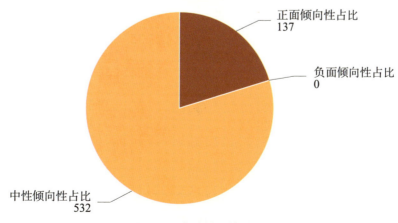

图 14　红色文献感情倾向性

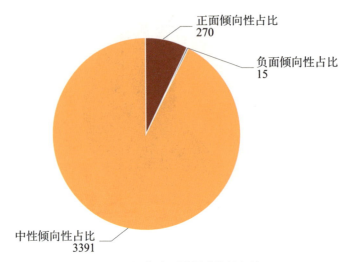

正面倾向性占比
270

负面倾向性占比
15

中性倾向性占比
3391

图 15　红色戏剧影视感情倾向性

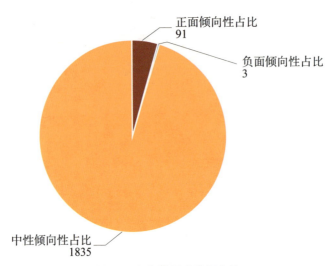

正面倾向性占比
91

负面倾向性占比
3

中性倾向性占比
1835

图 16　红色诗词感情倾向性

（二）各社交平台的红色语言使用情况

1.微信、微博红色语言使用量居于前列

在所选 10 个重要社交平台中，微博、微信两个平台的红色语言使用量居于前两位，微博红色语言使用量为 1626766 次，微信红色语言使用量为 1326653 次；今日头条的红色语言使用量也较多，而虎扑的红色语言使用量最

少，仅为 2018 次（见图 17）。

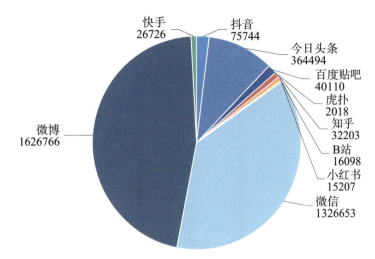

图 17　10 个社交平台红色语言使用量

2. 社交平台红色语言历时性变化

（1）抖音、快手、B 站等平台的红色语言使用量逐年递增；知乎、虎扑的红色语言每年使用量较为均衡；百度贴吧的红色语言使用量逐年下降。

抖音、快手、B 站等视频类社交平台的红色语言使用量逐年递增，抖音年增长幅度超过 200%。

小红书的红色语言使用量略有增长。

知乎、虎扑的红色语言使用量每年增长幅度较小，数量较为均衡。

百度贴吧的红色语言使用量逐年下降，2019 年至 2020 年减少了 26.25%，2020 年至 2021 年减少了 34.50%，2021 年至 2022 年减少了 42.49%（见图 18）。

（2）抖音、快手平台中红色戏剧影视类和红色词汇类的使用量在 2021 年呈现爆发式增长；微博、微信、小红书平台中红色词汇的使用量与增长率也较高。

抖音、快手平台中红色语言使用量的爆发式增长，与 2021 年作为新冠疫情高发的一年这一社会形势，以及短视频的兴起和迅猛发展息息相关。

在抖音平台中，红色戏剧影视类使用量增长速度较快，红色诗词类有后发追赶趋势（见图 19）。

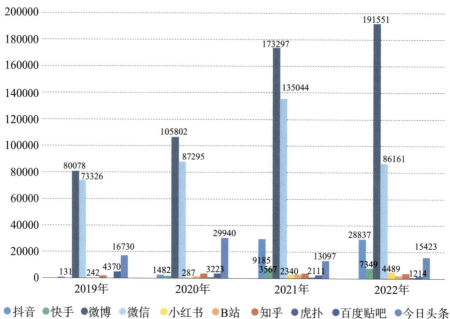

图 18　10 个社交平台红色语言使用时间趋势

图 19　抖音的红色语言使用时间趋势

在快手平台中，红色词汇类与红色戏剧影视类使用量增长速度较快（见图20）。

图20　快手的红色语言使用时间趋势

在微博平台中，红色词汇类使用量稳定增长，红色戏剧影视类有明显波动，这与2021年红色影视作品大量发布高度相关（见图21）。

图21　微博的红色语言使用时间趋势

微信平台的红色语言传播主要集中于红色词汇类（见图22）。

图22　微信的红色语言使用时间趋势

小红书平台的红色词汇类使用量增长明显，红色戏剧影视类有明显波动（见图23）。

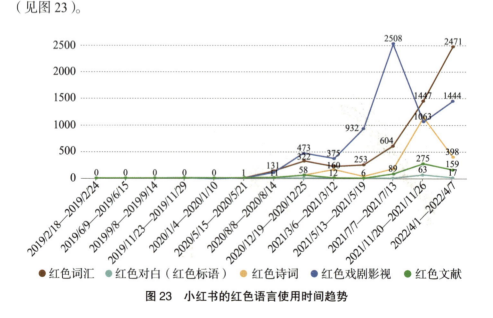

图23　小红书的红色语言使用时间趋势

在 B 站平台中，红色词汇类、红色对白（红色标语）类、红色戏剧影视类、红色文献类的使用量均在 2021 年 7 月到达峰值；红色诗词类的使用量在 2021 年 11 月到达峰值。B 站的红色戏剧影视类使用量一枝独秀（见图 24）。

图 24　B 站的红色语言使用时间趋势

在知乎平台中，红色词汇类使用量占据主要地位，整体呈增长趋势（见图 25）。

图 25　知乎的红色语言使用时间趋势

在虎扑平台中，红色戏剧影视类使用量在 2020 年 12 月及 2021 年 11 月有两次较为明显的峰值，红色语言使用量与《人民的名义》中的李达康书记这一经典红色人物高度相关。虽然虎扑平台中红色戏剧影视类使用量较多，但红色词汇类及红色戏剧影视类使用量有几次下降趋势较为明显（见图 26）。

图 26　虎扑的红色语言使用时间趋势

在百度贴吧平台中，红色词汇类、红色戏剧影视类、红色诗词类在 2019 年 6 月达到其使用量的峰值；各类红色语言在 2019 年 9 月后所选取的时间段中整体趋势趋于平稳。百度贴吧红色语言使用多与历史人物和革命英雄相关，但各类红色语言使用量都呈下降趋势（见图 27）。

在今日头条平台中，红色词汇类及红色戏剧影视类在各个时间段的使用量起伏较大，红色词汇类在 2019 年 6 月、2020 年 5 月及 2020 年 8 月这几个时间段均有明显峰值，并在 2020 年 8 月后整体呈现下降趋势；红色戏剧影视类使用量在 2020 年 1 月及 2020 年 5 月到达峰值，但在其后的时间区间内整体也呈下降趋势（见图 28）。今日头条平台中野史性、猎奇类的红色语言内容较多。

图 27　百度贴吧的红色语言使用时间趋势

图 28　今日头条的红色语言使用时间趋势

（3）抖音偏好发布经典励志作品类内容，微博、微信、今日头条则偏好发布红色词汇类相关内容，其余社交平台偏好红色电视剧类和红色电影类（见表2）。

表2　各社交平台红色语言使用偏好排序

平台	各平台使用量多的红色语言				
	1	2	3	4	5
抖音	经典励志作品	红色电视剧	红色电影	革命历史	革命精神
快手	红色电视剧	红色电影	经典励志作品	革命历史	革命精神
微博	新时代词	红色电视剧	经典励志作品	红色影视人物	红色电影
微信	革命历史	新时代词	新民主主义革命时期（红色文献）	红色影视人物	红色对白
小红书	红色电视剧	红色电影	革命历史	经典励志作品	红色影视人物
B站	红色电视剧	革命历史	红色电影	新民主主义革命时期（红色文献）	红色影视人物
虎扑	红色电视剧	红色电影	革命英雄	革命历史	红色影视人物
知乎	红色电视剧	革命历史	红色影视人物	红色电影	经典励志作品
百度贴吧	红色电视剧	红色电影	革命历史	革命英雄	红色影视人物
今日头条	革命历史	红色电视剧	红色影视人物	经典励志作品	新时代词

快手、B站、小红书、虎扑、百度贴吧、知乎等用户更喜欢发布红色电视剧类和红色电影类相关内容。抖音平台则偏好发布经典励志作品类内容，这与其他社交平台形成鲜明差异。微博、微信、今日头条偏好发布红色词汇类相关内容。

在抖音平台中，红色诗词中的经典励志作品类的使用量占比最大，为

18312 次；其次是红色电视剧这一类型，使用量为 16105 次。

在快手平台中，红色戏剧影视中的红色电视剧类使用量最多，为 5849 次。

在微博平台中，红色词汇中的新时代词类使用量最多，为 309049 次。

在微信平台中，红色词汇中的革命历史类使用量最多，为 250022 次；红色对白（红色标语）这一红色语言类型使用量最少，为 3002 次。

在小红书平台中，红色戏剧影视中的红色电视剧类内容更受受众青睐，其相关讨论数量最多，为 3493 次。

在 B 站平台中，红色戏剧影视中的红色电视剧类内容更受受众青睐，其相关讨论数量最多，为 7220 次。

在虎扑平台中，红色电视剧类内容更受受众喜爱，其相关讨论数量最多，为 930 次；而红色标语、红色诗词等使用量较少。

在知乎平台中，关于红色电视剧的相关内容使用量最多，为 6328 次。

在百度贴吧平台中，关于红色电视剧的相关内容使用量最多，为 8461 次。

在今日头条平台中，关于红色词汇中的革命历史类内容更受受众喜爱，其相关讨论数量最多，为 157999 次。

（4）快手、微博、今日头条的红色语言使用正面倾向性最高。

在对 10 个社交平台部分红色语言内容进行情感倾向性统计后，可以看出在各个社交平台中，负面倾向性的内容发布较少。在小红书、B 站和知乎这 3 个平台中，用户情感中性倾向占比在 80% 以上。

在小红书平台随机抽样的内容中，考公、考编、考研等国家考试中的政治相关内容多为中性倾向。

相较于其他社交平台，快手、微博、今日头条的红色语言使用正面倾向性最高。虎扑平台的负面倾向性相较于其他平台较为明显（见图 29）。

（5）在红色语言使用者调查中，今日头条平台中官方账号数量最多，小红书、知乎、B 站、百度贴吧、虎扑前 20 名均为非官方账号，微信、抖音、微博、快手非官方账号数量多于官方账号。

在今日头条前 20 名红色语言使用者中，官方账号属性最多，占比 60%，是调查中唯一一个官方账号多于非官方账号的社交平台。此外，官方账号较多的社交平台依次是微信、抖音、微博和快手，但官方账号数量均少于非官方账号（见图30）。

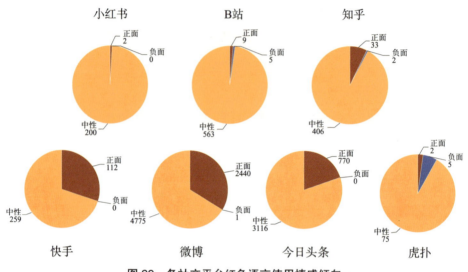

图29 各社交平台红色语言使用情感倾向

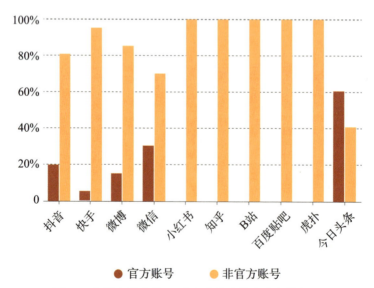

图30 各社交平台前20名红色语言使用者属性占比

在微博前20名红色语言使用者中，属性为官方账号的较少，占比仅为

15%，非官方账号较多，占比为 85%（见图 31）。在非官方账号中，明确标记自己是某领域博主的，占比 23.5%；标记为头条文章作者、作家身份的，占比 17.6%；标记为超话粉丝大咖的，占比 11.8%（见图 32）。

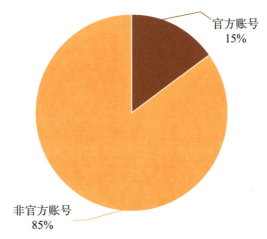

图 31　微博前 20 名红色语言使用者属性占比

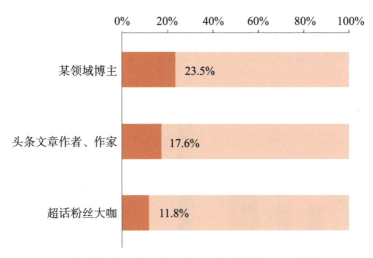

图 32　微博前 20 名红色语言使用者非官方账号属性占比

在微信前 20 名红色语言使用者中，官方账号属性占比为 30%，非官方账号属性占比为 70%（见图 33）。在非官方账号中，明确标明讲述红色故事、传播党史的占比为 21.4%。

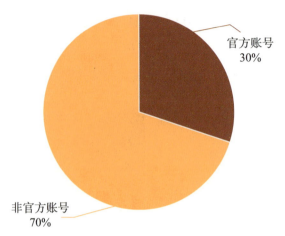

图 33　微信前 20 名红色语言使用者属性占比

（6）在微博、抖音、今日头条平台中，红色语言使用者男性多于女性，在快手、小红书平台中，红色语言使用者女性多于男性。

根据可获得的性别信息，抖音、快手、微博、小红书、今日头条这 5 个社交平台账号的性别信息如下：微博中前 20 名红色语言使用者大多为男性，男性占比超 80%；抖音和今日头条前 20 名红色语言使用者中，男性均多于女性；快手和小红书前 20 名红色语言使用者中，女性多于男性（见图 34）。

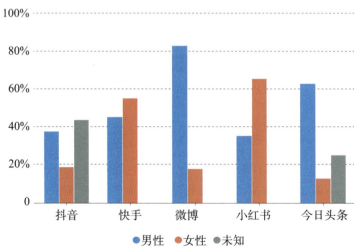

备注：部分社交网站无性别信息或信息空缺太多

图 34　社交平台前 20 名红色语言使用者性别占比

（三）红色语言使用者基本情况

1.使用者属性

（1）非官方账号占比 87%，远远多于官方账号。

通过分析 10 个社交平台前 20 名红色语言使用者的属性，发现 10 个社交平台共 200 个红色语言使用者的账号中，非官方账号较多，占比 87%，官方账号占比仅为 13%（见图 35）。说明在社交平台红色语言的传播中，虽然官方账号发挥着引导示范作用，但非官方的普通用户仍然是使用主体。

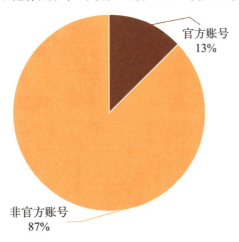

图 35　10 个社交平台账号属性占比

（2）男性用户较女性用户更频繁使用红色语言。

通过分析已知的红色语言使用者的性别数据，10 个社交平台 200 个红色语言使用者中，男女性别比为 57.7∶42.3（见图 36），社交平台中男性用户较女性用户更易频繁使用红色语言。

（3）头部用户对红色语言的使用较少，官方账号数量少但影响力大。

从整体上看，社交平台中红色语言使用者的粉丝量涵盖范围广，从粉丝量寥寥无几的用户到拥有 100 万甚至 1000 万粉丝量的用户都有频繁使用红色语言的可能性，其中粉丝量低于 10 万的用户在各社交平台频繁使用红色语言的占比较高，这些普通用户是社交平台红色语言使用的中坚力量。

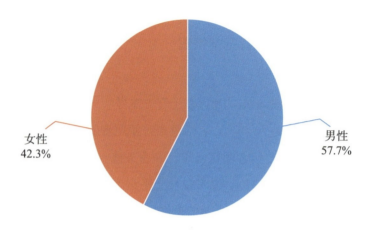

图 36　10 个社交平台红色语言使用者性别占比

　　个别网站存在特殊情况。今日头条的红色语言使用者粉丝量最多，有 15% 的用户其粉丝量超过 1000 万，35% 的用户其粉丝量超过 100 万，这与今日头条前 20 名红色语言使用者中官方账号占比大有相关性；微博有 50% 的红色语言使用者其粉丝量超过 10 万。快手、小红书、B 站、虎扑均没有粉丝量超 100 万的红色语言使用者，这与小红书、B 站、虎扑等社交平台前 20 名红色语言使用者中，官方账号数量为 0，非官方账号占比为 100%，快手官方账号占比极小的情况有相关性，同时也与这些网站红色语言使用数据量本身较低有关（见表 3）。

　　此外，通过计算除微信、百度贴吧（无相关数据）之外的 8 个社交平台粉丝量数据发现，虽然红色语言使用者的官方账号较少，仅占 13%，但其粉丝量之和却是占比 87% 的非官方账号粉丝量之和的 2.26 倍（相关数据结算至统计时间）。其中，今日头条红色语言使用者官方账号粉丝量最多，总计超 5000 万。这无疑体现了官方账号在红色语言传播中具有不可比拟的流量优势，更易吸引更多的受众注意到红色语言，从而推动红色语言的传播。

表3 8个社交平台红色语言使用者粉丝量统计（微信和百度贴吧缺少相关粉丝量数据）

社交平台	大于0，小于等于100	大于100，小于等于1000	大于1000，小于等于1万	大于1万，小于等于10万	大于10万，小于等于100万	大于100万，小于等于1000万	大于1000万，小于等于1亿
抖音	5%	20%	25%	25%	15%	10%	—
快手	10%	35%	15%	35%	5%	—	—
微博	—	5%	15%	30%	45%	5%	—
小红书	20%	35%	35%	10%	—	—	—
知乎	20%	—	35%	20%	15%	10%	—
B站	20%	40%	35%	5%	—	—	—
虎扑	45%	20%	5%	5%	—	—	—
今日头条	—	—	5%	25%	25%	20%	15%

2. 用户接触性偏好

（1）对红色词汇类内容，用户倾向选择严肃类官方账号；对红色戏剧影视类内容，用户倾向选择网络大V。

通过访谈发现，用户在选择浏览红色语言相关内容时，诸如会议、政策、党政相关的内容，普遍更倾向于关注官方账号发布的内容；而对于娱乐性、日常生活性较强的信息，比如浏览红色电视剧、红色电影、红色歌曲相关内容时，则会凭借个人喜好进行一定的取舍，更喜欢一些网络大V以二次创作的形式发布的内容。严肃性的红色语言内容通常会由官方账号直接流向普通用户，而娱乐性强的内容则会经由网络大V这个中间环节再扩散出去。

（2）青年人偏好视频形式，老年人倾向于短句和图片。

年轻人的兴趣喜好更偏向抓人眼球、音乐和文字冲击力更大的短视频形式，老年人则更希望其呈现形式简洁明了、一目了然。

（3）各年龄段用户都更偏向故事性的叙述方式。

在涉及红色相关的人物、事件的描述内容时，无论是年轻人还是中老年人都更偏向故事性的叙述方式。

3. 用户红色语言使用偏好

红色语言使用者以红色词汇类和红色戏剧影视类内容使用频率最高，这凸显了红色语言使用相关内容传递的爱国主义和家国情怀，与红色语言本身的象征意涵相同，也体现了社交媒体时代红色戏剧影视作品对红色语言传播起到的显著作用。用户的红色语言使用偏好与其属性、性别、年龄等密切相关。

（1）官方账号偏好使用红色词汇类，非官方账号用户偏好使用红色戏剧影视类。

官方账号偏好使用红色词汇类，有84.6%的官方账号使用了红色词汇类，其中"毛泽东""朱德""抗美援朝""红军长征"这些红色影视人物和革命历史类红色词汇的使用率最高；有65.4%的官方账号偏好使用红色文献类和红色对白（红色标语）类，其中《习近平谈治国理政》和"铸牢中华民族共同体意识"这些新时代相关内容的使用率最高；50%的官方账号使用了红色诗词类；46.2%的官方账号使用了红色戏剧影视类。

非官方账号最偏好使用红色戏剧影视类，有55.7%的非官方账号使用了红色戏剧影视类，《亮剑》和《士兵突击》这些经典的红色电视剧使用率最高；与官方账号相似，54.6%的非官方账号使用了红色词汇类，"毛泽东""解放战争""朱德"等红色影视人物和革命历史类红色词汇使用率最高；22.4%的非官方账号使用了红色诗词类，《卜算子·咏梅》和《沁园春·雪》等毛泽东诗词使用率最高。非官方账号对红色文献类和红色对白（红色标语）类的使用偏好程度较低。

可以看出，官方账号与非官方账号红色语言的使用偏好存在明显差异

（见表 4 ）。

表 4　官方账号与非官方账号红色语言使用偏好

账号属性		红色语言类型偏好	具体语言偏好
官方账号	1	红色词汇	毛泽东、朱德、抗美援朝、红军长征
	2	红色文献、红色对白（红色标语）	《习近平谈治国理政》；铸牢中华民族共同体意识
	3	红色诗词	《沁园春·雪》
	4	红色戏剧影视	《亮剑》
非官方账号	1	红色戏剧影视	《亮剑》《士兵突击》
	2	红色词汇	毛泽东、解放战争、朱德
	3	红色诗词	《卜算子·咏梅》《沁园春·雪》
	4	红色文献	《论持久战》
	5	红色对白（红色标语）	构建社会主义和谐社会；最后一公里

（2）不同性别的红色语言使用者偏好差异较小，相较于男性用户，女性用户较为偏爱红色戏剧影视类。

在前 20 名红色语言使用者女性多于男性的社交平台中，红色词汇类和红色戏剧影视类更被使用者所偏好。其中，共有 55% 的用户偏好使用红色词汇类；52.5% 的用户偏好使用红色戏剧影视类，《士兵突击》这一经典红色电视剧的相关内容使用率最高；15% 的用户偏好使用红色文献类；仅有 2.5% 的用户偏好使用红色诗词类；这些社交平台用户对红色对白（红色标语）类的偏好度为 0。

在前 20 名红色语言使用者男性多于女性的社交平台中，红色词汇类最受使用者偏好，占比 73.3%，其中"毛泽东""抗美援朝""朱德"等革命英雄和革命历史类红色词汇的使用率较高。之后被用户所偏好的红色语言类型依次是红色诗词类、红色文献类、红色戏剧影视类、红色对白（红色标语）类，占比分别为 46.7%、43.3%、43.3% 和 23.3%（见表 5 ）。

表 5　男性、女性用户红色语言使用偏好

性别占比		红色语言类型偏好	具体语言偏好
女性多	1	红色词汇	毛泽东
	2	红色戏剧影视	《士兵突击》
	3	红色文献	《论持久战》
	4	红色诗词	《春天的故事》
男性多	1	红色词汇	毛泽东
	2	红色诗词	《沁园春·雪》
	3	红色文献、红色戏剧影视	《矛盾论》《亮剑》
	4	红色对白（红色标语）	铸牢中华民族共同体意识；践行以人民为中心的发展思想

（3）青年用户偏好使用红色戏剧影视类，中老年用户更偏好使用红色词汇类。

由于不同社交平台的注册要求和用户信息完善与展示程度不同，10 个重要社交平台中，仅抖音显示用户年龄，其使用红色语言最多的为 31—40 岁群体，这与第 49 次《中国互联网络发展状况统计报告》中显示的占比最多的网民年龄段相一致，该年龄段的用户群体更偏好使用红色戏剧影视类，有 22.2% 的用户使用了红色戏剧影视类，其中《亮剑》和《士兵突击》这些红色戏剧影视相关内容偏好度较高；20—30 岁用户群体偏好使用《士兵突击》等红色戏剧影视；41—50 岁用户偏好使用"长征精神"等红色词汇类，50 岁以上用户偏好使用《亮剑》等红色戏剧影视和"长征精神"等红色词汇类（见表 6）。

表6　不同年龄段用户红色语言使用偏好

年龄段	红色语言类型偏好	具体语言偏好
20—30 岁	红色戏剧影视	《士兵突击》
31—40 岁	红色戏剧影视	《亮剑》《士兵突击》
41—50 岁	红色词汇	长征精神
50 岁以上	红色词汇、红色戏剧影视	长征精神、《亮剑》

（4）未成年人（18 岁以下）倾向于使用微信、QQ 这类社交平台，青年群体（18—35 岁）倾向于使用微博，中年群体（36—50 岁）倾向于使用微信和抖音。

个案研究选取了 6 个社交平台，即微博、微信、抖音、B 站、小红书、今日头条，这些平台属性各有差异，用户在不同社交平台进行内容生产也具有明显特征。从社交属性来看，微信作为一个典型的强关系熟人社交平台，朋友、亲戚、同事占据通讯录的绝大多数，都是在现实生活中与用户有着紧密联系的人，这也意味着在朋友圈发布内容时需要顾虑更多，内容合不合适、是否需要分组等都是需要考虑的问题；微博则与微信截然相反，作为一个典型的弱关系平台，用户在该社交平台上日常面对的大部分都是陌生人，现实生活中认识的熟人较少，这就导致用户在微博发布内容时不需要过多考虑家人、同事等人的想法，可以相对自由地进行内容生产和话题讨论；抖音则定位于两者之间，属于中关系平台，用户既与众多亲戚朋友互相关注，又面向广大陌生人群体；B 站、小红书、今日头条更偏向于弱关系平台。

在与用户对话时发现，不同年龄段的用户会偏向于选择使用不同社交属性的平台进行内容生产。未成年人选择在 QQ 空间、微信朋友圈发布使用红色语言的内容，原因是更多朋友在微信、QQ 才有联系，希望发布内容被更多朋友看见。在进行访谈的 13 位青年里，只有 3 位表示在微信使用过红色语言，其中，1 位表示更喜欢微信这种强关系平台，1 位表示只有在特定情境下才会使用，如中国共产党成立 100 周年，1 位是工作原因在微信发布；其他则表示更喜欢在微博使用红色语言发布内容，原因主要是微信有太多朋友、同事，而微博没有太多这方面的顾虑。接受访谈的 5 位中年人表示更喜欢在微信和抖音使用红色语言。

综上可以发现，作为社交平台使用主力军的青年群体更倾向于在微博这种弱关系平台使用红色语言，未成年人倾向于在微信、QQ 这种强关系平台使用红色语言，中年群体则主要在微信和抖音使用红色语言。从中可以看出不同年龄段的用户群体对于使用红色语言有着明显的平台倾向，这与不同平台的用户群体有关，也与平台的社交属性差异有关。

（四）红色语言使用与互动的影响因素

对 23 位不同性别、年龄、职业的用户进行深度访谈并做数据分析后，进一步获得用户使用红色语言背后的多元化动因。其中，情境因素、文本特征、功利性因素为外部因素，心理机制为内部因素。内因、外因共同作用，从而影响用户对红色语言的使用意愿与互动行为。

1.情境因素

情境因素包含现实性情境、虚拟性情境。现实性情境主要指物质性生活世界中的特定社会情境，如奥运会这类重大活动，国庆节、中秋节等重要节日，抗战胜利、中国共产党成立、建军节等重大纪念日；虚拟性情境指由网络构成的虚拟情境，主要包括互动设计、网站氛围和网站信息推送机制、审核管理机制、社交属性等因素。

（1）重大活动、重要节日、重大纪念日对红色语言使用起促进作用。

红色语言相关内容传递着爱国主义和家国情怀，许多用户通常是在特殊情境和时间节点刺激下在社交平台使用红色语言。尤其是在国庆节这些重要节日，中国共产党成立 100 周年、中国人民抗日战争胜利纪念日这些重大纪念日，用户很容易在群体情绪感染下使用红色语言，共同参与到对节日的庆祝、对祖国的祝福之中。此外，冬奥会等社会影响范围广、爱国氛围浓郁的特殊环境，也是激发用户使用红色语言参与话题讨论、抒发个人情感的动力因素。

（2）平台娱乐性氛围影响用户红色语言表达的积极性。

通过深度访谈发现，用户受平台整体氛围的影响，根据氛围调整自身对平台的使用期待。多数受访者将抖音作为放松、娱乐的平台，认为微博更偏向于讨论严肃性、庄重性的事件与话题，因而更倾向于在微博中进行红色语言相关内容的转发、评论等互动行为。

（3）推送公信力较高的公众号有利于红色语言的使用与传播。

社交平台的信息推送机制从推送方式、推送程度、推送速度三个方面影响用户对社交平台的选择。推送方式指的是信息推送主体借助一定的页面呈现方式，为用户呈现信息的过程。以微信、微博为例，微信的推送方式以公众号为主体，传播主体相对较少，信息秩序较为规范；而微博由于信息主体多元化，推送方式以信息流传播为主，呈现出较为混乱的信息秩序，整体而言，降低了受众对信息的信任感。推送程度指社交平台进行推送的强势程度。大部分受访者表示，在使用抖音、快手等社交平台进行信息浏览时，往往根据平台推送来阅读，而在使用微博、微信时，则更倾向于自己主动搜索信息。

（4）双向互动有利于红色语言的使用与传播。

从受众到用户，信息接收者身份实现了从单向到双向的转变。在浏览、阅读红色语言内容时，用户可以随时互动、参与讨论，发表自己的观点和想法，同时也可以自己使用红色语言发布感兴趣的内容。社交平台使用门槛的降低、随时互动的便捷性以及浏览者与发布者的双重身份都会促使用户在社交平台尽可能自由地进行内容的发布与话题的讨论。在深度访谈过程中，许多用户也承认社交平台的自由和开放是其使用红色语言的动因之一。因此，交互性特征对红色语言的使用起到积极作用。

（5）审核机制会制约用户红色语言的使用与传播。

社交平台一般都有审核过滤机制，而红色语言作为红色文化的重要载体，在一定程度上与政治相联系，这也意味着稍不注意就可能触发平台的过滤机制。在深度访谈过程中，也有用户谈到有些红色语言相关内容可能会被屏蔽。

因此，平台的内容审核过滤机制对红色语言的使用存在着一定的阻碍。

2. 文本特征

文本特征指的是红色语言在主题、内容、叙事、符号等方面的差异化特征所引起的不同传播效果。研究发现，红色语言具有的四个特征直接或间接对用户使用红色语言的意愿产生影响，即关联性、可接近性、可参与性、生动性。

（1）与用户关联性强的事件会推动用户使用传播红色语言。

红色语言的关联性指的是用户感知到的自己与红色语言背后深层次的社会渊源之间的关联程度。个人关联理论指出，特定情境内刺激物的重要性与个人的重要性关联感知，能够激发个人对该刺激物的兴趣。红色语言作为承载红色文化的重要载体，在宣传红色文化的过程中发挥着重要作用，而红色文化象征具有中国特色的文化意涵，是新民主主义革命时期、社会主义革命和建设时期、改革开放和社会主义现代化建设新时期以及中国特色社会主义新时代对于中国文化、中国精神的高度提炼，背后凝聚着时代特性，与社会各个方面都有着紧密关联。在对 23 位用户进行访谈后发现，他们使用红色语言发布内容，很多是出于对红色语言所承载意义的深层感知，比如冬奥会的举办、乡村振兴等，在对特殊时事热点展开讨论时，通常将其与红色文化相联系，并使用关联的红色语言来表达。因此，红色语言的重要性对用户使用红色语言的意愿具有积极影响，当人们感知到作为红色文化载体的红色语言所代表的社会影响力越大、社会价值越高，其使用意愿就越强烈。

（2）易读易懂、形式简洁的红色语言更有利于使用与传播。

红色语言的生动性是指红色语言的使用以一种鲜活生动、丰富多样的形式带给用户生动的内容体验。具体而言，主要包括这几点：篇幅长短、形式是否多元、文本内容是否有趣味性和可读性、文本是否有深度性观点输出、是否具有正能量等。

不同形式的红色语言带给用户不同的感受和情绪，相比于大段枯燥的文字内容，多数用户更倾向于观看文本简洁明晰的内容。不少受访者表示，看到过长的内容，就会丧失阅读兴趣，更不用提进行互动。

相较于单一的文字形式，用户更倾向于浏览和使用形式多样的内容。近年来短视频迅猛发展，成为红色语言内容的一种重要表达形式。在对微信、今日头条这种以生产文字内容为主的社交平台做个案研究时发现，无论是官方账号还是非官方账号，阅读量都远大于点赞量、评论量和转发量，这说明用户对单一文字类的内容互动意愿低。而在微博、抖音等社交平台，短视频形式的红色语言内容有着更多的转发量，用户在转发时也会使用简短的红色语言进行互动。在访谈过程中发现，微博、抖音经常会创建红色语言相关话题，许多用户出于新奇心理会积极参与话题讨论。因此，红色语言的使用形式越生动，用户进行二次传播时就越积极主动，如话题讨论这种充满参与感的形式就对用户极具吸引力。

此外，许多用户表示会对发布的比较有趣、有故事性或者有精辟观点输出的红色语言内容进行点赞、评论等互动，这些都是影响用户使用红色语言的因素。

3. 功利性因素

功利性因素指的是个体由于社会身份的权力性作用而参与红色语言的互动，主要包括个人提升、经济获益、政治任务、社交资本获得、为偶像宣传等几种具体形式。与情境因素、心理机制、文本特征不同的是，功利性因素对用户参与呈现单向促进模式，用户大多并未将红色语言内容内化于心，而情境因素与心理机制则同时具有正向促进与反向阻碍两种模式。

（1）考公、考编、考研客观上推动红色语言使用。

在就业、升学形势日趋严峻的大背景下，不少用户投入考公、考编、考研的热潮中，这些竞争性考试无一例外都会涉及政治、红色相关内容。出于这种需求，不少用户会在社交平台浏览红色相关内容，甚至进行点赞、评论、转发、收藏等互动行为。此外，不少用户除了浏览相关内容，还会整理自己学习所得的经验、笔记等，发布在社交平台，产生新的互动情境。在个案研究中我们发现，小红书这一平台中不少用户发布的红色语言内容多为考试相关内容的笔记、小技巧等。

（2）社交平台的"养号"和炒作等潜规则客观上也会推动红色语言使用。

功利性因素中的经济性因素主要指用户通过发布红色语言内容来"养号"和炒作。访谈中不少青年用户提到，他们会每天固定在一些特定的社交平台发布正能量的红色语言内容，来提高自己账号的信用度。如，不少微博用户会每天在"每日一善"超话发布15字以上的红色文案并配以九宫格图片，然后与其他用户相互评论，满足该微博内容评论超过20条的要求，以提高微博账号的阳光信用值，完成"养号"行为。此外，还有一些用户会在相关红色热点话题下发布一些内容，引起他人的注意，吸引流量进行炒作，这种行为在微博、抖音等社交平台均较为常见。

（3）塑造良好形象、拓展人际关系等需求会推动红色语言使用。

一些用户进行红色语言的使用与互动行为主要是将红色语言作为一种社会谈资，即文化资本，其目的是在社交平台塑造一个正向、良好的个人形象。

整理访谈内容发现，一些用户会在看到朋友、熟人发布红色语言内容后，进行点赞、评论，而不会对陌生人发布的内容进行互动行为。用户的互动行为源自其社交的需要。不少受访者表示，在微信朋友圈、QQ空间等社交平台看到好友发布红色语言会进行点赞、评论，来完成与好友的人际交流。

用户在发现他人发布的红色语言内容是自己所了解、有共同想法的情况下，更容易产生互动行为，进行评论，发表观点，或点赞、转发以表示自己赞同该内容。此外，访谈发现，一些用户在周围的人都使用某一红色语言内容时，为了能与他人有共同的交流话题，也会使用这些红色语言。

（4）所属组织的要求推动了红色语言的使用与发布。

在访谈分析中，我们发现不少用户在微信这一社交平台发布红色语言内容是出于组织要求，以完成任务为目标。如，党员在党组织的要求下，按时完成"学习强国"App任务内容，并将分数和学习主要内容发布在微信朋友圈，完成"打卡"。一些公职单位员工在单位的要求下，在社交平台发布学习的红色内容或进行互动；学生群体也出于完成任务的目的，发布红色语言内容，如"青年大学习"的"打卡"行为、发布一些红色内容观后感等。

（5）为偶像宣传的需要引发用户的红色语言使用行为。

近年来，随着粉丝文化的发展，红色语言使用行为逐渐扩展至小红书、抖音、B站等众多社交平台。流量明星具有强大的粉丝群体，可以带来巨大的流量，因此，近年来不少红色影视作品或文化活动都会有流量明星的身影。这些明星的粉丝群体出于为偶像宣传的目的，会在社交平台携带相关红色话题夸奖自己的偶像，期望有更多的人了解并喜欢自己的偶像。除了自己发布相关红色语言内容宣传偶像，粉丝还会在发布相关内容的官方账号或网络大V下进行大规模的"控评"，即携带含有红色话题与明星的内容进行大量评论和转发，为偶像"做数据""立人设"。

4. 心理机制

心理机制指主体心理因素对互动参与的影响，心理机制因素主要包括积极心理和消极心理两部分。

（1）骄傲、自豪、满足、感动等积极心理会推动红色语言的使用传播。

积极心理主要指主体以积极、开放的态度面对红色语言相关内容，如骄傲、自豪、满足、感动、从众、怀旧、分享、崇拜、感恩、震撼等心理，对红色语言使用和互动行为起到促进作用。积极心理的产生与外部情境和环境有着密不可分的关系。访谈中有用户表示，由于社交平台许多用户都使用红色语言，自己出于从众心理，也会使用红色语言。比如一位受访者提到袁隆平院士去世后，微博、微信上的好友都纷纷发布相关的红色语言内容，自己为了能合群，也会发布类似的内容。因此，从众心理在一定程度上助推着红色语言的传播。此外，不少用户表示，会在国家取得重大成就的时候发布红色语言相关内容，来表达自己的骄傲、自豪、震撼等心理。还有用户会出于感恩、感动、怀旧的心理，使用革命英雄、革命历史等红色语言。

（2）社交尴尬、躲避矛盾等消极心理会阻碍红色语言的使用传播。

消极心理指主体以封闭性、保护性姿态面对网络传播情境，如社交尴尬、躲避矛盾、避免他人评价、语言匮乏等，此类心理机制对用户参与红色语言传播互动会起到反向阻碍作用，降低用户使用参与的可能性。

在访谈过程中，大多数受访者认为在社交平台中使用红色语言很尴尬，并且害怕他人的评价，尤其是在一些强关系平台，这对红色语言的使用与传播产生了消极影响。用户在浏览到与自己观点存在差异的红色语言相关话题或内容时，为了避免与他人产生矛盾冲突，也会尽量减少发布或评论带有观点性的内容。还有部分用户担心自己发布的内容被淹没在社交平台庞杂的信息中，不能引起他人注意，这种保护性心理也会阻碍用户的红色语言使用行为。

二、社交平台中红色语言的使用存在的问题

通过对网络数据整理分析和深度访谈发现，现阶段红色语言的传播在量、质、互动性方面都并未得到很好的展现，而互动性的活跃程度又影响着红色文化在量与质两方面进一步的改善。具体而言有以下几个问题。

（一）"填鸭式"传播、任务式传播多，说教色彩过于强烈，内容重复率高

1.红色语言在内容上篇幅冗长，同质化严重

红色语言在内容上往往与历史、会议、战役等话题相关，因此在生产时多是摘录书本内容，或对既有文献进行简单整理，生产的内容在篇幅上过长，往往是一篇多达几千字的文字性内容，或是一段几十分钟的教育性视频，内容原创程度不高，显示出同质化倾向，难以吸引用户浏览、观看，无法达到预期的传播效果。

2.缺乏深度性观点输出和人文关怀

现有的红色语言内容缺乏经过作者个人提炼、解读的观点输出，内容浮于文字表面，缺乏情感联系，缺少体系完整、逻辑严谨的观点输出，为受众的解读带来困难，难以形成良好的传播与互动效果。另外，有的红色语言传播或倾向于传统单向式的宏大叙事，缺乏人文关怀和贴近青年的互动交流；或倾向于将红色文化生动传播简单理解为"故事化"，容易陷入红色文化简单化和娱乐化的误区，使红色语言的宣传效果大打折扣。

3. 内容针对性不足，传播意图不清晰

部分红色语言内容缺乏针对性，没有对不同身份的群体进行有针对性的传播。现在人们越来越讲究个性化，加之职业、年龄、受教育程度等不同因素的影响，人们对于信息的需求度有很大差别。这就要求我们在传播过程中要体现个体的针对性，应根据不同人群不同方面的差异，对不同层次的社会群体有针对性地进行红色语言内容传播。但是，当下部分红色语言内容缺乏具体针对性，没有对不同身份的群体进行有针对性的划分与分众式的传播。现阶段网络中传播的红色语言相关内容，针对性特征不突出，一篇文章或是一段短视频中缺乏与某一年龄段群体、某一职业领域群体明显相关的元素，现有的这种传播模式很难吸引、打动受众。此外，也没有针对不同场合、不同平台对症下药，缺少清晰明确的传播意图。这样一来，红色语言在传播的过程中就难以产生深入、具体的传播效果。

4. 表达形式僵化，不能吸引受众

红色语言内容表现形式陈旧单一，没有形成强有力的吸引点。当前社交平台的许多红色语言内容表达刻板，具有较强的距离感，缺乏与受众的亲近性。表现形式也较为单调，没有结合多元化、多媒体、多符号的传播手段，多数内容只是单纯的文字表达、图文结合，没有运用动画、H5、VR 等多媒体方式。在短视频化的潮流下，大量用户开始使用短视频形式进行红色语言生产，但这些用户的视频表达形式也存在一定缺陷，他们单纯认为短视频就能吸引受众兴趣，对于视频作品不做二次剪辑与创新，而是直接简单分割成片段，内容单调无新意。

（二）缺少高质量的红色大 V，红色语言的传播影响力小

1. 红色大 V 的头部效应未能生成

网络大 V 在当前的社交平台中发挥着重要的舆论引导作用，尤其在社会事件和娱乐性事件中。但是，在对 10 个社交平台的 200 个红色语言使用者的账号进行深入分析后发现，粉丝量高于 100 万的账号不足 10 个，红色大 V 头

部效应未能生成，在红色语言传播过程中贡献量不足，客观上不利于红色语言的传播。

2. 缺乏高质量的红色语言生产者

现有的网络大 V 传播的红色语言内容质量一般，专业性欠缺，缺乏吸引力。现阶段众多生产红色语言相关内容的主体大多没有专门的红色文化研究和新闻传播相关的学术背景，缺乏新媒体思维，未能很好地适应、把握、利用新媒体传播规律，生产的内容形式较为单调、陈旧，且由于缺乏传播流量业绩方面的要求，本应作为传播主体的账号在运营、生产、互动上均存在不足，以完成发布任务为导向，未能达到较好的传播效果。缺乏高质量领头性生产者即红色网络大 V 意味着缺乏高质量的内容体系，低质量内容缺乏扩散动力，无法激发用户的接触意愿，更无法吸引用户的互动参与，削弱了红色语言传播领域的良性生产模式可能性，使得红色语言内容的浏览量、点赞量、转发量、评论量数据较低，客观上影响红色语言的传播广度。

3. 红色大 V 流量曝光度低

受平台的流量扶持计划影响，红色大 V 生产的红色语言作品很难出现在平台推荐页或者信息流中，受众触达率低，播放量、阅读量也低，很难吸引受众的注意力，用户对于红色语言的互动与影响就更无从谈起。如抖音、小红书等平台涉及红色语言内容的时候，传播量大多比较差。

（三）官方账号与非官方账号互动少，未形成良性互动机制

1. 官方账号与非官方账号、与普通用户之间缺少互动，且互动数据量较差

无论是官方账号还是非官方账号发布的红色语言，其阅读量、点赞量、转发量、评论量等互动数据均比较低。

一些官方账号在涉及红色语言传播的过程中，由于红色语言自身较为敏感，信息发布者会对互动形式进行控制，采用限制性措施，如开启精选评论的做法，对受众参与评论、转发等互动行为形成消极影响。这种交流互动的缺乏，在一定程度上会影响受众进行传播和互动的积极性，长此以往形成恶性循

环，互动数据逐渐变差。而对个人传播主体而言，由于自身流量较小和缺乏优质内容，其发布的内容大多不会受到其他公众的关注，更不用说进行互动。同时，受社交尴尬、避免冲突等心理因素的影响，用户也较少会进行互动。

2. 用户出于功利性或任务性等原因，进行敷衍式互动，缺乏真情实感

在很多情况下，用户在参与红色语言传播时，以点赞或机械复制的方式进行评论，缺乏真情实感、积极高质的互动行为。敷衍式互动带来的千篇一律的内容甚至会在效果上呈现反作用，红色语言难以实现真正的内化。

社交平台中粉丝文化氛围浓厚，相当一部分用户使用红色语言是为了迎合平台规则，为偶像"做数据""立人设"、增加账号热度等。很多用户在进行红色语言传播时，仅仅浮于浅层，出于功利性动因参与传播，虽然在客观上促进了红色语言的使用与传播，但已经脱离了红色语言传播的真正目的，红色语言的内涵并未得到内化。还有部分用户出于"炒作账号、增加权重"的目的进行传播，机械性地发布众多内容，却并未关注内容质量，仅以利益为导向，使得红色语言未能真正达到具有深度性、共鸣性的效果。这些行为还在一定程度上削弱了受众的主动参与性。在社交平台中，关于红色语言的内容下被清一色的复制粘贴评论所占据，这种现象挤占了普通用户利用媒介渠道进行发声的资源，普通用户发布的评论被淹没在众多的机械复制评论之中，阻碍了用户对红色语言进行参与评论的积极性。

此外，强制性、任务性的红色语言内容传播易激起受众的抵触心理。对于具有不同社会身份的个体，其所在的组织往往强制性要求成员进行红色语言相关内容的评论或转发，如单位要求职工发布相关的朋友圈、学校要求学生进行评论和"打卡"等行为，个体仅仅转发了事，而不会去认真阅读与理解相关红色内容，反而影响红色语言在情感性、共情性方面的传播，对红色语言的传播造成负面影响。

三、社交平台中红色语言的使用建议

在网络环境下，众多社交平台作为聚合型平台，其传播信息的能力已经大大超过了广播、报纸、图书等传统媒介，因而红色语言的生产和传播也必须与时俱进，不断优化调整。因此，要从宏观上制定红色语言网络传播策略，微观上从内容供给、红色大 V 和普通用户培养、互动机制、网络监管等环节进行创新。只有不断创新红色语言的使用策略，构筑红色语言网络传播的新常态，才能赢得用户认可，传承红色基因，确保红色文化永不变色。基于此，提出如下建议。

（一）制定红色语言网络传播策略

文化部门、相关协会组织或场馆负责人等应当在专家的指导下，结合当下传播实际，制定明确的红色语言网络传播策略。包括红色语言网络传播的目标、数量，红色语言资源库整合的方式、手段，红色语言传播的管理机制，红色语言能力的培养规划，等等。

（二）各大互联网平台的官方账号应成为高质量红色语言的供给源

1.官方账号做好重大主题宣传，渲染红色氛围

当整个社会处于红色氛围或者用户感知到周围群体处于红色氛围时，会由于从众心理或情绪感染主动参与到红色语言的使用中。因此，已进驻互联网平台的政府部门、新闻媒体、文化研究组织的官方账号应把握好重大节日或历史事件纪念日，做好重大主题宣传，使用户从内心深处感受到红色语言内容的魅力和价值，从而主动进行互动行为。此外，还可以积极组织一些集体活动，让用户在现实情境中获得内心的触动，而不是出于功利性因素随手进行敷衍的互动行为。

2.官方账号提升红色语言内容质量

内容简要明细。针对红色语言科普性、教育性内容篇幅过长的问题，要缩短文字或视频篇幅，力求用最精练的语言、最简短的时间来概述内容，缩短用户阅读时间，减少用户观看障碍，使用户可以利用碎片化时间来浏览相关红色语言内容。

对经典作品进行二次创作和传播，可以从经典红色语言内容和脍炙人口的红色作品中提取内容。比如，经典红色电视剧《亮剑》《士兵突击》等均深受人民群众喜爱，有着良好的群众基础，在群众间有着深刻的记忆点，使用这些红色语言内容能够被受众迅速接受并引起强烈共鸣，引发良好的社会反响。此外，还可以从红色经典著作如毛泽东经典文献等内容中寻找智慧，提升红色语言内容传播的精神内核，生产高质量的红色语言内容，兼具思想性、群众性，打通传播内容和受众之间的壁垒，从而让红色语言传播更广，启迪更多受众。

注入思想观点，注重人文关怀。针对诸多红色语言相关的内容是大段摘录书本，或是简单整理其他既有文献这一问题，生产者要注重对红色语言内容进行精准、明晰的提炼，有逻辑地进行观点输出，在内容传播的同时给人以思想启迪，从而助推良好传播效果的形成。此外，要减少单向的、高高在上式的叙事方式，始终秉持人文关怀的叙事理念，要贴近普通群众、贴近现实生活，更加"接地气"，在增强红色语言表达亲和度的同时，注重红色语言使用的态度。此外也要避免将红色文化生动传播简单理解为"故事化"，而是要从传播手段和传播内容两个方面做到丰富化、多样化、全面化、深度化。

3. 依据不同群体特性有针对性地生产，满足多重需求

不同群体的用户，有其各自的红色语言接触与使用偏好，其中，年龄和职业背景的影响较为显著，可以根据他们的偏好有针对性地进行红色语言内容的生产。在年龄上，针对青年群体可以多生产红色戏剧影视相关内容；针对中老年群体则可以更多地生产红色词汇类内容；针对儿童群体，则以漫画、动画作品的形式激发他们的好奇心，起到教育和普及作用。在职业背景上，针对受教育程度较低的群体，可以生产浅显明了的内容，减少阅读障碍；针对受教育程度较高的群体，可以从思想性和启迪性方面生产具有深度的内容。重视用户的行为习惯，根据用户的行为习惯不断改进传播内容与形式，满足个性化需求，增加用户的满足感。

4. 以多元形式充分调动视听感官，强化吸引力

传统的红色语言生产形式较为单一，直接导致内容吸引力不足，传播收效甚微。应借鉴网络文化的流行因素，创新和丰富红色语言的表达形式。根据互联网传播特点，创新使用短视频、动漫、H5、长图文、沉浸式视频交互产品等多媒体表现形式，充分调动多感官，强化视听效果，达到新、快、准的传播效果。以视频化呈现为例，当以较为久远的历史内容为主时，可以搭配现代化风格的音乐，比如快节奏的说唱、现代励志歌曲等，在音乐卡点中进行故事情节的转场；还可以在戏剧影视作品和游戏中充分运用红色元素，以丰富的视听语言吸引年轻用户的关注；而以长图文表现历史人物时，可以使漫画与历史真实照片相互呼应，形成对比，在视觉冲击中刺激用户感官。再如，使用H5表现形式，增强交互性与趣味性，以吸引用户关注。同时，也需要警惕视听元素浅层化、碎片化，避免盲目追求视觉和听觉效果而导致元素泛滥，弱化红色语言文本本身的表意功能。

5. 根据社交平台主要用户特性，设计红色语言的使用和传播

不同社交平台的社交氛围和平台规制也不尽相同，在使用红色语言的时候应当首先找准定位，根据不同年龄、性别和使用偏好的社交平台用户和受众群体来设计红色语言的使用。在抖音、快手这样的娱乐化视频社交平台上，以坚定价值导向为基本原则，推广优质的个人账号，从剪辑节奏、配乐风格、发布频率等方面对红色语言的使用起到示范和引领作用，同时在娱乐化与优质内容之间寻求平衡，切勿过度娱乐化，须牢记弘扬红色文化的初心使命。在今日头条这样的资讯类社交平台，则要求新、求快，既要有新闻的性质，满足读者对最新信息的需求，又要有深度，立足红色文化，挖掘深层含义与精神指引，引发受众的理性思考。针对虎扑这一社交平台，则需国家互联网信息办公室等有关部门加强规范管理，同时加大对该网站用户的价值观引导力度，减少对红色语言的戏谑式语义改造。

（三）孵化一批非官方红色大 V，扩大红色语言的传播影响力

1.培育高质量生产主体，开展大 V 的孵化、培育工作

培养一支政治意识坚定、业务能力过硬的红色文化传播队伍，是媒体更好传播红色语言的基础和关键。培育高质量生产主体，起到牵头和示范作用，不断将人们纳入红色语言生产传播的过程中。短时间内可以在现有的大 V 中物色思想觉悟高并已具备网络影响力的人员加以扶持和培养。从长远规划来说，可以从高校学生中选拔人员进行大 V 的孵化、培育工作。

政府和相关部门开设专门的红色语言内容培训网络栏目，加强对生产者进行内容写作培训和红色文化教育，使生产者储备红色文化知识，知识面得到充实，思想情感得到陶冶，可以生产出具有丰富价值和深刻思想性的内容，从而改变低质量内容无法引起用户关注的现状。加强对红色语言内容生产者的培养，引导他们掌握并利用好新媒体传播规律，使生产者拥有较高的网络媒介素养和传播能力，提高对媒介技术手段的利用能力和账号运营能力，持续性生产和传播优质红色文化融媒体产品。

2.加强对红色大 V 的管理

政府部门要加强对红色大 V 的管理，对红色大 V 发布的内容从真实性和倾向性上进行监督，避免大 V 发布虚假的红色语言内容。要增强红色大 V 的说服力，使用户愿意去接受、相信大 V 发布的红色内容。

3.红色大 V 积极参加社交平台的流量扶持计划

当前，微博、抖音、小红书等社交平台都有自己内部的流量扶持计划，在微博传播红色语言时可以购买博文推广服务来使内容加热，或携带话题、制造热搜，目标受众就会在热搜榜、话题广场或"发现"页面看到被推广的微博。在抖音投放"抖+"计划或购买小红书的笔记推广券也会提高红色内容在平台信息流中的曝光量。因此，红色大 V 要熟悉各个社交平台的流量规则，积极参加社交平台的流量扶持计划，增加账号曝光度，扩大红色内容的触达率，提高传播声量。

（四）规范网络监管，细化过滤和审核制度，忌机械式"一刀切"

1. 加强与社交平台沟通协作，建立更加科学可行的审核机制

政府部门需要与社交平台通力合作，自上而下讨论，明确过滤标准，设计合理、统一的红色语言生产"黑名单"，建立更加科学可行的审核机制，有理有据地对恶搞红色语言、盗用或剽窃信息内容等网络不良现象进行惩治。建立完善的把关与过滤机制，减少各网站间审核机制的差异，避免因混乱的审核机制而降低生产者的积极性。要运用大数据推送等技术将普通用户的优质红色语言产品培养成热点、爆点。

2. 给予红色语言生产者一定的创作自由

在合理范围内给予红色语言生产者创作自由的权利，不能为了求安全省事，不加以分辨，简单粗暴地阻碍正面、积极、富有吸引力的红色语言传播。同时，生产者要提高媒介素养，加强对社交平台审核机制的了解，在平台审核允许范围之内，以正面导向为指引，合法、合理、合规地使用红色语言，在生产过程中避免使用敏感词汇，在语言的选择与使用上更加谨慎与理性，采用正确的文字表述，遵守平台规则，避免影响红色文化的传播。

（五）搭建有效互动通道，构建红色语言传播矩阵

1. 鼓励平台创新互动机制，加强各平台之间的合作

政府部门应当鼓励平台创新互动机制，加强各平台之间的合作，减少不同平台之间信息流动的阻碍。各社交平台可以优化自身的分享机制，采用小程序分享方式，减少编码跨平台复制所带来的时间成本。同时，小程序分享跳转，要尽量减少页面跳转中出现的一些不必要的广告、App强制下载，使信息接收者可以轻松跨平台浏览红色语言内容信息。此外，各社交平台之间加强合作，积极打造矩阵传播态势，拓宽红色语言共享渠道。

2. 搭建有效互动通道，打通官方账号与非官方账号的情感连接

互动是信息有效传播的基本前提，只有构建良好的互动与反馈沟通渠道，

才能不断提升红色语言的传播效果。官方账号应当在思想上放下包袱、端正态度，以传播红色语言为己任，抓住与用户的互动机会，包括点赞用户评论、回应用户问题、阅读用户私信等多种形式，积极吸收群众的反馈，吸取精华意见，改进客观问题，不断调整、优化红色语言内容传播，以"活的形象"讲述"红色内容"。

官方账号可以在社交平台上积极开展红色话题共创活动，通过社交昵称标志、社交头像金边等不同形式，参与用户个人社交形象建构，鼓励普通用户参与互动，通过点赞、转发、评论等行为，感受红色语言的独特魅力，在扩大传播面的同时建立与用户的情感连接，形成良性的互动通道。

3. 对功利性、任务性动因用户进行情感价值引导，减少强制手段

社交平台中部分用户的红色语言内容传播动机是功利性因素，红色文化其实并未真正得到内化，最为显著的例子就是粉丝为参演红色影视作品的偶像进行"做数据"和打榜活动。针对这一现象，可以针对相应的红色语言内容开展答题活动，并设置奖品，以激发粉丝对红色语言进行深入了解并内化于心。

要减少不必要的强制性要求，避免群众产生逆反心理。要灵活使用各类广受欢迎的传播方式，如拍摄红色电视剧经典片段、为经典段子模仿配音并发布在社交平台开展比赛，同时设置奖项和奖品来鼓励使用红色语言进行创作，等等。开展红色行、红色旅游、红色征文比赛等活动，鼓励用户自己去创造，增强用户红色语言内容传播的主动性。

在红色语言的使用过程中，要强调红色语言的重要性，对全社会各个群体加强红色文化与历史的教育普及，尤其是成长于21世纪的青年群体，他们与新中国成立前的峥嵘岁月相距甚远，情感连接薄弱，不容易感知到红色语言的重要性，自然也难以产生共情心理、激发使用意愿。因此要加强对各群体的价值观教育，使其明白红色语言的重要价值，懂得在社交平台上使用红色语言、传播红色文化的重要意义。同时要提高红色语言的可接近性，选择广大群众熟悉且喜爱的红色歌曲、红色故事以及热度高、讨论量大的戏剧影视剪辑，通过高潮迭起的情节片段和氛围引发情绪共鸣，在选择性心理的作用下，提升用户对红色语言的使用意愿。

4.构建线上线下全覆盖的红色文化传播网络

充分利用社交媒体与其他媒体的连接力、互动力，构建线上线下全覆盖的红色文化传播网络。从本地红色历史故事出发，观照当今发展现状，联系本地民生，设计宣传活动，线上互动带动线下参与，线下参与激发线上互动，形成良性的红色语言传播与反馈机制。个人用户也可以主动在相关热点话题下，利用其热点流量，积极发布相关内容，以吸引他人进行互动。此外，还可以提升自身内容质量，加入观点性内容，以优质内容吸引他人与自己交流互动。

结　语

红色语言是中国共产党成立以来领导人民群众在长期革命、建设与改革的历史实践征程中孕育和积累的能够反映先进政治信念、社会理想和道德价值的凝练表达，它是由中国共产党人和人民群众共同创造并极具中国特色的文化符号，蕴含着丰富的革命精神和厚重的历史文化内涵。在新时期，伴随着互联网的飞速发展，积极推进红色语言在重要社交平台中的使用，具有加强党的领导的政治价值、带动红色文化旅游发展的经济价值、传承和塑造伟大民族精神的文化价值。

本调查以2019年1月至2022年5月为研究时间，先是论述了红色语言在10个重要社交平台的使用现状，运用大量图表和内容分析论证了红色语言在社交平台的使用取得了一定的成绩，红色语言使用量不断增长，使用者覆盖面广，传播效果明显。之后又从量、质、互动性方面简述了在重要社交平台中红色语言使用的过程中存在的问题，比如红色语言使用主体的能力有待提升、红色语言传播的内容深度不够、社交平台红色语言审核机制不一致、官方账号与非官方账号未形成良性互动机制等现实问题。最后，面对当前红色语言使用在社交平台的新形势、新挑战，有针对性地提出了具体的措施和

策略，建议从宏观上制定红色语言传播策略，微观上从内容供给、红色大 V
和普通用户培养、互动机制、网络监管等环节进行创新，构建红色语言传播
矩阵，壮大主流意识形态阵地，最大限度地发挥红色语言在互联网社交平台
中的正能量作用。

附录 1：

红色语言语料库

一、红色词汇（32 个）

（一）革命英雄

毛泽东、朱德、叶挺、黄继光、孙立人、杨开慧、毛岸英、杜聿明。

（二）革命历史

抗美援朝、中国共产党成立、解放战争、辛亥革命、五四运动、红军长征、遵义会议、中华人民共和国成立。

（三）革命精神

红船精神、雷锋精神、长征精神、延安精神、"两弹一星"精神、沂蒙精神、井冈山精神、铁军精神。

（四）新时代词

乡村振兴、中国梦、"一带一路"、人类命运共同体、"十四五"规划、最后一公里、美丽中国、两个一百年。

二、红色对白（红色标语）（8 个）

1. 巩固和发展爱国统一战线。

2. 铸牢中华民族共同体意识。

3. 践行以人民为中心的发展思想。

4. 跳出历史周期率。

5. 信念坚定，对党忠诚。

6. 网安，民安，国家安。

7. 小康不小康，关键看老乡。

8. 党要管党，从严治党。

三、红色诗词（32个）

（一）毛泽东诗词

《沁园春·雪》《七律·长征》《沁园春·长沙》《卜算子·咏梅》《清平乐·六盘山》《蝶恋花·答李淑一》《七律·人民解放军占领南京》《忆秦娥·娄山关》。

（二）习近平常用诗词

1. 不畏浮云遮望眼。

2. 长风破浪会有时。

3. 飞入寻常百姓家。

4. 聚天下英才而用之。

5. 乱云飞渡仍从容。

6. 人生自古谁无死？留取丹心照汗青。

7. 路漫漫其修远兮，吾将上下而求索。

8. 雄关漫道真如铁。

（三）其他革命诗词

《坚壁》《梅岭三章》《就义诗》《石峰村》《自题小像》《出太行》《狱中题壁》《恨不抗日死》。

（四）经典励志作品

《春天的故事》《天亮之前》《一个观念》《把牢底坐穿》《我爱这土地》《祖国啊，我亲爱的祖国》《囚歌》《小平，您好！》。

四、红色文献（24 个）

（一）新民主主义革命时期

《星星之火，可以燎原》《论持久战》《新民主主义论》《矛盾论》《将革命进行到底》《关于正确处理人民内部矛盾的问题》《改造我们的学习》《反对党八股》。

（二）改革开放和社会主义现代化建设新时期

《构建社会主义和谐社会》《就业是民生之本》《坚持和完善人民代表大会制度》《建设创新型国家》《推进党的建设新的伟大工程》《一个国家，两种制度》《树立和落实科学发展观》《以人为本，执政为民》。

（三）中国特色社会主义新时代

《习近平谈治国理政》《总体国家安全观学习纲要》《习近平用典》《习近平法治思想学习纲要》《论中国共产党历史》《知之深　爱之切》《十九大以来重要文献选编》《论坚持党对一切工作的领导》。

五、红色戏剧影视（40 个）

（一）红色影视人物

彭德怀、钱学森、张桂梅、周恩来、袁隆平、邓小平、焦裕禄、李大钊。

（二）红色影视对白

1. 犯我中华者，虽远必诛。

2. 我愿意做一个矢志前行的逐梦人。志之所趋，穷山距海，不可阻挡。

3. 生在红旗下，长在春风里。

4. 只要还在一条路上，终究会相逢的。

5. 告诉程子华，我不要伤亡数字，我只要塔山！

6. 生当固国安邦，死亦魂佑中华。

7. 我期待着同志相称的那天。

8. 为了新中国，前进！

（三）红色歌词

1. 团结就是力量，团结就是力量，这力量是铁，这力量是钢，比铁还硬，比钢还强，向着法西斯蒂开火，让一切不民主的制度死亡。

2. 一条大河波浪宽，风吹稻花香两岸。我家就在岸上住，听惯了艄公的号子，看惯了船上的白帆。

3. 我和我的祖国，一刻也不能分割。无论我走到哪里，都流出一首赞歌。我歌唱每一座高山，我歌唱每一条河。

4. 家是最小国，国是千万家。在世界的国，在天地的家，有了强的国，才有富的家。

5. 难忘今宵，难忘今宵，不论天涯与海角，神州万里同怀抱，共祝愿，祖国好，祖国好。

6. 唱支山歌给党听，我把党来比母亲，母亲只生了我的身，党的光辉照我心。

7. 今天是你的生日，我的中国，清晨我放飞一群白鸽，为你衔来一枚橄榄叶，鸽子在崇山峻岭飞过，我们祝福你的生日，我的中国，愿你永远没有忧患，永远宁静。

8. 毛主席呀红太阳，救星就是共产党，翻身农奴把歌唱，幸福的歌声传四方。

（四）红色电影

《中国医生》《建党伟业》《渡江侦察记》《湄公河行动》《红海行动》《智取威虎山》《长津湖》《八佰》。

（五）红色电视剧

《亮剑》《觉醒年代》《人民的名义》《北平无战事》《战长沙》《我们的法兰西岁月》《山海情》《士兵突击》。

附录 2：

访谈基本信息表

年龄群体	编码	性别	年龄	籍贯	政治面貌	职业	学历	兴趣爱好	社交平台使用情况
未成年	1	男	16岁	山西省阳泉市	团员	学生	高中	体育	熟悉
青年	2	男	19岁	山西省太原市	群众	学生	大专	健身、摄影	熟悉
	3	女	20岁	贵州省贵阳市	团员	学生	本科	—	熟悉
	4	女	21岁	山西省平遥市	团员	学生	本科	追星、打游戏、拼乐高	熟悉
	5	女	22岁	内蒙古自治区呼伦贝尔市	入党积极分子	学生	本科	—	熟悉
	6	女	23岁	山西省晋城市	党员	学生	硕士在读	摄影、看书、旅行	熟悉
	7	女	24岁	山西省晋城市	党员	学生	硕士在读	听音乐、看书	熟悉
	8	男	24岁	安徽省合肥市	团员	广告设计	本科	打游戏、听音乐、看新闻	熟悉
	9	女	25岁	山西省临汾市	团员	备考	本科	时政、摄影、旅游	熟悉
	10	女	25岁	吉林省白山市	团员	法律	专科	文娱消息	熟悉
	11	女	25岁	山西省太原市	团员	证券公司员工	本科	金融、时政	熟悉

年龄群体	编码	性别	年龄	籍贯	政治面貌	职业	学历	兴趣爱好	社交平台使用情况
青年	12	女	26岁	河北省张家口市	党员	政务新媒体	本科	摄影、看书、旅游	熟悉
	13	女	27岁	山西省临汾市	党员	建筑	硕士	音乐、舞蹈	熟悉
	14	男	35岁	河北省张家口市	群众	退役军人，现为音乐教师	高中	音乐	一般
中年	15	男	36岁	山西省临汾市	党员	公务员	硕士	骑行、打篮球	熟悉
	16	男	45岁	安徽省合肥市	群众	货车	初中	打篮球、刷抖音、看小说	一般
	17	女	46岁	山西省晋城市	群众	全职在家	初中	刷抖音、跳广场舞	一般
	18	女	50岁	山西省临汾市	群众	全职在家	初中	无	一般
	19	女	50岁	山西省临汾市	群众	事业编	本科	书法、绘画	一般
老年	20	男	52岁	山西省太原市	党员	银行	高中	自驾游	一般
	21	女	55岁	山西省原平市	群众	外企员工	专科	—	一般
	22	男	57岁	山西省太原市	群众	工人	高中	—	一般
	23	男	77岁	山西省太原市	党员	退休	初中	书法、打羽毛球	一般

红色语言在网络社交平台的使用状况考察

——基于大数据的分析

山西农业大学马克思主义学院　翟中杰[*]

摘　要： 推动红色语言在网络社交平台的广泛使用与传播，是新时代传承红色基因与赓续红色血脉的必然选择。调查研究显示，尽管红色语言在网络社交平台中的传播已取得显著成效，但目前仍存在四大问题：一是红色语言的总体使用范围与频度有待提升；二是内含红色语言的优质作品比例偏低；三是部分地方媒体与机构的红色语言使用思路滞后；四是优质红色内容创作者类型比例欠协调。鉴于此，应着力优化红色语言在社交平台中的推广与传播策略。首先，打造与社交平台适配的新型地方主流媒体，推动红色语言影响力向基层拓展；其次，针对社交平台用户实施"网络红色内容创作者孵化工程"，提升优质 UGC 与 PUGC 比例；再次，着力培育网络红色文化 IP 群，实现红色语言传播力的自我提升；最后，推动红色语言传播阵地转型，搭建适配网络社交平台的新媒体传播矩阵。

---

* 翟中杰，男，汉族，山西省阳泉市人，法学博士，山西农业大学马克思主义学院副教授、硕士生导师，从事网络思想政治教育研究。

引 言

习近平总书记在党的二十大报告中再次提出"传承红色基因，赓续红色血脉"这一重要战略部署，而红色语言在落实该战略部署的过程中发挥着举足轻重的作用。一方面红色语言作为重要媒介与工具，助推红色基因的传承与红色血脉的赓续，另一方面其最终使用与传播情况也反过来表征着这一战略部署的落实成效。因此，在新时代大力推动红色语言的广泛使用与传播势在必行。

然而，伴随着"移动互联网已经成为信息传播主渠道"[①]，相关主体想要进一步拓展红色语言的使用广度与深度，便不能将其仅仅局限于现实空间，而应进入主渠道，推动红色语言快速向网络空间延伸，特别是向网民最为常用的网络社交平台延伸。正如习近平总书记指出："人在哪儿，宣传思想工作的重点就在哪儿，网络空间已经成为人们生产生活的新空间，那就也应该成为我们党凝聚共识的新空间。"[②] 可见，加强对社交平台中红色语言使用情况的调查研究，并在此基础上提出红色语言的推广与传播策略，正是尝试抓住"宣传思想工作的重点"，为传承红色基因、赓续红色血脉提供强大助推力。

一、红色语言的基本内涵与典型词汇

（一）红色语言的基本内涵

语言的背后是文化。语言既是文化的载体，也是文化的内容。因此，红色语言是与红色文化密切相关的概念，它是用于交流、记录和传播红色文化的音义结合的符号系统。

具体而言，可以从三方面理解红色语言的内涵。

---

① 习近平.论党的宣传思想工作［M］.北京：中央文献出版社，2020：355.
② 习近平.论党的宣传思想工作［M］.北京：中央文献出版社，2020：355.

其一，理解红色语言内涵应率先厘清"红色文化"的概念。当前，理论界对红色文化的概念界定存在学术争鸣，如在红色文化的发源时间上存在多种学说，对红色文化包括哪些具体内容等问题存有不同观点。综合借鉴现有理论研究成果以及"红色文化"这一概念的实际使用情况，笔者赞同下列观点："红色文化概念的内核是中国共产党领导全国人民在革命、建设和改革开放时期实现民族独立和国家富强过程中凝聚的、以中国化马克思主义为核心的红色遗存和红色精神；就其概念外延而言，是近代中国开关以来历代仁人志士自强不息、救国拯民、反对内外强权压迫过程中形成的革命解放基因和中华民族复兴的伟大精神。"①

其二，红色语言是红色文化的重要载体与内容。一方面，红色语言是红色文化的重要载体，它将红色文化通过特定的符号记录和贮存下来，并通过口语、书面语、手势等多种方式将其便捷地传递给个人和社会。红色语言虽然不是红色文化的唯一载体，但是是基础性载体，离开了红色语言，红色文化的全面记录和广泛传播将无从谈起。另一方面，红色语言不仅作为一种工具而存在，它也是红色文化的重要内容。因而，要传承和传播红色文化，不仅要用好红色语言，而且要注重推动红色语言的丰富和发展。

其三，红色语言与红色文化相互影响、相互建构。如上所述，由于红色文化是一种持续发展中的文化，作为其重要载体和内容的红色语言也不是一成不变的，它伴随着红色文化的发展而处于动态生成之中。新的红色词汇及其使用方式不断涌现，某些不符合时代发展需求的红色词汇则会被逐步弃用，或者改变原有含义与用法。与此同时，红色语言的发展会反过来对红色文化的发展形成重要影响，新词的生成与语言表达方式的改变，能够在一定程度上重塑红色文化，使其文化特质发生转变，从而对红色文化形成或积极或消极的复杂影响。

---

① 沈成飞，连文妹.论红色文化的内涵、特征及其当代价值 [J].教学与研究，2018（1）：97.

（二）红色语言的典型词汇

一般而言，语言由词汇组合而成，红色语言在使用过程中，通常表现为一个个具体的红色词汇。依照上文对红色文化以及红色语言的定义，并结合红色语言的具体使用情况，其典型词汇大致包含如下八类。

一是描述中国共产党历史事件的词汇。具体包括南昌起义、红军长征、解放战争、改革开放、北京奥运会、"一带一路"等。

二是描述红色人物及其事迹的词汇。所谓红色人物，主要包括马克思主义经典作家，以及中国共产党领导中国人民在取得民族独立、人民解放，实现中华民族伟大复兴的过程中所涌现的思想家、理论家、革命家、党的领导人、烈士、战斗英雄及经济社会发展各条战线上的模范人物等。

三是描述中国共产党重要会议及其内容的词汇。例如，中国共产党历届全国代表大会，以及党的历史上出台重要政策方针或做出重要决定的会议。

四是描述红色遗迹遗存的词汇。具体包括中国共产党在领导中国人民取得民族独立、人民解放进程中留下的革命根据地旧址及生产生活物品、战争遗址及遗留物品、重要会议遗址及遗留物品、红色人物故居与用具、各类遗迹遗存博物馆（展览馆、纪念馆）等。

五是描述红色文艺作品的词汇。所谓红色文艺作品，即反映中国共产党带领中国人民为取得民族独立、人民解放，实现中华民族伟大复兴而进行艰苦奋斗的文艺作品，具体包括红色电影、红色电视剧、红色诗词、红色歌舞、红色戏剧、红色小说等。

六是描述红色精神的词汇。所谓红色精神，即中国共产党人在长期奋斗中形成的各类精神。2021年9月底，党中央批准了中共中央宣传部梳理的建党精神、井冈山精神、长征精神等第一批纳入中国共产党人精神谱系的伟大精神。这些精神均属于红色精神的范畴。

七是描述红色典籍文献的词汇。主要指马克思主义经典著作、马克思主义中国化的理论成果、"四史"史料与著作等。

八是富含新时代特色的其他红色词汇。主要包括上述七类典型词汇中没有涵盖但突出体现时代特色的红色词汇，如中国梦、社会主义核心价值观、全面从严治党等。

二、红色语言在网络社交平台传播的必要性与重大价值

（一）新时代传承红色基因与赓续红色血脉的必然选择

党的十八大以来，习近平总书记高度重视并反复强调红色基因传承与红色血脉赓续问题，而红色语言在红色基因传承链条中发挥着至关重要的作用。具体而言，红色基因是承载共产党人精神的遗传密码，红色血脉是"新时代共产党人的精神力量源泉"①，它们包含着共产党人最基本的世界观。红色语言则恰恰扮演着"基因解码器"的角色。它能够将共产党人的世界观以清晰易懂的方式向社会传递。正如德国语言学家洪堡特所言，"对于世界观的形成，语言也是必不可缺的"②。离开丰富多样且富有吸引力的红色语言的支撑，相当于在一定程度上切断了红色基因的基本遗传通道。

因此，在新时代，要更好地传承红色基因、赓续红色血脉，就必须尽可能扩大红色语言的使用与传播范围。特别是在移动互联网成为信息传播主渠道的背景下，应重点推动红色语言向网络空间延伸，特别是向网民使用率较高的平台与应用延伸。就目前而言，社交平台是网络空间中使用人数和频率最高的应用类型之一。根据中国互联网信息中心 2022 年 8 月发布的第 50 次《中国互联网络发展状况统计报告》数据显示，目前使用频率最高的三大类网络应用分别为即时通信（97.7%）、网络视频（含短视频）（94.6%）、短视频（91.5%）。其中，即时通信类应用完全属于社交平台，而短视频应用大多数属于社交平台。由此可见，明晰红色语言在网络社交平台的使用情况，并有针对性地推动其在社交平台中实现广泛传播，是互联网时代传承红色基因、赓

---

① 沈永福.赓续红色血脉 汲取前进力量［J］.求是，2021（13）：77.
② 洪堡特.论人类语言结构的差异及其对人类精神发展的影响［M］.姚小平，译.北京：商务印书馆，2009：25.

续红色血脉必然且紧迫的选择。

（二）新时代推动网络文明建设的重要突破口

习近平总书记指出，网络文明是新形势下社会文明的重要内容，并强调要加强网络伦理、网络文明建设，发挥道德教化引导作用，用人类文明优秀成果滋养网络空间、修复网络生态。红色语言的背后是充满正能量的红色文化，而红色文化背后则是以科学的马克思主义世界观、人生观、价值观、道德观、法治观为基础。因此，增强红色语言在网络社交平台的使用与传播力度，不仅能够提升红色文化在网络文化中的占比与影响力，而且能够在事实上发挥马克思主义对网络空间的滋养作用和对网络生态的修复作用。

一方面，从普通网民（网络用户）层面来看，相关部门在社交平台推广和传播红色语言，能够助力红色文化持续浸润网民的精神世界，使网民个体不断提升思想道德素养与网络文明素养，同时，借助于平台的社交属性，推动网民之间相互影响，实现精神境界的整体性提升，逐步建立共同的网上美好精神家园。另一方面，从网络信息产品的供应主体来看，相关部门在社交平台推广和传播红色语言并将其打造为深受网民欢迎的网络流行语，能够对网络内容创作主体形成趋势引导，引导其改变相对低俗或庸俗的创作倾向，不断提升作品品位。

（三）新时代强化网络意识形态安全的重要着力点

当今世界正处于百年未有之大变局，意识形态领域的斗争愈演愈烈，且网络空间日趋成为斗争的主战场和前沿阵地。这就要求我们多管齐下，构筑起坚不可摧的网络意识形态安全堡垒。在众多对策措施中，推动红色语言在网络社交平台的广泛传播成为重要着力点，能够在一定程度上发挥"四两拨千斤"的特殊功效。

一方面，语言学研究表明，语言是思维的工具，同时在其运用过程中又反过来影响思维的塑造；语言表达思想，同时在其运用过程中又反过来创造思想。因此，红色语言在网络社交平台的普及化程度越高，意味着其内含的红色思维、红色思想在网络空间的接受度越高，也意味着我们在更高维度上掌握了网络意识形态工作的主动权。另一方面，红色语言的表现方式灵活多样，既可以是准确且深邃的理论性话语，也可以是富有感染力的影视作品对白；既可以是规范且严谨的政策文件词汇，也可以是贴近生活的日常交往用语。因此，红色语言在网络社交平台中有较强的适应性，可根据平台特征和需求做出灵活调整。抓住红色语言这一关键点开展相关工作，不仅能够强化对网络社交平台的价值引领，而且能够大大降低工作难度，提升工作成效。

三、红色语言在网络社交平台的使用概况

（一）调查研究情况说明

本调查研究主要经历如下三大阶段：一是选择和确定红色语言样本词汇，二是选择所要调查的网络社交平台，三是开展数据采集与分析。

关于红色语言的样本词汇选择，这里主要根据前文对红色语言的界定，将其划分为 8 大类典型词汇，并在每一类中整理出 20 个重要词条，一共 160 个词条（见表 1）。

关于网络社交平台的选择，这里主要选取国内具有代表性的三大社交平台，即微博、抖音、B 站。其中，微博是国内较早兴起的综合性、典型性社交平台；抖音是目前国内影响力最大的短视频社交平台；B 站则是深受青少年喜爱的视频社区（根据其官方数据显示，B 站 86% 的用户在 35 岁以下，用户平均年龄为 22.8 岁）。

表 1　红色语言典型词汇

序号	类型	典型词汇
1	红色历史事件	北伐战争；南昌起义；秋收起义；红军长征；平型关大捷；百团大战；重庆谈判；三大战役；开国大典；抗美援朝；社会主义改造；"三反""五反"运动；改革开放；南方谈话；香港回归；中国加入世贸组织；北京奥运会；中国特色社会主义新时代；"一带一路"；全面建成小康社会

序号	类型	典型词汇
2	红色人物	毛泽东；周恩来；朱德；邓小平；江泽民；胡锦涛；习近平；李大钊；陈独秀；陈延年；杨靖宇；刘胡兰；董存瑞；雷锋；钱学森；焦裕禄；袁隆平；黄旭华；黄文秀；钟南山
3	党的重要会议	中国共产党第一次全国代表大会；八七会议；古田会议；遵义会议；瓦窑堡会议；洛川会议；中共七大；七届二中全会；中共八大；七千人大会；十一届三中全会；党的十二大；党的十三大；党的十四大；党的十五大；党的十六大；党的十七大；党的十八大；党的十九大；十九届六中全会
4	红色遗迹遗存	中国人民抗日战争纪念馆；天安门广场；人民英雄纪念碑；毛主席纪念堂；中国人民革命军事博物馆；西柏坡；冉庄地道战遗址；八路军太行纪念馆；"四八"烈士纪念馆；东北抗联博物馆；雨花台烈士陵园；井冈山革命遗址；新四军军部旧址纪念馆；中央苏区政府根据地旧址；四渡赤水纪念馆；孟良崮战役遗址；韶山市毛泽东同志故居；红岩革命纪念馆；延安革命纪念馆；杨家岭革命旧址
5	红色文艺作品	《把一切献给党》《林海雪原》《铁道游击队》《闪闪的红星》《地道战》《白毛女》《永不消逝的电波》《霓虹灯下的哨兵》《英雄儿女》《高山下的花环》《横空出世》《建国大业》《建党伟业》《红海行动》《长津湖》《唱支山歌给党听》《黄河大合唱》《没有共产党就没有新中国》《我的祖国》《十送红军》
6	红色精神	建党精神；井冈山精神；苏区精神；延安精神；抗战精神；红岩精神；西柏坡精神；东北抗联精神；南泥湾精神；太行精神（吕梁精神）；沂蒙精神；"两弹一星"精神；大庆精神（铁人精神）；红旗渠精神；塞罕坝精神；抗洪精神；抗震救灾精神；载人航天精神；脱贫攻坚精神；抗疫精神
7	红色典籍文献	《马克思恩格斯选集》《马克思恩格斯文集》《共产党宣言》《德意志意识形态》《关于费尔巴哈的提纲》《黑格尔法哲学批判导言》《资本论》《反杜林论》《自然辩证法》《社会主义从空想到科学的发展》《毛泽东选集》《中国红色政权为什么能够存在？》《矛盾论》《实践论》《论十大关系》《邓小平文选》《江泽民文选》《胡锦涛文选》《习近平谈治国理政》《论中国共产党历史》

序号	类型	典型词汇
8	新时代重要红色词条	习近平新时代中国特色社会主义思想；中国梦；社会主义核心价值观；全面从严治党；全面建设社会主义现代化国家；全面深化改革；全面依法治国；党的全面领导；四个意识；四个自信；两个维护；全过程人民民主；以人民为中心；新发展理念；人类命运共同体；中华民族伟大复兴；两个一百年；绿水青山就是金山银山；总体国家安全观；爱国者治港

关于调查分析方法，本次调查主要采用大数据信息采集法，运用爬虫工具在三大社交平台中分别采集 160 个典型词汇的相关数据，在此基础上整理、筛选有效数据，并进行不同层次的统计分析。调查时间为 2022 年 8 月至 9 月，共获得有效数据 248387 条，其中，抖音 39932 条，B 站 106128 条，微博 102327 条。

（二）主流媒体账号成为红色语言使用与传播主力军

调查数据显示，以作品点赞量为衡量标准，在点赞量排名前 100 位的作品当中，95% 由传统主流媒体在社交平台的相应账号发布，每条作品的平均点赞量达到 551.38 万次。其中，仅由人民日报（包括人民网）、中央广播电视总台（包括旗下共 5 个账号）、光明日报、新华社（包括新华每日电讯）四大龙头党媒发布的作品就占到 75%。同时，在点赞量排名前 1000 位的作品中，由主流媒体发布的比例仍然高达 70.7%。由此可见，在网络社交平台中，主流媒体成为红色语言使用的主力军。而全国性龙头党媒则担当起红色语言使用的引领者角色。党的十八大以来，习近平总书记高度重视主流媒体与新媒体的融合发展。他明确指出，"党报、党刊、党台、党网等主流媒体必须紧跟时代，大胆运用新技术、新机制、新模式，加快融合发展步伐"；"建成新型主流媒体，扩大主流价值影响力版图，让党的声音传得更开、传得更广、传得更深入"。上述调查数据从一个侧面表明，主流媒体在贯彻党中央关于"媒体融合发展"的重要战略部署方面已取得显著成效。它们不仅将红色语言带入网络社交平台，而且使之获得广泛传播。

（三）具有新时代特色的红色语言使用率相对较高

调查显示，具有鲜明新时代特色的典型词汇，相较于其他词汇，使用率相对较高，具体体现在如下三方面：其一，从总体数据来看，在数据量最多的 10 个典型词条中，有 7 个词条具有新时代特色。它们分别是"党的十八大""中国梦""四个自信""一带一路""黄文秀""绿水青山就是金山银山""以人民为中心"。其二，从优质数据来看（点赞量等于或超过 100 次的数据，共 48964 条），在数据量最多的 10 个典型词条中，有 5 个词条具有新时代特色。它们分别是"党的十八大""习近平""袁隆平""钟南山""中国梦"。其三，从高赞数据来看（点赞量排名前 1000 位的数据），1000 条数据中涉及 33 个典型词条，其中超过一半的词汇属于新时代红色词条。由此可见，富含新时代特色的红色语言具有强大的传播潜力，大量相关词汇已在社交平台中得到广泛传播与运用。这也意味着社交平台用户对富含新时代特色的红色语言有较高接受度。事实上，由于此类红色词汇及其背后所承载的内容与网民的日常生活联系更加紧密，因而具有天然的传播便利性。该类红色词汇使用率相对较高既是意料之中的应然结果，也是必须达成的既定目标。如果该类红色词汇的传播度低于其他类别，反而是应当警惕的非正常现象。

（四）以短视频方式呈现的红色语言具备明显传播优势

调查数据显示，在点赞量排名前 1000 位的高传播度数据中，有 909 条属于 3 分钟以下的短视频，占比达 90.9%。具体而言，在这 1000 条数据中，纯文字作品只有 3 条，剩余 997 条均为"文字＋视频"的形式，文字主要发挥视频简介和主题标签的作用。在视频数据中，时长在 60 分钟以上的仅有 2 条，13—60 分钟的视频为 0 条，3—12 分钟的视频为 86 条，小于 3 分钟的视频为 909 条。从平台分布来看，912 条短视频数据中，9 条来自微博，12 条来自 B 站，剩余 891 条均来自抖音平台（见表 2）。

表 2 　点赞量排名前 1000 位数据分布

数据形式	文字	视频			
数据时长	×	小于 3 分钟	3—12 分钟	13—60 分钟	60 分钟以上
数据量（条）	3	909	86	0	2
数据来源	微博	微博 9 条，B 站 12 条，抖音 891 条			

　　由此可见，在碎片化传播、可视化传播成为信息传播趋势的大背景下，以短视频方式呈现的红色语言具备压倒性传播优势。相较于文字表述，红色短视频更具感官冲击力，呈现方式更为生动；相较于长视频，红色短视频更加浅显，内容表现更加直接。更为重要的是，自网络"微文化"诞生以来，以微信、微博、抖音为代表的一系列网络社交平台的流行，逐步使网民养成碎片化的信息接受习惯，将红色语言以短视频方式呈现，恰恰顺应了这一信息接受习惯。

（五）以人物和故事呈现的红色语言更具吸引力

　　对点赞量排名前 1000 位的高传播度数据进行统计分析后发现，这 1000 条数据中，出现频率最高的 10 个典型词条依次为"习近平""周恩来""北京奥运会""毛泽东""抗美援朝"《长津湖》"袁隆平""邓小平""香港回归""开国大典"（见表 3）。换言之，上述 10 个典型词条在一定程度上可以看作社交平台中使用和传播程度最高、受欢迎度最高的红色语言。

　　对其进行简单分类分析，这 10 个典型词条大致可分为人物和事件两类（《长津湖》属于红色文艺作品类）。其中，人物组词条 5 个（习近平、周恩来、毛泽东、袁隆平、邓小平），事件组词条 4 个（北京奥运会、抗美援朝、香港回归、开国大典），共占 90%。深入考察每一典型词条背后的数据内容发现，包含人物组典型词条的文字或视频内容，大都是对该人物生平事迹与精神的介绍，而包含事件组典型词条的作品内容，大都是以故事的方式呈现该历史事件。由此可见，关于重要人物的故事以及关于重要（历史）事件的故事是社交平台用户相对偏好的内容。更进一步讲，相较于深奥的理论与纯粹的道理，动听的红色故事往往更容易获得社交平台用户的喜爱。

表3　点赞量前1000位数据中典型词条出现频率排名

排名	典型词条	数据量（条）
1	习近平	107
2	周恩来	57
3	北京奥运会	55
4	毛泽东	52
5	抗美援朝	45
6	《长津湖》	37
7	袁隆平	31
8	邓小平	30
9	香港回归	29
10	开国大典	24

四、重要社交平台中红色语言的使用问题

（一）红色语言的总体使用范围与频度有待提升

一方面，主动运用红色语言的网民比例偏低。中国互联网络信息中心（CNNIC）发布的第50次《中国互联网络发展状况统计报告》显示，截至2022年6月，我国网民规模达10.51亿。具体到社交平台用户数量，根据平台官方数据，抖音在2021年初日均活跃用户便已超过6亿，微博2022年第一季度日均活跃用户达2.52亿，B站2022年第一季度日均活跃用户达7940万。总体上看，使用社交平台的网民（用户）达到亿级，而在社交平台中主动使用红色语言创作作品的网民数量仍然徘徊在万级。统计分析显示，此次调查获得的24余万条有效数据（社交平台作品）分别由59270名网络用户创作，即主动使用红色语言创作作品的用户不到6万人。这一数字与动辄过亿

的社交平台用户数量相比，存在较大差距。更值得担心的问题在于，社交平台中主动使用红色语言进行创作的用户集中度相对较高。59270 名创作者中，按照创作作品数量由多到少排名，前 20% 的用户创作了近 80% 的作品，而后 80% 的用户只创作了 20% 的作品。

另一方面，红色语言的总体使用频度较低。调查结果显示，160 个红色词条中，每一词条的平均数据量为 1552 条。这一数据量，相较于社交平台中的海量数据而言处于较低量级。以抖音为例，在其他类别数据中，单个类别的作品量能够达到百亿级，如在音乐这一类别的作品中，2021 年相关视频投稿量累计超 184 亿个；单个词条的相关作品量可达千万级，如根据 2022 年初抖音官方发布的《2021 抖音数据报告》，"团员""恋爱""结婚""坚持"等关键词的相关作品数量均达到千万级。由此可见，红色语言的使用普及度仍有较大提升潜力。

（二）内含红色语言的优质作品比例偏低

在将点赞量等于或超过 100 次的作品定义为"优质作品"的条件下，符合这一标准的作品仅占总数据量的 19.71%，而点赞量低于 100 次的作品超过总数据量的 80.29%，优质作品比例相对偏低。同时，在全部数据中，点赞量低于 10 次的作品占比达 62.89%，而点赞量为 0 的作品占比近 28.32%（见表 4）。

表 4　数据点赞量分布情况表

点赞量（次）	0	1—3	4—10	11—99	100—999
数据量（个）	70341	53550	32314	43219	24638
占比	28.32%	21.56%	13.01%	17.40%	9.92%
点赞量（次）	1000—9999	≥ 1 万且 <10 万	≥ 10 万且 <100 万	≥ 100 万且 <1000 万	≥ 1000 万
数据量（个）	14713	6948	2254	406	4
占比	5.92%	2.80%	0.91%	0.16%	0.0016%

在点赞量为 0 的 70341 条数据中，来自微博的数据占比为 72.4%，来自 B 站的数据占比为 20.4%，来自抖音的数据占比为 7.2%。抽查分析其内容后发现，微博点赞量为 0 的数据比重较高的重要原因在于其文字性作品较多，而抖音和 B 站均为视频类平台。在这里，文字相较于视频的传播劣势再一次体现出来。同时，0 点赞作品的创作者中，有较大比例为偶尔发布作品的业余自媒体爱好者，他们往往只有少量粉丝或者没有粉丝。由于关注人数少，作品发布后获得点赞的概率也相应较低。此外，从内容本身看，0 点赞作品大多为低质作品，如文字表述混乱（不知所云）、视频主题不明确、内容不完整、画面或声音不清晰等。

（三）部分地方媒体与机构的红色语言使用思路滞后

近年来，随着媒体融合的快速推进以及政务新媒体的迅猛发展，从中央到地方，各类传统媒体、党政机关、企事业单位纷纷在各类社交平台开通账号，开始运营新媒体。然而，部分专业媒体（特别是地方媒体）与职能部门并未真正形成互联网思维，未能严格遵循新兴媒体的传播规律，在红色语言的使用思路上滞后于现实需求。他们在创作理念上仍然以"我要传播什么"为中心，未充分考虑"网民爱看什么"；在语言运用上严谨性有余而感染力不足，因而未能创作出网民高度关注的作品。从调查结果来看，在 0 点赞作品量最多的前 10 名创作者中，80% 为此类媒体或部门，而在 0 点赞作品量最多的前 100 名创作者中，该类媒体与部门仍占到 68%。

从个案分析来看，以 0 点赞作品量排名第 10 位的微博账号"某某日报社"（某地级市日报）为例，其新媒体运营情况具有代表性。该账号拥有 18.8 万粉丝，2022 年 8 月每日平均发布 9.3 条作品，该月共发布 288 条作品，但截至本调查结束时只收到 11 个点赞，绝大多数为 0 点赞作品。就其作品内容而言，绝大多数为党的大政方针以及习近平新时代中国特色社会主义思想的宣讲内容，属于红色语言的运用范畴。但其明显问题在于，不仅全部内容（288 条信息）为文字性内容，而且在内容表述上只是对党的思想理论和大政方针的简单陈述。即便部分内容是对党的大政方针的深入解读，也运用了大量的书面用语、理论用语，规范化有余而生活化不足，对网民而言接受难度较大，实际传播效果较差。

（四）优质红色内容创作者类型比例欠协调

一般而言，社交平台的内容来源分为三类，分别是用户生产内容（UGC）、专业生产内容（PGC）、专业用户生产内容（PUGC）。所谓用户生产内容，主要指平台的普通用户创作并发布的内容，其优势在于创作门槛低、个性化程度高。所谓专业生产内容，一般指专业机构创作的内容，如人民日报社、中央广播电视总台等专业媒体在抖音与微博中的发布信息，其优势在于内容质量较高、权威性较强。所谓专业用户生产内容，主要是某一领域的专业人士或专家，以 UGC 形式产出的相对接近 PGC 的专业内容，它能在一定程度上结合 UGC 和 PGC 的优势，弥补二者的劣势。

调查数据显示，在点赞量排名前 1000 位的优质作品中，由主流媒体发布的比例高达 70.7%，由各类机构（党政机关、企事业单位）发布的作品比例为 7.2%。以上两类共 77.9% 的优质内容均属于专业生产内容的范畴。同时，在剩余 22.1% 的作品中，大多数属于专业用户生产内容，而用户生产内容在其中所占比例相对较小。本组数据虽然表明主流媒体在红色语言运用方面发挥着引领作用，但也凸显出诸多问题。其一，这意味着优质内容生产方式的单一化现象较为突出。专业生产内容有内容质量高、权威性强等优势，但其内容的多样性与个性化相对欠缺。对生活化气息浓厚的社交平台而言，专业生产内容过多不利于满足受众的个性化需求，因而会对红色语言的传播产生消极作用。其二，优质用户生产内容长期占比过低，意味着红色语言在社交平台中的群众基础有待强化，意味着大量网民不愿意使用红色语言创作作品。长此以往，社交平台用户在红色语言的使用上将有可能形成恶性循环，即由于动力不足，用户使用红色语言创作内容所投入的精力就少，而投入精力少，浏览量、点赞量高的优质用户生产内容就少，这将继续降低网民使用红色语言的动力。

五、重要社交平台中红色语言的推广传播策略

（一）打造与社交平台适配的新型地方主流媒体，推动红色语言影响力向基层拓展

近年来，习近平总书记反复强调，要建成新型主流媒体，扩大主流价值影响力版图。目前，全国性龙头党媒已基本实现媒体融合，形成全媒体传播格局，但如上所述，大量地方主流媒体在新型媒体建设方面仍然相对滞后。事实上，地方主流媒体在推广传播红色语言方面有其独特优势。他们可以更加便捷地挖掘富含地方特色的红色资源，从而形成具有地方特色的红色话语。相较于一般性红色语言，具有地方特色的红色话语对本地人而言往往更具亲和力。它使得红色语言与本地居民的身边人、身边事相融合，让红色语言所描述的人物与事件不再高高在上，而是"与我有关"，从而增进人们对红色语言的亲近感。具体而言，打造与社交平台适配的新型地方主流媒体，应着力解决以下两大问题。

一是转变运营理念，树立互联网思维。所谓互联网思维，是"人们立足于互联网去思考和解决问题的思维"[①]，其本质就是传播主体应当遵循网络信息传播的特殊规律。这就要求地方主流媒体充分认识到社交平台的信息碎片化、话语生活化、形式多样化、过程互动化、传播即时化等传播基本特征。在此基础上按规律办事，有意识地避免在社交平台中长篇大论；避免讲"官话""套话"，以及过于学术化的话语；避免只运用文字传播信息；明确社交平台的社交属性，尽可能多地与网民开展多层次互动，而非发完信息便不管不顾。此外，树立互联网思维，还要求地方主流媒体建立用户思维，不能仅以"我要传播什么"为中心，而应充分考虑"用户需要什么"，从而在信息传播上实现"媒体需要"与"用户需要"的有机融合。需要指出的是，主流媒体发挥着价值引领的重要作用，因而在社交平台中，既要建立用户思维，又

---

① 周文彰.简论互联网思维［J］.北京联合大学学报（人文社会科学版），2016，14（2）：1.

不能像普通商业平台一样，仅仅具有用户思维，而应推动用户思维与引领思维相结合。

二是转变运营机制，放松自我束缚。地方主流媒体在新型媒体建设方面相对滞后的一大重要原因在于，媒体内部存在限制其遵循网络传播规律的机制。这些机制既包括由政策法规确立的正式机制，也包括各种长期形成的工作传统与习惯。虽然这些机制主要形成于转型前，且主要针对传统媒体，而非转型后的融媒体，但媒体管理者却往往在"求稳"心态的作用下，将其沿用到融媒体运营过程中，从而形成自我束缚。事实上，在媒介融合背景下，地方主流媒体格外需要创新。正如习近平总书记指出，要"努力以思想认识新飞跃打开工作新局面，积极探索有利于破解工作难题的新举措新办法，把创新的重心放在基层一线"①，因此地方主流媒体应在不违反法律法规的条件下，对束缚其转向新型媒体的旧机制、旧习惯进行全面梳理、积极清理，从而最大限度激发内部活力，使之能够充分运用自身优势在社交平台传播与推广红色语言。

（二）针对社交平台用户实施"网络红色内容创作者孵化工程"，提升优质 UGC 与 PUGC 比例

要在社交平台中扩大红色语言的使用范围，提高其影响力，不能仅仅依靠主流媒体，而必须最大限度地调动广大网民使用红色语言的积极性，使网民不仅作为红色语言的受众，而且成为其传播主体。只有这样，红色语言的群众基础才能更加稳固。因此，必须针对社交平台用户实施"网络红色内容创作者孵化工程"，以此动员和激励更多网民参与到红色语言的使用过程中。支持广大网民创作更多 UGC 与 PUGC，这些内容又进一步形成示范效应并激活良性循环，吸引更多社交平台用户参与其中。重点应做好以下三方面工作。

其一，开展技能扶持，搭建网络红色内容创作者培训体系。职能部门可与相关主体协作，研发系列培训课程，建立线上与线下、长期与短期、入门

---

① 习近平.论党的宣传思想工作［M］.北京：中央文献出版社，2020：16.

与进阶相结合的培训体系。一方面，培训体系建设可采取全面推进策略。职能部门可与社交平台紧密协作，推出针对不特定用户的红色内容创作课程，不仅在平台上免费提供给用户，而且利用平台进行推广，使更多人接触到该课程。另一方面，培训体系建设可采取重点推进策略。职能部门可划定重点培养群体，如大学生、思政课教师、红色文化产业与事业从业者、自媒体从业人员等，在此基础上，与高校、技术培训学校（公司）等机构合作，根据不同群体的特征推出相配套的培训课程与培训机制，从而在全面支持的基础上实现重点培养。

其二，开展素材扶持，建设红色内容专项素材库。培训体系建设解决了红色内容"谁来创作""会不会创作"的问题，而专项素材库建设则重点解决"拿什么来创作"的问题。事实上，社交平台中优质内容的创作离不开优质素材。就红色内容创作而言，其涉及的素材包括关于红色历史事件、红色人物、红色遗迹遗存的丰富史料，相关学术研究文献，已经创作的红色文化作品，等等。对于普通网民，对此类素材的获取存在检索困难、版权限制等诸多制约性因素，这使得网民无法将其运用于自己所创作的红色作品中。因此，建立可供红色内容创作者使用的专项素材库至关重要，它能大大降低网民创作红色内容的门槛，并在版权等问题上解决创作者的后顾之忧。具体而言，相关职能部门可以与存放红色史料的部分档案馆、博物馆协作，开放史料的查阅权限，并将部分史料进行数字化后纳入素材库；同时，可以与中国知网等学术研究数据库协作，将红色文化研究的相关文献引入素材库；此外，职能部门还可以与相关红色文艺作品的版权方协作，开放部分红色小说、红色电影、红色电视剧等文艺作品的网络剪辑（二次创作）权。

其三，开展流量扶持，实施网络红色内容创作者流量扶持计划。流量是衡量红色作品传播度的核心指标，某一红色作品的流量越高，意味着它被阅读（或观看）的次数越多，即传播范围越广。然而，由于互联网流量的相对稀缺性，对红色内容创作者而言（特别是处于起步状态的创作者），社交平台给予其作品的初始流量（初始展现量）十分有限。因此，实施流量扶持计划，能够使红色内容创作者与其他内容创作者相比，在起步阶段获得竞争优势，从而实现快速成长。在操作层面，职能部门可以与社交平台合作，充分运用平台智能算法，从红色内容创作者的身份类型、现有作品数量与质量、现有作品的播放量业绩等影响因素综合考虑，为每一位红色内容创作者量身定制个性化的流量支持计划。

（三）着力培育网络红色文化 IP 群，实现红色语言传播力的自我提升

IP 原本为"知识产权"（Intellectual Property）一词的英文缩写。近年来，在文化领域，这一词语的含义逐渐发生演变，目前主要指有较高流行度的文化作品或作品中的形象、符号、元素与故事等。由于 IP 一词主要运用在文化领域，"文化 IP"这一概念更能明确 IP 的文化属性。

在社交平台的信息传播生态中，打造红色文化 IP 群，是提升红色语言网络吸引力与流行度的重要抓手。从当前主要社交平台的功能来看，娱乐消遣是其主要功能之一，而由于社交平台的虚拟性，娱乐消遣功能主要通过网民的文化消费实现。可见，只有将含有红色语言的文化作品主动纳入网民的文化消费范畴，并将其中大量作品打造为深受网民喜爱的文化 IP，红色语言才能在满足网民需求的条件下实现自身影响力的提升。更为重要的是，某一红色文化作品一旦成为文化 IP，就意味着开始具备"造血"能力，即能够长期吸引相对稳定的粉丝群体，吸引更多作者对其进行二次创作，吸引资本将其进一步改编为游戏、动漫、影视作品等。换言之，网络红色文化 IP 能够实现传播力的自我提升，大力培育网络红色文化 IP 群，可以为红色语言的推广与传播发挥事半功倍的效果。

一方面，充分挖掘现有红色文化 IP 资源。新中国成立以来，事实上已经有大量红色文化作品升级为文化 IP。以诞生于 20 世纪 50 年代的三部小说《铁道游击队》《林海雪原》《小兵张嘎》为例，它们作为当时风靡全国的红色小说，迅速演变为文化 IP，被多次改编为电影、电视剧、连环画等文艺作品。半个世纪后的今天，它们仍然在传播力层面拥有强大的自我提升能力。这三

部小说在 21 世纪仍然被不断改编为影视作品。因此，在培育网络红色文化 IP 的过程中，应首先秉承"拿来主义"的培育策略，充分继承和挖掘现有红色文化 IP 资源，并在此基础上，通过二次创作或多元化改编，将其转化为适合社交平台传播的网络红色文化 IP。

另一方面，着重打造彰显时代特色的网络红色文化 IP。一是要在文化内容上彰显时代特色，即鼓励内容创作者将习近平新时代中国特色社会主义思想、脱贫攻坚精神、抗疫精神、人类命运共同体、"一带一路"倡议等属于新时代的创新理论、伟大精神、理念倡议等作为其内容创作主题，并将相关作品打造为文化 IP。二是要在文化形式上彰显时代特色，即鼓励内容创作者充分利用网络平台中流行的各类新兴的文化载体与形式打造红色文化 IP，例如，可以创作红色文化动漫、拍摄红色网络剧、开发红色主题网游、创作红色主题"剧本杀"、开展红色景点直播等。事实上，相关部门已开启探索进程，如网络剧《黄文秀》已在相关平台播出；红色主题动画《长征先锋》也已在网上热播；由共青团广东省委员会联合平台打造的"红色密码"系列主题"剧本杀"也在网上受到欢迎。

（四）推动红色语言传播阵地转型，搭建适配网络社交平台的新媒体传播矩阵

建成攻防兼备的传播阵地是扩大红色语言影响力的必要条件。不过，在当前网络社交媒体传播环境中，对传播阵地的理解和认识应不断更新，不能将其仅仅理解为某一传播平台，更不能将其简单理解为自建平台。事实上，在较长一段时间内，部分红色文化传播主体习惯于自建网络传播平台，认为只有自建平台才能在网上形成稳固的传播阵地。但事实证明，在高度竞争的互联网环境中，自建平台往往由于缺乏足够的建设资源和成熟的生态而无法与商业平台竞争，最终只能昙花一现。因此，必须转变原有的"阵地观"，建设思路应从自建平台转变为融入平台，从建设"平台式阵地"转变为建设"矩阵式阵地"。

首先，建设红色语言传播主体矩阵。如前所述，红色语言使用与内容创

作主体主要包括普通用户、专业用户、专业机构三大类。建设红色语言传播主体矩阵，就是要从顶层设计入手，使三类传播主体在工作中建立有机联系，使之在创作和传播红色内容的过程中能够实现分工明确、优势互补、相互协作。例如，可以推动拥有大量粉丝的主流媒体与重点孵化的 UGC 创作者进行有节奏的互动，从而实现前者对后者的扶持。此外，可以通过建立专业化的 MCN（多频道网络）机构，使自媒体创作者不再单打独斗，而是形成可以协同行动、互相扶持的创作联盟。

其次，建设红色语言传播内容矩阵。相关部门应对各类传播主体的创作与发布内容进行提前规划与引导。例如，在对红色语言进行分类的基础上，倡导或安排特定传播主体创作特定类型的红色内容，从而使得所有类别的红色语言都有一定数量的内容创作主体在使用和传播。同时，可以通过大数据与人工智能技术，建立针对不同类别红色语言传播广度与影响力的动态检测体系，从而防止特定类别的红色语言无法得到有效传播。

最后，建设红色语言传播媒介矩阵。在当前"信息找人"的网络传播环境中，红色语言要在社交平台实现广泛传播，离不开多样化的传播媒介。因此，一方面，建立传播媒介矩阵要在合理规划的基础上，使含有红色语言的相关内容能够分别在微博、微信、抖音、B 站、知乎、今日头条等不同类别的重要社交平台上传播，防止红色语言在特定平台上呈现"失语"状态。另一方面，建立传播媒介矩阵，还要推动红色语言覆盖电影、电视剧、网络小说、网络段子、短视频、网络剧、网络游戏、动漫、"剧本杀"等内容载体，防止红色语言在特定内容载体（特别是新兴载体）上出现"失语"状态。

图书在版编目（CIP）数据

山西文化社会心理研究 / 张晓永主编. —北京：中国国际广播出版社，2024.12

ISBN 978-7-5078-5559-3

Ⅰ.①山…　　Ⅱ.①张…　　Ⅲ.①社会心理－山西－文集
Ⅳ.①C912.6-53

中国国家版本馆CIP数据核字（2024）第096167号

山西文化社会心理研究

主　　编	张晓永
副主编	赵　英　单云慧
责任编辑	尹春雪
校　　对	张　娜
版式设计	邢秀娟
封面设计	赵冰波

出版发行	中国国际广播出版社有限公司［010-89508207（传真）］
社　　址	北京市丰台区榴乡路88号石榴中心2号楼1701
	邮编：100079
印　　刷	北京启航东方印刷有限公司

开　　本	710×1000　1/16
字　　数	310千字
印　　张	20
版　　次	2024 年 12 月 北京第一版
印　　次	2024 年 12 月 第一次印刷
定　　价	128.00 元